통영 섬 어무이들의 밥벌이 채록기

통영 섬 어무이들의 밥벌이 채록기

"이 똑배로 와도에서 청산도까지 난바다를 건넜다"

김상현

"우짜든지 돈을 맹글어야지, 자슥들은 남은 거 준다"

"미더덕 어장 세줄로 새 집을 지었지"

지앤유

S.W.L 0.9t

저자의 말

이 책은 13년 동안 통영 섬에서 만난 섬 사람들의 생생한 인터뷰이자 취재집이다.

직장 생활을 5년, 10년 하면 지치기 마련이다. 2008년이 내게 그런 해였다. 어디로 가야할지 도무지 방향을 찾을 수 없었다. 심지어 아무것도 하고 싶지 않았다. 무기력증에 빠졌다. 그때 KBS 다큐멘터리 프로그램인 〈그 곳에 가고싶다〉를 보았다. 뜻이 맞는 사람들과 '그 섬에 가고 싶다'를 실천했다. 아름다운 통영 섬의 자연과 섬 사람들의 훈훈한 인심, 그리고 맛있는 음식은 지친 몸과 마음을 위로해 주었다.

비로소 한 평생 섬에서 사신 어머니와 아버지들의 삶이 눈에 들어왔다. "어서 온나", "춥다. 밥은 묵고 댕기나?"하고 따뜻한 말씀을 해주시던 어머니가 한 분, 두 분 보이질 않았다.

'더 늦기 전에 기록하자'고 결심하고, 한 분, 한 분의 이야기에 귀를 기울였다. 때론 어선의 뱃전에서, 때론 섬의 방파제나 밭둑에서 바닷바람을 맞으며, 때론 어머니가 차려주신 밥상머리에서 섬에서 살아온 한평생을 듣고 기록해 나갔다.

놀라운 이야기의 연속이었다. "멸치잡이배를 타고 간 히로시마에서 원자폭탄 터진 걸 보았다"는 한산도 이세우 어른, "제주도에 해녀海女가 있다면 우리 섬에는 해남海南이 있었지"하고 전복 잡는 남자 이야기를 해 주신 곤리도 김광곤 이장님의 말씀에 귀를 쫑긋 세우기도 했다.

통영에서 마지막 남은 돛배를 발견하고, 최삼열 어른에게 부탁하여 신나게 바다 위를 달린 노대도. 다시 찾은 노대도에서 조용규 어른은 이제는 귀해진 문어낚시바늘과 옹기문어단지를 꺼내서 보여주셨다.

가슴 아픈 이야기도 들었다. 추석 명절에 불어 닥친 태풍으로 열셋 집이 초상집으로 변한 비진도, 6.25전쟁의 소용돌이에서 포로수용소가 건설되면서 강제로 쫓겨나게 된 추봉도 사람들. 정든 집과 밭을 잃고 추위와 배고픔 속에서 다시 삶을 일군 황원남·주판금 부부, 정현권·진찬연 부부는 바다에서 죽을 고비를 숱하게 넘겼지만 "우리 자식들 밥 먹이고 공부시켰다"고 웃으셨다.

4전5기의 추적을 벌인 섬도 있다. 1962년 소설 『김약국의 딸들』에는 종이섬 대구어장이 비중 있게 등장한다. 통영 출신 소설가 박경리 선생님의 작품인데다 워낙 세부 묘사도 뛰어나 종이섬 대구어장을 쉽게 찾을 줄 알았다.

한 번, 두 번, 세 번 종이섬에 들어갔지만 대구어장의 행방을 찾을 수 없었다. 오히려 섬에 들어가면 갈수록 미궁에 빠지는 기분이 들었다. 다섯 번째 들어간 날 지순덕 어머니로부터 "우리 친정 아부지가 대구어장을 안 했나"라는 말씀을 들었다. 어찌나 반갑던지!

100년 된 매화가 피는 섬 좌도. 첫발을 내디디면 달큰한 매화향이 코끝으로 와닿는다. 조명윤·손화자 부부는 귀한 매실주와 매실장아찌를 “몸에 좋다. 묵어봐라”고 권하셨다. 오묘하고 깊다. 섬 어른들의 인정이 더해진 그 맛이 지금도 입에 맴돈다.

“50년 후에도 기억해야 할 섬의 풍경과 생활, 음식을 기록해 달라”고 선뜻 손을 내밀어준 국립경상대학교출판부 이가람 편집자, 섬의 정취를 너무도 잘 담아내 주신 이희은 디자이너에게 고마움을 전한다.

최재형 한산농협 조합장과 김흥국 욕지면지편찬위원회 상임위원. 두 분의 조언 덕분에 책의 밑그림을 그릴 수 있었다. 전갑생 서울대학교 사회발전연구소 연구원은 미국과 영국, 일본에서 찾은 사진 자료를 아낌없이 제공해 주셨다.

내게는 두 분의 어머니가 계신다. 나를 낳으신 어머니 박옥순 여사, 가슴으로 품어준 장모님 김귀란 여사다. 왜 내가 이토록 섬을 찾아다니며 어머니들의 이야기를 듣고 있는지 생각해 보았다. 나는 섬에 가서 새벽에 서호시장에서 생선장사를 하시던 어머니와의 추억을 만나고 있었다. 일흔을 넘기신 장모님의 일상은 섬의 어머니들과 첫 이야기를 나눌 때 큰 도움이 되었다.

섬에 다니느라 집을 비우기 일쑤인 남편을 늘 응원해준 아내 위관옥과 아빠의 원고를 낭랑한 목소리로 읽어주며 “아빠 힘내세요. 우리가 있잖아요!”를 외쳐주는 막내딸 선나, 든든한 두 아들 선우, 선재에게 감사를 보낸다.

2021년 11월 김상현

차례

9 저자의 말

한산도

19 멸치 사이소, 멸치
27 은빛 멸치떼를 찾아서 한산도 바다를 누비다
33 1960년대 멸치잡이 조업 현장
38 한산면에 학교가 15곳, 권현망이 15틀이라
42 히로시마에서 원자폭탄 터지는 걸 봤지
47 일본인 선주를 찾아서
52 난중일기에 기록된 선인암仙人巖을 찾다
55 이순신 장군을 추모하는 사람들
57 한산대첩 현장도 보고 황금들판도 걷고, 한산도 두억리

좌도

65 집집마다 매화꽃이 피는 섬
69 100년 된 매화나무를 만나러 가는 길
72 소를 배에 싣고 솔섬에 농사 지으러 다녔제
77 짭짤한 돈맛, 개불 잡이와 참홍합 양식
84 섬 주민들이 스스로 세운 학교, 좌도 분교
88 그 시절 좌도 어린이들의 부산 나들이

⌒⌒ 비진도

97 사진 두 장이 맺어준 인연
101 조선 제일의 참돔 생산지
104 열세 집 제삿날이 같소, 사라호 태풍
107 태풍의 위기에서 구한 미역밭, 비곽比藿
111 물 밑 사정이 다 다리지, 비진도·오곡도·소지도
112 제주 바당·통영 바다에서 부른 해녀들의 노래
121 여름밤엔 나이트클럽이 열렸다, 비진도 해수욕장
127 내항마을 수호신 큰 소나무와 거리지신비
129 별신굿 궤짝을 찾았네. 퍼득 와보이소

⌒⌒⌒ 추봉도

137 통영 바다에 조기가 났다꼬?
140 2021년 추봉도에서는 무엇이 잡힐까
146 추봉도와 죽림 6.25전쟁에 대한 상반된 기억
150 큰 섬만한 LST가 불도저를 쏟아내고
155 포로수용소의 이면, 보급품 밀매매·양공주 성매매
159 배고프고 서글펐던 섬에서 쫓겨난 사람들
165 포로수용소 흔적을 찾자
168 "우리를 살려준 바다, 해초海草 장사" 정현권·진찬연 부부

⌒⌒⌒⌒ 지도 종이섬

177 종이섬의 정겨운 이름들 "새바지·갈바지·걸망"
181 '망고강산' 세 어무이와의 하룻밤
186 박경리 소설 『김약국의 딸들』과 종이섬 대구어장을 찾아서

194 종이섬 대구어장, 다시 찾은 기록과 기억들
197 일본 제국주의에 빼앗긴 황금어장
202 미더덕 어장 3줄로 새 집을 지었지

⌒ ⌒ ⌒ 곤리도

213 곤리도 솟대의 비밀
216 곤리도 철마鐵馬와 장군봉 목마木馬
222 참돔과 방어 치어를 잡아 외화를 벌다
226 제주도에는 해녀海女, 곤리도에는 해남海男
231 왜 곤리도에서 전복 양식을 하냐고요?
234 전교생 2명. 창우, 지미가 알려주는 '슬기로운 곤리여행'

⌒ 연대도

241 태풍이 준 선물, 5,000년 전 발찌를 찬 사람
245 신석기 패총이 가장 많은 도시 통영
250 모구리 배가 20척이 넘었제
260 모구리어선 마루세 깃발과 칸노상점神野商店
264 출렁다리 열풍을 일으킨 연대도-만지도 보도교와 부녀회 포장마차
269 섬 어무이들 삶을 담아낸 연극, <섬 집, 엄마>

⌒ ⌒ ⌒ ⌒ ⌒ 노대도

277 돛대를 올리라. 청산도 조업가자
282 옹기 문어단지 한번 볼라요?
288 정봉성 선장의 문어단지 어선 조업 현장
292 3가지 보물 해초, 톳·미역·우뭇가사리

297 우뭇국 한 사발 들이키모 더위가 싹 가시제
304 사슴뿔을 문 앞에 걸어 놨대요

⌒⌒⌒ 초도 풀섬

309 홀빡 초도 바다 덕분에 묵고 살았지요
312 섬을 떠난 남자의 망향가望鄕歌
315 부부, 두 사람만 사는 행복의 섬
320 초도 염소길과 개섬

⌒⌒ 국도

327 보랏빛 수국이 필 때면 생각나는 섬
334 옛 학교와 서쪽마을을 찾아가는 길
337 31년만의 방문, 추억을 찾아주어 고맙습니다
346 긴 풀에 산딸기 주렁주렁 끼워 먹던 기억이 나요

⌒⌒ 남은 이야기

354 반나절이라도 좋다, 비진도 산호길
358 진달래꽃이 피면 걷고 싶은 봄길, 와다리거님길
361 느릿느릿 걸어야 참맛인 연대도 지겟길
366 그 길을 다시 걷고 싶어라, 멧등개산등 가는 길
370 섬으로 가는 길
372 도움주신 분들
374 참고문헌

한산도

매번 그물질을 할 때마다 선원들은 바닷물에 흠뻑 젖고 만다.
그 고단한 작업을 거쳐야 마침내 반짝이는 은빛 멸치떼들을
어획할 수 있는 것이다.

한산도

* 멸치 사이소, 멸치

어릴 때 부산 영도 이모집이나 수정동 외삼촌집에서 하룻밤 자고 나면, 새벽 잠결에 "재첩국 사이소, 재첩국" 하는 소리가 골목마다 들렸다. 통영의 골목에서는 아지매들이 오전 일찍부터 "멸치 사이소, 멸치" 하고 외치는 소리가 이 골목에서 저 골목으로 울려 퍼졌다.

나의 어무이도 멸치 아지매 가운데 한 분이셨다. 오전에는 새터시장서호전통시장에서 선어鮮魚 장사를 하셨다. 동충통영수협 어판장에서 선어냉동나 신선한 생선을 떼와서 팔고, 오후에는 도천동해저터널=용문굴 굴앞 시장으로 옮겨서 생선을 팔았다.

당시 저렴하고 양 많은 '국민생선'은 역시 고등어와 명태였다. 여름이면 빨리 상하는 고등어를 노심초사하며 얼음을 채워서 보관했고, 한겨울에는 '학구어상자'에서 꽝꽝 얼어 엉켜 붙은 명태들을 하나씩 떼

서호시장 멸치 파는 어무이.

어내기 위해, 머리 위로 최대한 높이 들어 올려서, 힘껏 땅바닥으로 패대기치던 모습이 눈에 선하다.

새벽 일찍 시장에 나가시니, 아침에 깼을 때는 늘 어무이가 안 계셨다. 다섯살 무렵인가? 어무이가 하도 보고 싶어서 사촌 동생 상일이랑 세발자건거를 타고 시장까지 가서, 어무이를 놀래킨 적도 있었다. '그 먼길을 우찌 왔노' 반가워하시면서 맛있는 할매우짜를 사주셨다.

멸치육수를 기본으로 자작하게 우동 국물을 내고, 우동 면발 위에 짜장을 얹어서 먹는 우짜는 통영의 별미 가운데 하나다. 통영 사람들에게 새터시장 할매우짜는 추억의 맛이다.

일곱 살 무렵부터 어무이가 리어카를 앞에서 끌고, 아들이 뒤에서 밀었다. 어무이랑 함께 하는 그 시간이 마냥 좋았다. 여덟 살, 학교에 들어가서 한글을 배워 리어카를 끌고 가며 '두룡조선소', '용문상회'와 같은 도로 위 간판을 읽으면 너무도 기특해 하셨다.

한해가 다르게 도로 위를 달리는 버스며, 트럭 같은 큰 차량들이 늘어났다. 그때마다 어무이는 흠칫 놀라고, 어무이의 리어카는 도로 한 켠으로 비켜나야 했다. 그래서 지금도 씽씽 달리는 차량 옆에서 멈칫하는 리어카를 볼 때마다 가슴이 옥죄어 온다.

봄철이면 어무이의 리어카에는 평소와는 다른 생선이 실렸다. 바로 '멸치'였다. 보통 좌판에 앉아서 팔기 위해 두세 상자씩 싣던 고등어나 명태와는 달리, 봄 멸치를 실을 때면 리어카 짐칸을 모두 채우고, 그 위로도 한참을 쌓아올렸다. 그리고는 골목을 누볐다.

"메르치 사이소, 메르치" 어무이의 큰 목소리가 리어카 앞에서 울려 퍼졌다. "메르치 사이소, 메르치" 이번에는 아들의 작은 목소리가 골목에 번져 갔다. 한 골목을 다 돌아도 허탕치기 일쑤였다. "여기요. 우리집에 메르치 좀 넣어주이소" 하는 소리가 제일 반가웠다.

상자째 구입한 멸치는 '멸치젓갈'이 되거나 '멸치젓국'이 되었다. 멸치를 큰 다라이에 붓고 소금 몇 바가지를 더 붓는다.어릴 때는 엄청나게 짜지는 게 아닌가 걱정했었다. 그다음 두 손으로 잘 섞이도록 버무려, 큰 독아지에 넣어서 삭힌다. 그러면 멸치젓갈이 된다.

멸치를 큰 솥에 넣고, 장작불을 피워서 다리면 멸치젓국이 된다. 지금이야 한약을 한의원에서 다려주지만 예전에는 '한재'씩 지어 와서 집에서 다린 것과 마찬가지다. 봄이라도 더운 날은 무척이나 덥다. 그 더운 날, 어무이들이 땀을 뻘뻘 흘리시며 불 조절을 해가면서 다려야 진하면서도 깔끔한 멸치젓국을 맛볼 수 있었다.

매년 봄이면 통영의 골목에는 멸치젓국을 다리는 특유의 냄새가 진동했다. 오늘날에 한약을 집에서 다리지 않듯, 통영 사람들도 이제 멸치젓국을 집에서 다리지 않는다. 가끔 섬에서 멸치젓국을 다리는 풍경을 볼 때가 있는데, 어릴 때 그 고약하던 냄새가 지금은 향긋하다.

생멸치와 마른건멸치는 잡는 방법도 다르고, 생산되는 시기도 다르다.

멸치를 잡는 이미지로 쉽게 떠올리는 그물에 박힌 멸치를 터는 어부는 유자망어선에서 이뤄지는 작업이다. 유자망(流刺網) 어선은 그물을 물의 흐름에 따라 흘려보내면서 물고기가 그물코에 꽂히게 해서 잡는 어업 방법을 사용한다. 그러니, 그물코에 박힌 멸치를 힘차게 털어내는 작업이 필수적이다. 유자망 어선의 주 조업 시기는 봄철이다. 유자망 어선에서 잡은 생멸치로 하는 요리가 생멸치회와 생멸치찌개이다.

권현망權現網 어선은 2척의 어선이 그물을 펴고 앞으로 끌고 나가면서 물고기를 그물 안에 포위해서 잡는다. 다른 어선들이 노나 돛을 이용할 때, 이미 기관엔진의 동력으로 빠른 속도로 어선이 달리고, 그물을 끄는 최신 기술을 도입했다. 권현망 어선의 성수기는 추석을 비롯한 가을 그리고 설 명절이다. 권현망 어선에서 잡아 삶고 말린 과정을 거친 마른멸치를 재료로 하는 요리가 멸치볶음과 멸치육수이다.

통영에서 언제 멸치회와 멸치쌈밥을 먹을까? 바로 특산물인 '고메고무마 줄기'가 한창 자랄 봄 무렵이다. 통영 사람들은 시원하면서도 맵싸름한 '고메 줄기 김치'를 즐겨 먹는다. 큰 어무이가 굴앞시장에서 장사를 했던 큰집에서는 이 무렵이면 온 가족들이 둘러앉아, 고메 줄기에서 '거친' 겉 부분을 쑤욱 벗겨냈다. 작은 고메 줄기에서 겉 부분만 발라내는 작업이 여간 성가신 게 아니었지만, 시장에 내다 팔면 제법 돈이 되었기에 매년 봄이면 이 작업은 반복되었다. 그 고됨을 잊게 만드는 게 '멸치회초무침'였다. 싱싱한 생멸치와 미나리를 쫑쫑 썰어, 하얀 무시무를 채 썰고, 빼얼건 초고추장에 넣어 버무리면, 입안에 침이 저절로 고였다. 톡 쏘는 사이다를 섞은 달콤한 막걸리와 함께 먹으면 최고의 궁합이다.

생멸치찌개는 나박나박하게 썬 무시무를 바닥에 깔고 생멸치를 넣고, 양념장을 위에 골고루 얹어 끓인 후, 양파와 풋고추, 홍고추를 넣고 다시 한번 자박하게 끓여 냈다. 이 정도라도 제법 짤 텐데, 통영 사람들은 지진 멸치 위에 쌈장을 얹어, 상추에 쌈을 싸서 먹는다. 어느새 입 크기보다 커진 멸치쌈을 '우찌 묵노?' 싶다가도, 입안 가득 넣으면, 행복한 미소가 번진다.

멸치볶음은 서울 등 수도권과 통영 등 영남권의 기호가 전혀 다르다. 서울 등지에서는 세멸지리 2cm 미만, 소멸가이리, 3~4cm처럼 작은 멸치를 선호한다. 마늘은 기본, 최근에는 호두나 땅콩까지 넣고, 간장과 청주, 설탕을 넣고 볶아 하얗고 달달한 맛이 난다.

반면 통영 등 영남에서는 중멸고바, 5~6cm은 물론 대멸주바, 7cm이상까지 볶음용 재료로 쓴다. 대멸은 너무 크니, 그대로 쓰지 않고 반으로 쪼개서 일명 '똥'이라고 부르는 내장을 꺼내고 간장과 설탕에다 고추장까지 듬뿍 넣고 볶아서 빨갛고 매콤한 맛이 난다.

그뿐인가 한여름 입맛이 없을 때면 대멸을 고추장에 푹 찍어서 먹었다. 그러면 없던 입맛도 돌아왔다. 찬물에 밥 말아 굴비 얹어 먹는 것과 비슷했다. 통영 사람들이 가장 선호하는 멸치는 중멸이다. 볶음용으로도 쓰고, 국물용으로도 쓸 수 있어서다. 멸치의 가장 큰 소비처가 수도권이다 보니 가격대가 세멸과 소멸〉중멸〉대멸 순으로 형성돼 있다.

원래 오뎅과 우동 국물의 주재료는 멸치가 아니었다. 어릴 때 우리 집은 학교 앞에서 분식점을 했었는데, 주메뉴가 떡볶이와 오뎅, 우동이었다. 오뎅국물은 주로 디포리밴댕이를 우려서 냈다. 넓적하고 납작한 디포리는 멸치보다 가격이 싸서1/3, 심지어 1/5 많은 국물을 내야 하는 장사집에서 환영받는 재료였다. 디포리를 주연으로, 대멸을 조연으로 섞어 넣으면, 진하면서도 깔끔한 국물맛이 제대로 났다.

여기에 무시와 양파, 대파를 넣고 가끔은 꽃게를 넣어서 한결 풍부한 국물맛을 내기도 했다. 분식집 우동은 이 오뎅 국물에 우동 면발을 적당히 삶아 넣으면 간단하게 완성되었다. 입맛이 없는 날에는 이 오뎅 국물에 밥을 말아 먹기도 했다.

이제는 디포리의 어획량이 줄면서, 대멸이 디포리 보다 더 싸지는 가격 역전 현상이 일어났다. 그래서 요즘에는 국물용 육수를 대멸로 우려낸다. 추운 겨울 밤, 뜨끈한 오뎅국물에 밥 말아먹던 그때가 그립다.

멸치를 어창에서 멸치발에 옮겨 담는 모습.

＊ 은빛 멸치떼를 찾아서
한산도 바다를 누비다

통영에는 570개의 섬, 42곳의 유인도가 있다. 한산도閑山島는 그 가운데 하나의 섬이지만 멸치 전체 생산량의 30% 이상을 차지하는 가장 중요한 어장이다. 매년 7월 1일이 되면 멸치잡이 권현망어선 55개 선단, 280척이 일제히 조업에 나선다.

과학이 아무리 발달했다고 하지만, 바닷속 상황은 아무도 알 수 없다. 그래서 오늘도 한번 그물질에 꼴방헛방에서 최고 1억 원까지, 멸치떼와 쫓고 쫓기는 전쟁이 벌어진다.

첫 출어일出漁日인 7월 1일. 한산도 일원에서 멸치떼를 발견하는 것은 매우 큰 행운이다.

한산도 일대에 멸치떼가 나타나면 좋은 점은 무엇일까? 첫 번째 멸치어장막이 집중 분포한 통영과 어장이 가깝다. 두 번째, 미륵도 혹은 거제도가 바람을 막아주어 파도가 잔잔하다. 세 번째, 덕분에 최대 1억 원이 걸린 그물질을 한 번이라도 더 할 기회가 생긴다.

한산도 바다에 멸치떼가 나타나면, 좁은 물목에 어선들이 적게는 2~3통, 많게는 5통 이상도 몰려든다. 어선들이 바다로 그물을 던지고, 잡아당기는 급박한 조업이 이뤄진다.

2000년대, 멸치잡이 권현망權現網 업계는 5척의 어선이 1개 선난을 이루며, 분업과 협업 체계를 구축했다. 업계에서는 '통統'이라고 한다.

순수한 우리말로는 '틀'이라고도 부른다.

조업의 성공과 실패는 5척의 어선들이 얼마나 유기적으로 어로작업을 하느냐에 달렸다. 멸치잡이 선단은 어로장이 승선한 어탐선魚探船 1척이 앞장을 선다. 그 다음 그물을 투망하고 양망하는 본선本船 2척, 그 뒤를 어획한 멸치를 바다에서 바로 삶고 운반하는 가공운반선加工運搬船 2척이 뒤따른다.

일반적으로 어선은 선장이 어로작업을 지휘한다. 그런데, 멸치잡이 선단에는 어선이 5척이니, 선장이 5명이나 된다. 이 선단의 조업을 지휘하는 총사령관, 단 1명이 바로 어로장漁撈長이다. 그가 그물을 투망할 바다의 위치, 방향, 수심을 결정한다. 그의 판단, 그의 결정, 그리고 "투망" 지시 한마디에 선단의 조업 실적이 좌우된다.

어탐선은 원래 어로장이 배의 제일 앞쪽 뱃머리에 서서 멸치떼의 움직임을 살펴, 본선에 투망을 지시했다. 오늘날에는 최첨단 어탐기가 어선 주변 최대 1km 거리는 물론 수심별 어군魚群을 탐지한다. 덕분에 눈으로 보이지 않는 물속에서 멸치떼가 얼마나 모여들었는지, 어느 방향으로 움직이는 지 파악할 수 있다.

그런데, 어탐기는 그 바다에 모인 어군이 멸치떼인지, 전어떼인지를 구분해 주지 않는다. 현행 수산업법상 멸치잡이 어선은 다른 물고기를 어획할 수 없다. 전어떼는 법률상으로 잡으면 안 되어 한꺼번에 그물에 몰려들면 귀중한 그물을 찢어야 하는 위기에 처하기도 한다.

멸치잡이 업계 '톱Top 10' 어로장들은 모두 '어로일기'를 쓰고 있었다. 짧게는 10년, 길게는 30년 이상 매일 조업한 위치, 잡힌 멸치의 양과 종류, 수온 등을 깨알같이 정리해 두고 있었다. 물속이 보이지 않는데도, 수십년 경험과 노하우로 멸치떼와 전어떼를 구별한다. '어느 바다에 가서, 어느 방향으로 그물을 던져야 할지' 눈을 감고도 아는 게 어로장이다.

멸치는 1초당 최대 10.6cm로 물속을 헤엄친다. 그러니, 멸치떼보다 더 빠르게 달려, 그물로 덮쳐야 한다. 그 역할을 하는 어선이 바로 본선이다. 쌍둥이처럼 생긴 본선 2척은 'U'형태로 서로 간격을 벌리면서, 멸치떼를 그물로 둘러싼다. 그물 길이는 502m. 보통 본선 2척이 앞으로 나란히 그물을 끌고 간다.

"에이야차", "에이야차", "에야차", "에야차"

일반적으로 멸치잡이 어선하면 가장 먼저 떠오르는 이미지가 수십 명의 선원들이 다함께 '멸치 후리는 소리'를 하면서 동시에 그물을 잡아당기거나 멸치를 그물에서 털어내는 모습일 것이다. 하지만 현재 권현망어선에서는 이 풍경을 볼 수 없다.

바닷물 속에서 어선 위로 그물을 잡아당기는 역할을 '크레인'이 하기 때문이다. 멸치떼가 그물 안으로 모여들었다는 판단이 서면, 본선 두 척은 서로 간격을 좁혀, 배를 양쪽으로 붙인다. 그러면, 본선에서 크레인이 그물을 끌어올린다.

기계가 모든 일을 대신해 주진 않는다. 선원들은 크레인이 해상 10m 이상 끌어올린 그물 안에서 멸치가 그물에 박히지 않도록, 혹은

잡아올린 멸치는 피쉬펌프로 순식간에 끌어 올린다.

덩어리지지 않도록 기다란 장대로 계속 그물을 쳐준다. 때론 그물이 엉키지 않도록 직접 손으로 펴준다.

이때, 거대한 그물에선 바닷물이 장대비 퍼붓 듯 선원들의 얼굴에 떨어진다. 물막이 옷을 입었지만 아무 소용이 없다. 매번 그물질을 할 때마다, 선원들은 바닷물에 흠뻑 젖고 만다.

그 고단한 작업을 거쳐야, 마침내 반짝이는 은빛 멸치떼들을 어획할 수 있는 것이다.

예전에는 본선에서 어획한 멸치들을 일일이 큰 족자로 퍼내서, 가공운반선으로 옮겼다. 이 때문에 그물에 쓸리고, 족자로 퍼내는 과정에서 은빛 비늘이 떨어져서, '권현망어선이 잡은 멸치는 빛깔이 좋지 않다'는 인식이 있었다.

최근에는 피쉬 펌프가 그 역할을 하면서 멸치의 상태가 달라졌다. 고압력으로 본선에 어획된 멸치를 빨아들여, 거대한 호스를 통해 가공운반선으로 이송한다. 그야말로 순식간이다. 덕분에 선원들은 고된 일이 줄었고, 멸치는 더욱 싱싱하게 유지되었다. 이제부터 가공운반선의 활약이 시작된다. 운반선의 어창에는 피쉬 펌프로 이송된 멸치떼들이 끊임없이 쏟아진다. 노련한 선원이 어창에서 멸치를 떠서 넓은 발에 펴낸다. 이를 큰 목욕탕처럼 네모난 가마솥에 넣어서, 바로 삶는다. 멸치를 삶는 시간과 소금의 염도를 조절하는 판단도 중요하다. 멸치의 건조 상태와 맛이 사실상 이때 결정되기 때문이다.

멸치발은 컨베이어 벨트를 통해 이동된다. 하지만 파도 치는 배 위에서 멸치발이 흔들리지 않도록 선원들이 일일이 손으로 끌고 간다. 막 끓는 물에서 끄집어낸 멸치발에서는 뜨거운 김이 펄펄 난다. 열기 가득 찬 한증막인 셈이다. 그 열기를 견디고, 갑판 위에 차곡차곡 쌓는다.

이제 해풍을 맞은 멸치는 최고 품질을 자랑하는 명품 멸치가 된다.

한산도에 어장막이 있는 평진호, 강흥순 선장은 “한산도 주변 바다가 물살이 세서, 멸치떼들이 운동량이 많다. 그래서 기름기가 적당하고 빛깔도 좋다. 특히 살이 단단하다. 그 덕분에 말린 멸치를 장기 보관할 수 있다” 면서 한산도에서 생산되는 멸치의 장점을 자랑했다.

권현망어선은 연간 900~1,000억대 위판고를 올리며, 전국 멸치 생산량의 60% 이상을 공급하고 있다. 이 가운데 한산도 일대는 멸치 생산량의 30%를 차지하는 중요한 황금어장이다.

한산도 바다는 예전부터 멸치의 먹이가 되는 작은 새우도 많이 나고, 파래 같은 해초도 지천이었다. 그래서 먹이를 찾아 움직이는 멸치떼가 자주 찾아들었다. 덕분에, 통영의 다른 곳보다 일찌감치 멸치잡이가 발달했다.

* 1960년대 멸치잡이 조업 현장

1960년대 멸치권현망 조업 현장을 잘 아는 분을 수소문한 끝에, 한산면사무소 옆 동네인 야소마을에서 이부윤 어른을 만날 수 있었다. 18살인 1959년부터 멸치잡이에 종사했다.

이부윤 어른께서 말씀해주신 1960년대 권현망어선의 선단 구성과 선원의 역할은 멸치권현망수협의 공식 기록인 1990년과 2010년 발간한 『멸치권현망수협발전사』나 『기선권현망 90년사』에도 없는 대목이 많았다. 그래서 한산도 현지에서 이부윤 어른에게 듣고, 다시 멸치수협에서 이종호 조합장을 만나 한번 더 검토했다. 40년 경력 이종호 조합장도 놀라기도 하고, 일부 수정해 주기도 했다. 우선 권현망어선의 조업 반경이다. 오늘날 권현망 어선은 소재지인 어장막은 한산도에 있어도 통영 욕지도, 사량도로 조업을 나간다. 멀리 부산, 울산까지도 원정 조업을 떠난다. 하지만 1960년대에는 한산도 내 자신의 어장막 주변에서만 조업했다.

> "어선 대부분이 노 젓는 배라. 멀리 갈 엄두를 못 냈지. 한산면사무소 옆에 우리 어장막이 있었어. 비진도-용호도-죽도가 바로 보이제? 그 안바다에서만 멸치를 잡았어."

지금은 크레인 기계가 하는 멸치 그물을 당기는 일을 전부 사람 손으로 하던 시절이었다. 수심이 1~2m만 깊어져도 장정 여럿이 감당 못할 정도로 무거워졌다. 당시엔 멸치떼가 어장막 주변까지 몰려들어, 얇은 바다 조업만으로도 충분했다.

멸치를 잡는 조업 시기도 오늘날과 달랐다. 현재는 7월 1일부터 이듬해 3월 1일까지 8개월 동안 조업을 하고, 멸치가 산란하는 4~6월에만 철수한다. 1960년대에는 6월 중순에 시작해서 11월 중순이면 조업을 마무리했다.

"12월에 우찌 조업을 할끼고? 물이 찹아서차가워 손이 시린기라. 물 속에서 꺼낸 그물을 댕겨봐라. 얼음장이다. 얼음장. 손바닥이고, 손가락이고 다 얼어붙는다."

어선에 첫 승선을 하면 별다른 기술이 없으니, 밥을 짓는 화장火長에서부터 시작한다. 이부윤 어른 역시 18살에 화장으로 시작해 하나씩 일을 배워나갔다. 그리고 선두船頭가 되어 멸치잡이 그물을 바닷속에 내리고 올리는 '투망投網'과 '양망揚網'을 책임졌다.

덕분에, 당시 권현망어선의 조업 상황에 대해 훤했다. 이부윤 어른의 말씀에 의하면, 지금은 5척인 멸치잡이 선단이 1960년대에는 2배에 가까운 어선이 필요했다.

1960년대 멸치잡이 권현망 선단은 ▲히키부네曳船, 예선 2척 ▲오오부네그물배 2척 ▲망뗀마어탐선 1척 ▲이리야煎屋船, 가공선 1척 ▲오가이다 1척 ▲나마가이다 1척 ▲뒷배 1척, 총 9척으로 구성돼 있었다.

당시 멸치잡이 조업 현장은 우리나라 전통 챗배에서부터 내려오는 전통적인 조업 용어와 당시로선 최신식이던 일본 용어가 뒤섞여 있었다.

1920년대 광도온망어업조합 예망조업의 광경.(『조선식산은행과 조선의 산업』, 1924년)

"지금이야, 본선이 직접 그물을 끌제? 그때는 히키부네가 앞에서 오오부네를 끌고 가모, 오오부네에서 그물을 바다에 내려서 멸치를 잡았지."

히키부네? 오오부네? 일본식 어선의 명칭이다. 일본어 '히키부네ひきぶね'는 한자로 '예선曳船'이다. 다른 배를 끄는 예인선을 상상하면 된다. '오오부네おおぶね'는 한자로는 대선大船인데, 크기와는 상관없이 그물을 실은 그물배 '망선網船'을 의미했다.

즉, 현재 그물을 내리고, 끌어올리는 본선 2척의 역할을 1960년대에는 예인선 2척과 그물배 2척씩, 총 4척이 한 것이다.

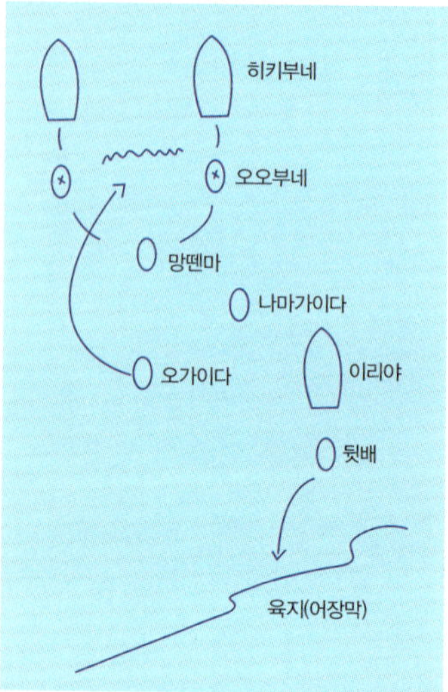

이부윤 어른께서 알려주신 1960년대 권현망 조업 선단.

그물배에는 물레방아처럼 생긴 '로쿠로轆轤, ろくろ'가 장착돼 있었다. 멸치를 잡는 그물을 연결한 긴 밧줄을 로쿠로에 매고, 선원들이 빙글빙글 돌렸다. 그러면 그물이 감겨 올라왔다.

"선원들이 힘이 마이 들었겠네예."

"어깨 뿐이겄나. 온몸이 시커멓게 멍이 들었지. 젊은 사람도 몸살을 할 정도라."

당시나 지금이나 변함없는 것은 어로장이 선단을 총지휘한다는 점이다. 지금은 전체 선단에 잘 들리도록 마이크로 지시를 하는데, 당시에는 깃발을 사용했다는 점이 다르다. 어로장은 양손에 깃발을 들고, 2척의 히키부네에 그물 사이 간격이나 속도 조절을 지시했다.

어로장의 가장 중요한 역할은 무엇보다 '멸치떼가 어디에 몰렸는지' 망을 보는 일이었다. 그래서 '망쟁이'라고도 불렀다. 망쟁이인 어로장이 승선한 배를 '망뗀마'라고 불렀다.

드럼통이나 뱃전을 두드리는 역할을 맡은 배가 '오가이다'이다. 이 방법은 우리나라 전통 멸치잡이 조업 방식인 '챗배'에서도 등장한다.

챗배는 밤에 횃불을 환하게 밝혀, 이 불을 보고 몰려든 멸치를 잡는데, 멸치떼를 그물 안으로 쫓아 넣는 역할을 한다.

이중호 멸치수협장은 "아, 오가이다. 그 배 위에서 선원들이 리듬에 맞추어 뱃전을 두드리던 소리가 귀에 선합니다. 다시 그 소리를 듣고 싶네요."라며 옛 기억을 떠올렸다.

지금은 없어진 심부름배인 '나마가이다'는 그물 안에 어획된 멸치를 가공선인 이리야에 운반해 주는 역할을 했다. 그 역할을 지금은 고출력 피쉬 펌프가 자동으로 한다.

멸치권현망 선단 가운데, 통영 사람들에게 익숙한 배 이름이 있다. 바로 '이리야'이다. 다른 배들은 모두 바다에서 조업을 하기에, 선원으로 일하지 않은 한 실제로 볼 일이 드물다.

반면 이리야는 바다에서 어획한 멸치를 육지 어장막까지 싣고 온다. 그래서, 통영항이나 통영운하를 지나갈 때 자주 보인다. 빠른 속도로 이동하려고 강력한 엔진을 돌린다. 엔진 소리가 워낙 커서 웬만한 통영 사람들은 배가 안 보이는 데도 "이리야 온다"고 알아챈다.

처음에는 멸치를 육지 어장막에 있는 가마솥에서 삶았다. 여름철 해상의 날씨는 무덥고 습하다. 애써 잡은 멸치를 육지 어장막으로 이송하는 동안 부패하면, 제값을 받을 수 없었다.

그래서, 아예 배 위에 부뚜막을 설치하고 가마솥을 걸었다. 바다 위에서 멸치를 삶으니, 신선도가 대폭 향상됐다. 당시로서는 획기적인 기술이었다. 멸치를 삶는 부뚜막이 있는 어선을 한자로 전옥선煎屋船

이라고 쓰고, 일본말로 '이리야いりゃ'라 부른 것이다.

삶은 멸치를 육지에 있는 어장막까지 실어주는 역할을 하는 운반선 '뒷배'도 있었다. 지금은 이리야와 운반선 뒷배의 역할을 가공운반선에서 한꺼번에 한다.

50년 동안 어로 기술이 발달했고, 권현망 선단의 구성도 달라졌다. 1960년대 9척이 하던 역할을 2021년 권현망 선단은 본선 2척, 가공운반선 2척, 어탐선 1척, 5척이 모두 해낸다.

* 한산면에 학교가 15곳, 권현망이 15틀이라

바닷가 넓은 마당에 수천 개의 멸치발이 펼쳐진 멸치어장막은 통영 사람들에게 익숙한 풍경이다. 한여름 햇볕을 받으며 멸치가 말라가는 동안 아이를 등에 업은 어머니가 멸치에 섞인 잡물을 골라냈다. 몇 시간씩 구부린 채 작업을 하다보면, 허리며 다리가 저려왔다.

그래도 일감이 있어서 좋았다. 이 돈이면 아이들 먹일 양식 한 줌 더 사고, 학용품 하나 더 챙겨줄 수 있었다. 하지만 통영 곳곳이 도시화되면서 어느새 사라진 풍경이 되었다.

통영에서도 멸치를 가장 많이 잡았던 한산도에는 아직 멸치 어장막이 남아 있다. 우리 어머니들은 무슨 작업을 하셨을까? 전성기에는 어장막이 얼마나 있었을까?

한산면 여차 출신인 이충남 전 통영시의원을 만났다. 그 자신이 마을이장과 새마을지도자를 역임한데다, 부친故 이종인이 권현망어선 선장이셨고, 창좌리 선양호박정웅, 어영호정정곤 선주와 친구였다. 덕분에 멸치 어장막 사정에 밝았다.

"한산도 사람치고 멸치막에서 호래기 안 주워 먹어본 사람은 없을 끼라."

멸치를 잡는 그물에는 눈이 달려 있지 않다. 그러니, 멸치를 잡다 보면 당시엔 흔하던 호래기참꼴뚜기 새끼며, '풀치'라고 하는 작은 갈치, 홍합도 같이 그물에 걸렸다. 어장막에서 멸치가 말라가는 동안 어머니들이 호래기 같은 잡물을 일일이 손으로 골라냈다.

단순한 작업 같아도 몇 시간씩 계속하면 온몸이 아픈 중노동이었다. 어머니들은 힘들어도 아이들은 좋아했다. 배고프던 시절, 학교와 집을 오가면서 한 줌씩 먹는 간식거리였다.

수천 개의 멸치발이 줄지어 놓인 어장막에서, 멸치의 양쪽이 골고루 마르도록 발을 뒤집어 놓는 것도 어머니들의 중요한 일과였다.

"발을 뒤집는 방법에도 요령이 있어."

두 사람이 2인 1조로 나란히 서서, 멸치가 든 발 위에 빈발을 포개 얹고, 호흡을 딱 맞추어서 위, 아래로 '착' 뒤집는다. 자칫 잘못하면 귀한 멸치가 후두둑 바닥에 떨어졌다. 다들 베테랑이라 그럴 일은 거의 없었다. 여러 사람이 줄지어서 몇천 발을 뒤집는 걸 보면 장관이었다.

햇살 좋고, 선선한 바람이 불 때는 반나절이면 멸치가 먹기 좋게 잘 말랐다. 멸치어장막 넓은 앞마당에서 멸치를 말리는 풍경, 그곳에서 어무이들이 일하시는 모습이 한산도는 물론 통영의 여름과 가을을 대표하는 풍경이었다.

전성기에 한산도에는 어장막이 얼마나 있었을까?

이충남 전 시의원에 따르면, 1980년대 가장 성황을 이루었는데 "학교가 15곳, 권현망이 15틀"이라고 자랑할 정도였다. 당시 통영 전체 멸치 어장막이 37곳이니, 40%에 달하는 어장막이 한산도 일대에 집중돼 있었다.

좋은 어장막 자리가 갖춰야할 조건이 3가지 있었다. 첫 번째, 주변에 멸치어군이 형성되어서 멸치가 잘 잡힐 것. 두 번째, 아침에 해 뜰 때부터 저녁 노을 질 때까지 하루 종일 햇살이 잘 들 것. 세 번째, 멸치가 잘 마를 정도로 바람이 선들선들하게 부는 곳이다.

"햇살이 잘 들고, 바람이 선들선들 불어야 멸치가 잘 마른다. 햇살이 적게 들면 멸치가 덜 마르고, 바람이 세게 불면 멸치가 날아가 버리는 거라"라고 쉽게 설명해 주었다.

아버지들은 멸치배를 타고, 어머니들은 멸치어장막에서 일하며 가족들을 먹여 살리고 자식들을 공부시켰다. ©거제시 기록관

그가 기억하는 한산도 어장막은 모두 15곳*이다.

어장막들은 관암에서부터 진두까지 한결같이 한산도의 동쪽이나 동북쪽에 위치하고 있었다. 반대로 진두를 지나 장작지까지 남쪽이나 서쪽에는 어장막이 없었다. 모두 여름 태풍과 겨울 북서 계절풍을 피할 수 있는 명당들이었다. 게다가 동쪽에서 불다가 갑자기 서쪽에서 밀어닥치는 무서운 바람 '갈서마'도 산과 언덕이 막아주었다.

* ▲관암 금성수산(김재기–김진호), 홍은호(천기주–김진호), 신박국 ▲제승당 입구 대고포 충성호(오혁진) ▲의항 광양호(공모조–공창영), 신광호(원채호) ▲문어포 송정호(정한주) ▲여차 어영호(정경래–정정곤), 선양호(박재우–박정웅) ▲장곡 평진호(김효근–김대원) ▲유자섬 장영호(정상준–정종리) ▲입정포 대원1호(이상근), 대원 2호(이태근), 덕양호(정현운) ▲진두 신씨집안(신명출–신성희)

한산도 주산인 망산과 제승당 초입인 고동산이 남쪽과 북쪽 바람을 잠재우고, 동쪽과 서쪽으로는 대고포 염개와 문어포 개목이 바람도 막아주면서 어선을 정박하기도 좋은 천혜의 요지였다. 임진왜란 당시, 이순신 장군이 한산도 제승당을 중심으로 통제영을 설치한 이유가 오늘날 멸치 어장막의 위치 선정과 비슷한 이유다.

* 히로시마에서 원자폭탄 터지는 걸 봤지

"히로시마에서 원자폭탄 터지는 걸 봤지."

"아, 원자폭탄 터지는 거를요?"

"그때 배 위에 있어놓으니까, 환하게 보이데. 가차운께나가까우니까."

"그 당시에요?"

"비-니지쿠B-29라꼬. 왜놈들도 그 비행기가 날라 오는 줄 몰랐던가봐. 오히려 경보를 해제했거든. 그라고 사정없이 한방을 맞았지."

"그걸 어디서 보셨습니까?"

"히로시마는 산 쪽이고, 우리는 갯가 쪽에 있었지. TV에서 봤제? 그 버섯구름처럼 생긴 거. 폭탄을 맞고 나니, 딱 그리 생긴 폭탄 구름이 하늘로 올라오데. 눈앞에서 보니까 엄청나게 커. 히로시마 시내에는 온통 불길이 번지고, 사람도 마이 죽었지….”

“아, 그걸 배 위에서 보셨구나.”

“우리 배로 환자도 실어 날랐는데. 폭탄을 맞으면 몸이 불에 타는 가봐. 그때 히로시마 근처 섬에 급하게 지었는지, 병원들이 섬에 있었거든. 환자를 마이 실어날랐지.”

이세우李世雨 어른. 한산도 여차마을에서 태어나, 아흔 평생을 이곳에서 살아온 분이 ‘어떻게 히로시마에 가게 됐으며, 원자폭탄 터지는 걸 보게 됐을까?’, 그리고 ‘환자까지 실어 날랐다는 이 배는 무엇일까?’

“배를 우찌 타게 됐습니까?”

“멸치배, 그때는 오게드리오게들이라고 했지. 아부지가 선주한테 전도금을 받고 돌아가신 거라. 그래 갖꼬 내가 열여섯 살에 멸치배를 타게 됐지.”

1945년. 이세우 소년이 멸치잡이 권현망 선단을 타던 그해. 한산도 여차마을에 어장막을 가진 일본인 선주는 1945년 8월 6일 히로시마에 원자폭탄이 투하되기 전에, 이미 일본 패망을 예상하고 있었다.

“미리 재산을 처분하고 이불이고, 가구고 전부 짐을 싼기라. 그걸 멸치배로 싣고 일본으로 간기지. 그때나 지금이나 권현망 본선은 다른 어선보다 2~3배는 크거든. 그때 갈 때, 나도 밥 짓는 화장火長으로 따라가게 된기지.”

“한산도에서 히로시마까지, 엄청나게 먼데예?”

히로시마에서 원자폭탄이 터지는 장면을 본 이세우 어른.

"원래는 발동선이 없었어. 그물을 끄는 배도 전부 노를 저었거든. 그러다가 해방되기 직전에 '40마력 더블' 엔진이 나왔지. '택, 택, 택, 택' 하는 기, 제법 힘이 있었거든. 택택이 배를 타고 현해탄을 건넜지. 한산도에서는 제법 큰 배인데, 큰 바다 가니까, 배가 엄청 작더라."

"저도 대마도 가봤는데, 그 물길, 조류가 겁나던데요?"

"그 옆을 지날 때가 물살이 젤 세지. 현해탄을 건너모, 시모노세키라꼬 육지가 나오데. 그기에서 히로시마까지 한참을 더 가더라꼬. 그 뭐라더라?"

"세토나이카이瀨戶內海요?"

"용케, 그걸 아네. 맞다. 세토나이카이. 그 바닷길로 한참을 가니, '이제 히로시마다' 쿠데."

현해탄을 건너, 히로시마 인근 포구浦口에 도착한 한산도 멸치배. 일본인 선주의 짐을 내려놓고도 언제 돌아올 줄 몰랐다. 아예 히로시마 주변 바다에서 조업을 하기도 했다.

"그쪽 포구에 가니까, 사람들도 별로 없고 젊은 사람들은 전쟁터에 가서 그런지 더 없어. 나도 조업 나갈 때 같이 나갔지. 한산도에서는 멸치가 에북 잡혔는데, 그기에서는 반찬거리밖에 안 잡히더라"

"그라다가, 히로시마에 원자폭탄 터진 걸 보신 거네요?"

"하모. 하모. 배 위에서 봤지."

"원자폭탄 터지고, 곧바로 한산도로 돌아오셨십니까?"

"아니다. 한참을 더 있었다. 그라고, 내가 오고 싶다고 해서 배가 돌아와지나?"

일반적으로 8월 15일 일본 천황의 항복 선언 후, 곧바로 조선이 광복되었다고 생각한다. 하지만 9월 8일에야 미군이 인천에 상륙했고, 남한 전체 일본군으로부터 무기를 회수한 것은 10월 이후였다.

그 사이에 통영경찰서에는 여전히 무장한 일본 경찰이 총부리를 겨누며 건재했고, 통영에 거주하던 일본인들도 현해탄을 건너 일본으로 오갈 수 있었다.

"어떻게 돌아오셨십니까?"

"일본인 선주가 짐을 한번 더 챙겨갈 끼라꼬, 한산도로 멸치배를 다시 보냈거든."

"그라모, 선장은 조선 사람입니까?"

"아이다. 선장이나 기관장 맹키로, 배를 운항하는 결정권을 가지는 사람은 무조건 일본 사람 시킨다. 조선 사람은 선두船頭까지는 할 수 있어도, 그 위로는 못 올라간다."

"아, 그라모 그 배 선장도 일본인이었십니까?"

"하모. 폰데다리 넘어가모 보디섬이라고 있제. 그게 히로시마에서 온 사람들이 마이 살았어. 그걸 히로시마촌廣島村이라 카는데, 잇본쓰리一本釣라꼬 외줄낚시로 장어를 마이 잡았어. 그 사람들이 멸치배 선장도 하는 기라. 한산도 선주하고도 친척인 갑데."

"8월 15일 광복이 되고도, 한참 뒤에서야 한산도로 돌아오셨네요."

"그때 멸치배 타고 돌아온 일본 사람들은 죽었는가? 살았는가? 일본으로 돌아갔는가? 여태껏 모리겠네."

"원자폭탄 맞은 히로시마를 그리 보시고, 살아 돌아 오신 것만으로도 천만다행입니다."

"나도 그리 생각한다. 그때 무사히 돌아온 덕분에, 구십 평생, 여태껏 이리 살았지. 천운이라. 천운."

한산도 여차마을에서 이세우 어른으로부터 멸치선단 배를 타고 현해탄을 건너 히로시마를 다녀온 이야기, 히로시마 원자폭탄 터진 걸 본 이야기를 들은 때가 2016년 8월 22일이었다.

'어디에서 원자폭탄 터진 걸 보셨을까?', '일본인 선주는 어디 출신일까?' 이세우 어른이 원폭 구름을 바라본 위치와 일본인 선주를 추적하기 시작했다.

* 일본인 선주를 찾아서

이세우 어른이 기억하시는 단서는 일본인 선주의 전체 이름이 아니라 성씨 두 글자, 그리고 히로시마 근처 몇 가지 지명이었다.

한산도에서 먹는 유자할 때 유柚, 나무 목木. 유목柚木이란 성씨 두 글자. 그리고 히로시마 시내에서 가까운 섬 '우지나'와 한참 떨어진 '사카'라는 지명이었다. 사카는 산 아래 작은 포구로, 선주를 그곳 출신으로 추정하셨다. 아쉽게도, 해당 지명들을 한자로는 모르셨다.

"내가 에릴어릴 때라 기억력이 좋아서 일본 말은 알아들었는데, 열여섯 살에 한자를 우찌 알았겠노?"

실마리는 한산도에서 풀렸다.

'한산면 내지인 토지명기장閑山面 內地人 土地名寄帳'. 대정 5년1916년부터 광복 이후까지 내지인, 즉 일본인들이 한산면 내에 소유하고 있던 토지를 동리 및 지번, 지목, 면적, 세액 등을 상세하게 기록한 중요한 자료였다. 한산면 내에 토지를 가지고 있는 일본인은 총 29명. 이 가운데 이세우 어른이 기억한 '유목柚木'이라는 성姓을 가진 인물은 3명이었다. 유스기 이소柚木伊祚, 유스기 사카에柚木佐賀惠, 유스기 카네마츠柚木兼松였다.

3명의 유스기柚木는 한산도 내 염호리와 두억리는 물론, 여차마을 앞 비산도에 이르기까지 총 34필지의 전답田畓을 소유하고 있었다. 이세우 어른을 만난 여차마을은 한산면 염호리閑山面 濂湖里에 속한다. 한산도 여차마을에 멸치 어장막을 소유한 일본인 선주는 누구였을까? 바로 '유스기 사카에柚木佐賀惠'였다. 지금도 남아 있는 멸치 어장막과 동일한 지번의 토지를 소유하고 있었다. 그가 가진 땅만 해도 염호리와 두억리 일대에 24필지에 달했다.

이세우 어른이 말씀하시던 일본인 선주는 찾았다. 하지만 그의 일본 본적은 기록되어 있지 않았다. "히로시마 선주와 선장들이 친척"이라고 하신 어른의 말씀을 떠올리면서, 다시 한명씩 일본 주소를 확인

통영해산에서 이루어진 멸치 경매 사진.(『조선식산은행 20년사』, 1938.)

통영 강구안에 있던 통영해산물주식회사.(『경남 통영군 안내』, 1915.)

1915년 발간한 『경남 통영군 안내』에는 통영의 42개 어종별 어획고가 기재되어 있다. 전체 어획고는 413만관, 187만엔으로, 이 가운데 1위인 멸치는 124만, 89만엔을 기록하여 전체 어획고의 30%, 거래금액의 47.5%의 높은 비중을 차지했다.

JR사카역과 사카촌 언덕에서 바라본 히로시마의 요코하마 공원.

해 보았다. 비산도와 여차마을에 7필지의 땅을 소유한 유스기 이소柚木伊祚. 그의 일본 주소가 광도현 안예군 판촌 횡빈廣島縣 安藝郡 板村 橫浜이었다. 이를 일본식으로 읽으면 '히로시마현 아키군 사카촌 요코하마'가 된다.

즉, 이세우 어른이 말씀하신 '사카'가 바로 일본 지명 '사카촌板村, 판촌'이었다. 사카촌도 포구, 바로 맞은편 '요코하마' 역시 작은 포구였다. 사카촌에서 히로시마 방향으로 보이는 섬이 바로 '우지나宇品島, 우품도'였다. 일본인 선주가 원래 살던 곳이자, 이세우 어른이 히로시마 원자폭탄이 터지는 광경을 본 곳이 바로 여기였다.

2019년 11월 14일. 히로시마 일정 중에 혼자 시간을 내어 '사카板

町'를 찾아갔다. 히로시마역에서 오카야마현岡山縣 방향으로 JR기차를 타고 다섯 정거장, 20분 남짓을 가면, 사카역板駅에 도착한다. 사카마을 언덕에 올라, 한참을 생각에 잠겼다.

이 언덕에는 메이지1868~1912, 다이쇼1912~1926 시대 출생한 일본인들이 잠든 비석들도 많았다. '이 가운데 통영을 다녀간 사람도 있을까?' 하는 의문도 들었다.

한산도 선주가 히로시마현 사카촌 사람이었다는 사실이 우연일까?

『멸치권현망수협발전사』에 의하면 1884년 일본에서 우리나라로 건너와 권현망어업의 성립 여부를 타진하고, 1889년 어선 7통과 함께 조업을 시작한 일본인이 '츠보가와 진사부로坪川甚三郎'이다. 그가 바로 사카廣島縣 安藝郡 板村 출신이다. 아직 엄연히 조선이라는 나라가 있던 시절. 일본인들이 조선 영해에서 조업하기 위해서는 '면허증免許證'을 발급받아야 했는데, 1890년 어업면허 제출자 162명 가운데 41명이 히로시마현廣島縣, 그 가운데 상당수가 아키군安藝郡 출신이었다.

1919년 8월에는 멸치잡이 권현망 선주들이 어업조합을 결성하는데, 그 명칭이 '히로시마온망어업조합廣島鰮網漁業組合'이었다. 천명주 전 기선권현망 조합장은 "광복 이전에 광도온망어업조합 조합원들 대부분이 일본에서 통영으로 이주해 와서, 이주어촌까지 조성한 히로시마廣島縣와 오카야마岡山縣 출신이었다"고 생전에 회고했다.

* 난중일기에 기록된 선인암仙人巖을 찾다

갑오년1594년 4월 13일

순무어사 서성巡撫御史 徐渻이 전쟁 연습을 하는 것을 보고 싶어 하므로 죽도竹島 바다 가운데로 나가서 연습했다.

을미년1595년 5월 8일

아침 식사 후에 배를 띄워 삼도三道가 같이 선인암仙人巖으로 가서 이야기하며 구경하고 또 활도 쏘았다.

병신년1596년 7월 4일

아침 식사 후에 경상도 진영으로 가서 순찰사서성와 서로 만나 이야기했다. 조금 있다가 배로 내려가 함께 타고 포구로 나가니, 여러 배들이 밖으로 줄지어 있었다. 종일 이야기하고 선암仙巖 앞바다에 이르러 닻을 풀고 헤어져 가는데, 멀리 바라보면서 인사하였다.

이순신 『난중일기』 중에서

이순신 장군은 한산도에서 3년 7개월 동안 조선 수군을 단련시키며, 항상 전쟁에 대비했다. 『난중일기』 역시 한산도에서 쓴 날이 많으니, 자연스레 한산도 일원의 지명을 많이 남겼다.

이 가운데 '선인암仙人巖' 혹은 '선암仙巖'은 조선 수군의 군사훈련인 수조水操를 관전하거나, 지휘관들과 대화를 나누고, 활을 쏜 곳으로 기록하였다. 이순신 장군이 평소에도 15순이나 20순1순=5발씩 활을 쏜 사실은 익히 알려져 있다.

『난중일기』에 기록된 선인암은 어디일까? 죽도竹島를 바라볼 수 있는 한산면 두억리 문어포問語浦을 찾아갔다. '큰 독수리가 양 날개를 펼치고 있는' 형상에서, 한산도 제승당을 몸통이라고 보면, 왼쪽 날개에 해당하는 곳이 문어포 언덕이고, 오른쪽 날개가 고동산에 해당한다. '한산도가'로 유명한 수루에 올라서면, 바다 건너 바로 맞은편이 문어포이다.

문어포마을회관에서는 김기순 이장이 맞아주셨다. 문어포 현지에서는 선인암을 '신선바위'라고 불렀다. 마을에서 조금 떨어진 바닷가에 둥그스름하게 툭 튀어나온 바위라고 한다.

김기순 이장은 "이순신 장군이 문어포 끝 동섬에 피난민으로 변장한 감시병을 세워두었다가 도망갈 바닷길을 묻는 왜구에게 오히려 바다가 막힌 개목오늘날 의항쪽으로 유인했다"는 이야기를 들려주었다.

문어포마을에서는 바위가 보이지 않았다. 김만수 어른이 배를 타고, 바다 위에서 신선바위까지 데려다 주셨다. "저기 보이는 곳이요" 손짓을 따라 가까이에서 바라본 신선바위는 상당히 널찍했다. 여러 장수와 군졸들까지 활을 쏘고, 이야기를 나눌 공간이 충분했다.

이번에는 문어포마을에서 직접 걸어가 보았다. 마지막 구간 풀밭을 헤치고, 신선바위에 올라섰다. 대섬, 죽도竹島가 눈앞에 훤하게 보였다. 『난중일기』에 기록한 전쟁 연습, 즉 수군조련水軍操鍊을 관측하기에 좋은 자리였다.

김만수 어른은 "원래 박정희 대통령이 제승당성역화사업을 할 때, 문어포 언덕에는 한산대첩기념비를 세우고, 신선바위에는 팔각정을 설치하려고 했어요. 한산대첩 해전의 현장이 잘 보인다고요"라고 당시를 기억했다.

문어포마을에는 '삼칭이 돛단여와 대나무 화약 이야기'가 전해진다.

문어포 신선바위 바로 맞은 편에는 임진왜란 직후인 광해군 11년, 1619년 경남 삼천포에 있던 삼천진이 이전해온 산양읍 영운리 마을이 있고, 그 앞바다에 '삼칭이 돛단여'가 있다.

마을 사람들은 이순신 장군이 돛단여에 갈대와 억새, 짚으로 이엉을 엮어서 거대한 전선처럼 꾸미고, 문어포–삼천진 사이 바다에 대나무 속에 화약을 넣은 대나무 화약통을 흘려보내 펑펑 터지게 만들어, 왜적들이 이 바다를 통과해서 먼바다로 빠져나갈 엄두를 못 내게 만들었다고 옛 어른들에게 들은 이야기를 전해주었다.

* 이순신 장군을 추모하는 사람들

1931년 5월 13일. 충격적인 소식이 세상에 알려진다. 동아일보는 '2천원 빚에 경매당하는 이충무공의 묘소 위토'라는 보도를 통해, 충무공 이순신의 아산 묘소와 춘추 제향비를 마련해온 위토位土 60두락이 종가의 형편이 어려워져 은행 경매로 넘어가게 되었다는 소식을 전했다.

이 보도는 전국적인 반향을 불러일으켰다. 이순신 장군의 유적을 보존하기 위해 전국적인 모금 운동이 벌어졌다. 이때, 충무공이 잠든 아산 묘소의 대출금이 상환됐다. 이와 함께 충무공이 활약한 통영 한산도 제승당의 중건도 추진됐다.

동아일보는 1932년 6월과 11월 '제승당 영정각制勝堂 影幀閣'과 '이충무공 영정각 신축李忠武公 影幀閣 新築' 보도를 통해 제승당 중건과 영정각 신축 공사가 자금 부족으로 중단됐다가, 통영 한산도 주민들과 충무공 이순신 장군을 추모하기 위해 만든 '제승당 모충계制勝堂 慕忠契'가 부족분을 마련해 다시 추진되고 있다고 알렸다.

1933년 6월 2일, 통영 한산도에서 제승당 중건 낙성식과 이충무공 영정 봉안식이 대대적으로 열렸다. 봉축기를 앞장세우고, 전통 음악이 연주되는 가운데, 활을 멘 무사가 영정을 호위하고 청전 이상범 화백이 그린 영정을 신축한 영정각에 봉안하였다. 이 조직은 한산도에서 충무공을 추모하는 사람들의 모태가 된다. 그런데 공식 기록은 아이러니하게도, 조선총독부가 1931~35년 전국의 명승고적과 이를 관리하는 단체를 일제 조사한 〈각도고적보존시설各道古蹟保存施設〉에 등장한다. 제승당 모충계는 1926년 '이순신 충무공 영정각 유지 및 춘추 2회 향사 거행'을 목적으로 설립했으며, 한산면 유유근劉有根, 유문경 한산면 이장단장의 조부이 대표를 맡고, 회원은 105명이었다. 설립 당시 계원 1인당 2엔円을 출자, 그 이자를 춘추향사 비용으로 사용하였다. 특이한 점은 충렬사영구보존회와 계약을 체결하여, 한산도 제승당에 속한 산판山坂, 나무를 함부로 베지 못하게 가꾸는 산의 풀草을 2월 총회에서 방매放賣, 물건을 내놓고 팖하여 자본금에 보충한 것이다. 땔감이 부족하던 시절이기에 중요한 자금원이 되었을 것이다.

하지만 일제가 1941년 태평양 전쟁을 일으키면서 제승당은 쇠락의 위기에 처했다. 게다가 6.25전쟁이 일어나고, 제승당에서는 춘추향사가 중단되는 위기를 맞았다.

그때마다 한산면민들이 나서서 이순신 장군을 추모하고, 제승당 향사를 모셨다. 1946년 김형진 한산면장은 유지들과 함께 '제승당영구보존회'를 설립하기로 하고, 회원을 모집했다. 삽시간에 900여 명이 참여, 1인당 50원씩 4만원이 넘는 기금을 모았다. 6.25전쟁 직후, 강호금 면장은 약식향사略式享祀를 모시기로 결심하고 각 마을마다 현물이나 성금을 모았다. 이때 의암마을에서 문어를 내고, 서좌는 홍합젓, 장곡은 조개, 대촌은 쌀, 망곡은 과일, 호두는 미역, 봉암은 조기, 입정포는 멸치 등 특산물을 앞다투어냈다. 1959년부터 제승당에서 제대로 춘추향사가 모셔지기 시작했다. 이때 주축이 되는 인물들이 재력이 있는 멸치 권현망 선주들이었다. 오혁진 씨를 중심으로, 의항 공모조, 입정포 이분조, 유자섬 정상준 씨가 제물을 내고, 향사에도 적극 참여했다. 한산도 사람들이 중심이 된 제승당 모충계는 제승당영구보존회회장 김두송, 재제승당영구보존회회장 강석수로 이어져, 오늘날에도 이순신 장군을 추모하고 있다.

* 한산대첩 현장도 보고 황금들판도 걷고, 한산도 두억리

한산도 제승당은 언제 가도 좋다. 홍송숲과 옥색 바닷물 빛이 아름다운 진입로, 충무공 영정에 참배하고, 수루에 앉아 바라보는 한산만. 그 자체가 역사 공부이자 쉼표가 된다.

여러 번 제승당에 가보았다면, 이제 한산도의 어디로 가보는 게 좋을까?

이순신 장군이 처음 통제영을 설치한 '두을포', 오늘날 한산면 두억리 일대는 어떨까? 문어포 한산대첩기념탑, 의항마을 개목 뒷개, 한산도 곡창지대인 '골안들' 3곳을 추천한다. 차량으로 한 곳씩 갈 수도 있고, 문어포-의항마을- 골안들 3곳을 차례로 걸을 수도 있다.

이순신 장군이 순무어사 서성에게 수군 훈련을 펼쳐 보인 문어포와 죽도 앞바다.

제승당선착장에서는 승용차로, 의항선착장에서는 공영버스로 접근이 가능하다. 통영에서 출발한 여객선은 주로 한산도 제승당에 닿는데, 최근 의항선착장 운항 횟수도 늘어났다.

가볍게 걷는 방법은 의항선착장에서 의항마을 개목 뒷개–문어포 한산대첩기념탑까지 왕복으로 걷는 길이다.

의항마을 이름은 '개목개미목'에서 유래했다. 마을의 남서쪽에는 개미 허리처럼 잘록한 목이 있다. 그래서 한자로 개미 의蟻, 목 항項을 써서 '의항蟻項'이라 부른다. 의항마을에서 문어포마을로 향하는 '왼쪽 편 가장 쏙 들어간 소나무숲'이 개목 뒷개이다.

개목 뒷개에 서면, 푸른 바다 건너 산양읍과 욕지도 일대 여러 섬들이 파노라마처럼 펼쳐진다. 예전에는 용호도나 비진도 같은 한산도 주변 섬에서 개목 뒷개에 배를 대고, 큰 마을인 대촌으로 들어가서, 자신들이 잡은 생선을 쌀과 바꾸기도 했다.

문어포마을로 가는 길가 주변에는 편백나무와 삼나무 숲이 울창하다. 사시사철 푸르고 시원한 그늘을 선물해 준다.

문어포마을 입구 작은 주차장에 서면, 한산도 앞바다가 열리기 시작한다. 통영 방향으로 죽도와 신선암이 보인다. 이순신 장군이 조선 수군을 해상 훈련하고 직접 활을 쏘았던 곳이다.

문어포의 언덕 끝에는 한산대첩기념비가 우뚝 세워져 있다. 이곳에 서면, 왜군을 유인했던 견내량, 치열한 전투가 벌어졌던 한산도 바다가 한눈에 들어온다. 1592년 음력 7월 8일. 한산대첩 현장의 함성이

배를 타고 해상에서 신선암을 보여주신 김만수 어른.

들려오는 듯하다.

이순신 장군이 처음 한산도에 자리 잡은 '골안들' 일대도 걸을 수 있다. 의항선착장에서 망산 방향으로 대촌, 신거, 망곡 3개 마을이 이어진다. 도시와는 달리, 지나가는 차량이 거의 없다. 널찍한 도로나 그 사이 샛길을 마음 편히 걸으면 된다.

3개 마을 주변이 전부 '골안들' 들판이다. 봄이면 물을 댄 논에서 벼 이삭이 자라고, 가을이면 여문 벼가 황금빛으로 물들인다. 소나무 숲이 분지처럼 감싸 안아, 겨울에도 따뜻하다.

대촌마을 앞에는 품이 너른 정자나무가 있다. 마을 주민들이 소일

할 거리를 가져와 오순도순 이야기를 나누다 웃음꽃을 피우는, 정겨운 풍경과도 만난다. 이발 봉사를 하시는 분들이 찾아와, 어르신들의 머리를 곱게 만져주시기도 한다.

신거마을에는 40년 된 두억교회가 주변 논과 어울려, 자연스러운 풍경이 되었다. 통제영 시절 피난민들이 몰려들었다는 피아골, 승병이 주둔했다는 절이 있었다는 망곡마을에 닿는다. 섬길을 걷는데, 어느 시골 농촌마을을 걷는 기분이 든다.

한산도를 걸은 후에는 한산도에서 식사를 권한다. 한산면 소재지인 진두마을 주변에는 싱싱한 해산물로 음식을 내놓는 맛집들이 있다. 가고파식당, 보리수식당, 한산식당 등. 그날 갓 잡은 자연산 횟감, 볼락이나 쥐치로 끓인 매운탕, 온갖 해물이 들어간 해물뚝배기가 맛있다.

좌도…

소가 있은께나 솔섬 농사를 지었다.

소가 젤 일꾼이고 젤로 효자다.

좌도

＊ 집집마다 매화꽃이 피는 섬

한국의 남쪽 도시 통영은 겨울에도 따뜻하다. 그래도 얼른 봄을 맞고 싶은 마음은 매한가지다. 그럴 때마다 생각나는 섬이 있다. 100년 된 매화가 꽃을 피우는 섬, 바닷가 집집마다 언덕마다 매화꽃이 피는 섬, 이른 봄날 섬 전체가 '하얀 꽃송이'로 빛나는 섬이다.

양력 2월이 되면 "매화꽃이 얼마나 피었습니까?" 섬마을 이장님께 여쭙는 전화를 드린다. 매번 "광양매화축제 광고하제? 그보다 20일 정도 일찍 들어온나"하며 반겨주셨다. 섬에 들어간 날짜를 되짚어 보니, 2010년대 초반에는 3월 중순, 2020년 언저리에는 2월말 전후였다.

좌도佐島는 그 이름처럼 한산도를 보좌하는 섬이다. 동좌와 서좌, 2개 마을이 있는데, 한산도의 동쪽에 위치해 동좌리라고 부르기도 한다.

그래서 좌도행 여객선은 한산도 주변, 7개 섬마을을 빙 돈다. 첫 번째 섬은 용호도. 포로수용소가 있던 용초마을과 미역 채취로 큰 돈을 만지는 호두마을, 남해안별신굿의 마지막 당골판 죽도를 지나, 면 소재지가 있는 한산도 진두마을에서 잠시 쉰다.

한산도와 추봉도를 연결한 추봉교 아래로 지나면, 저 멀리 좌도의 두 마을 가운데 동좌가 보인다. 여객선은 서좌를 거쳐, 비산도, 거제 화도에 들렀다가 통영항으로 돌아간다.

'라일락 담배'를 손에 쥔 이다선 어무이를 만난 곳도 이 완행여객선 안이었다. 살아생전 울 어무이도 라일락 담배를 즐겨 피셨다. 덕분에 담배 심부름을 참 많이도 다녔다. 9살 아들을 두고 꽃다운 나이 40대에 너무도 일찍 돌아가신 울 어무이 생각이 났다.

"왜 라일락 담배를 피세요?"

"제일 싸서 핀다."

라일락 담배만 피시는 이유를 묻자, 이다선 어무이가 해주신 대답이었다.

시장통에서 장사를 하시던 울 어무이. 답답한 속은 풀어야겠고, 돈은 아껴야겠으니, 싼 담배만 사서 피우셨구나. 어린 아들은 그걸 몰랐다.

'라일락 담배' 이다선 어무이를 몇 번 더 여객선에서 뵈었다. 마땅한 숙소도, 식당도 없는 좌도에서 "묵을 곳, 잘 때 없시모 언제든 우리집에 오이라"하고 반겨주시곤 했다.

이다선 어무이랑 이야기를 나누다 보니 금세 좌도에 도착했다.

"붉은 깃발이 올라왔네요. 오늘은 뭍으로 나가는 손님이 있나봅니다."

예전에는 좌도의 두 마을 선착장에서 통영항으로 나갈 손님이 있는 경우 빨간색 깃발을 국기 게양대처럼 긴 장대에 올렸다. '웬일로 어무이들이 아침부터 여객선을 타시나?' 싶으면, 통영 시내로 단체 목욕 가는 날이셨다.

동좌 선착장에 첫발을 내딛으면, 달큰한 매화향이 코끝부터 와닿는다. 한창 매화꽃이 피어오를 때면, 섬 전체가 매화꽃 향기로 둘러싸여 있다.

선착장과 마주보고 있는 첫 집에는 사철 푸르른 나뭇가지에 그네가 매달려 있다.

"아, 그 그네요? 김점조 할아버지집인데, 손주들 타라고 만들어주었지요."

손녀딸 대신, 그네를 타면서 어릴 적 동심으로 돌아간다. 몇 걸음 내딛으니, 할머니가 고운 꽃버선을 햇볕에 말리고 계셨다. 처마에는 요즘 보기 드문 메주가 주렁주렁 매달렸다. 할아버지, 할머니가 언제나 반겨주시는 옛 시골집에 온 듯 마음이 푸근해진다.

라일락 담배를 손에 쥔 이다선 어무이.

* 100년 된 매화나무를 만나러 가는 길

"요기 100년 된 매화나무가 있다던데, 우찌 가모 됩니까?"

"저기 보이제?"

목섬 느티나무숲을 지나자마자, 신태근 전 동좌어촌계장께서 손가락으로 맞은편 언덕을 가리키신다. '우와' 어른 키 보다 높고 큰 매화나무가 위용을 자랑하며 서 있다.

자세히 들여다보니, 여느 매화랑은 모양이나 빛깔이 다르다. 일반적으로 매화의 꽃잎 수는 다섯 장이다. 이를 홑매화라고 한다. 그런데, 좌도 100년 매화꽃은 꽃잎이 많고 겹쳐서 피어있다. 또 꽃잎 전체가 연분홍빛을 띠고 있다. '아, 겹매화구나!'

100년 된 매화나무가 바로 좌도 매화나무의 원조다. 『한산면지』에는 '카와우지川河'라는 일본인 부부에 대한 기록이 남아있다. 이들은 한산면 일대뿐만 아니라 거제도 일대에서도 당시 높은 가격을 받던 해삼과 성게알을 사들여 큰돈을 벌었다.

수산업으로 대성한 이들 부부가 일본에서 목재를 들여와서 일본식 기와지붕과 목욕탕, 다다미 깔린 방 등을 갖춘 큰 기와집을 지었는데, 이때 일본에서 매화나무를 들여왔다고 한다. 1,000평 남짓한 야산을 계단식으로 개간해서 매화나무를 심고 가꾸었다.

이 매화나무에서 얻어지는 열매로 빚은 매실주梅實酒는 특별히 '목섬

100년된 매화나무.

매실주', '좌도 매실주'라고 해서 여름철 약주로 명성이 자자했다. 광복 후에는 멸치어장주와 한산면 직원들을 중심으로 '건강에 좋다'는 입소문이 번지면서 좌도 매실을 찾는 사람들이 더욱 늘어만 갔다.

100년 된 매화나무와 주변의 어린 나무들로는 매실을 찾는 사람들을 만족시키기에 턱없이 부족했다. 그나마 동좌마을에는 사정이 좀 나았는데, 반대편 서좌마을에서는 더 애가 탔다.

섬 사람들은 종자를 확보하기 위해 혈안이 되었다.

"동네 일을 봐주던 강 영감님이 있었어. 그분이 하동에서 20주를 처음 가져온 거라."

서좌마을 박정모 어른은 "그 20주를 금이야 옥이야 애지중지 키웠지. 그 씨앗이 모종이 되어서 나중에는 200주가 되고, 300주가 된 거라. 뒤에는 한산도 본섬에도 나눠줄 정도가 되더라"라며 좌도 전체가 매화마을이 된 연유를 설명해 주셨다.

그래서 동좌마을과 서좌마을의 매화가 다르다. 동좌마을에는 홍매화가 많이 피고, 서좌마을에는 청매화가 많이 핀다. 동좌마을에는 집과 언덕이 분홍빛을 많이 띠고, 서좌마을에는 푸른빛을 많이 띤다.

그렇다고 꼭 양쪽으로 나눌 수는 없다. 매화 종자를 간절하게 원했던 서좌마을 사람들이 100년 된 매화나무에서 씨앗을 받아가기도 했고, 동좌사람들이 하동이 원조인 매화나무의 어린 묘목을 나눠 받기도 했다.

1980년대를 지나, 1990년대가 되면서 마침내 좌도 전체가 봄이면 매화 향기가 가득한, 여름이면 매실 열매 따는 손길이 분주한 섬이 되었다.

* 소를 배에 싣고 솔섬에 농사 지으러 다녔제

"어무이, 좌도에는 농사를 주로 뭐로 지었십니까?"

"저 앞에 솔섬 보이제? 소를 배에 싣고 농사를 지으러 다녔제."

한창 밭일을 하시던 공달수 어무이와, 물으로 매실을 부치던 구연학 어무이께서 맞은편 솔섬松島, 송도 농사 이야기를 꺼내신다.

"소가 배에 탈라 쿱니까? 바닷물을 무서버 하낀데예?"

"잘 안타지. 그래도 다 방법이 있제."

어린 송아지를 먼저 배에 태우면, 모성애로 어미소가 얼른 배에 오른다. 다른 방법으로 "워~워~워~" 소리를 내면서, 소가 스스로 못 긁는 사타구니 사이를 쓱쓱 긁어주면 시원해하다가 어느새 배에 올라타 있다.

"몇 번 타 보모 익숙해져서 잘 탄다. 아예 긁어주라고 신호를 보내면서."

"아, 그리 했습니까? 주로 뭐를 키았습니까?"

원래 솔섬은 이름처럼 '소나무가 울창하게 우거진' 무인도였다. 그런데, 좌도는 비좁은 언덕에 매실을 심으니, 농사 지을 밭이 모자랐다. 그러니, 무인도였던 솔섬으로 눈길을 돌린 거였다. 주로 재배한 농작물은 고구마와 보리였다. 봄이면 보리를, 가을이면 고구마를 수확했다.

"온 동네 남자들이 새벽부터 괭이 하나 들고 노를 저어 갖고 산에 나무를 베고 개간을 하는 기라. 죽기 살기로 매달렸지."

"자기 배가 있는 사람은 낫다. 언제고 갈 수 있으니. 인심이 좋아 배를 빌리는 주지만은 여럿이 모이야 출발하는 기라. 농사는 지어야겠고, 배는 출발을 안 하고 애가 탔다. 애가."

밭을 개간할 때 소가 큰 역할을 했다. 단단하게 굳은 흙을 농사에 적합한 부드러운 흙으로 만들기 위해 몇 번이고 쟁기질을 해야 했다. 소똥은 농지를 비옥하게 하는 좋은 비료가 됐다.

"소나 돼지 똥을 모아서 거름을 만드는 기라. 그걸 또 배에 싣고 가. 바닷가에서 밭까지 그 거름을 이고 지고 옮기는 기지. 아이고, 지금도 기억이 난다. 그 독한 냄새." 이무이 두 분이서 코를 틀어막는 시늉을 하신다.

지금은 거의 사라졌지만, 당시엔 흔하던 해안가 '잘피'도 비료 재료로 사용했다. 일부러 베기도 하고, 바람이 불어 밀려오면 차곡차곡 모아두었다. 심지어 잘피가 잘 떠밀려오는 해안을 마을에 돈을 내고 임대를 받기도 했다. 그만큼 거름이 귀했다.

좌도 맞은편에 위치한 솔섬. 좌도 어르신들은 소를 배에 싣고 건너편 솔섬까지 농사를 지으러 다녔다.

"개간갈 때는 괭이 하나만 가져 가제? 수확한 걸 배에 싣고 올라쿠모 참 힘들었다. 보리를 베고, 고구마를 캐서 배에 한껏 싣고 오는 기라. 그때마다 바람은 왜 그리 반대로 부는 지. 노 젓기가 억수로 에려봤다어려웠다."

좌도에는 목섬과 마을 입구에 타작마당이 있었다. 보리타작하면 자연히 도리깨로 보리를 힘껏 내리치는 모습이 연상된다. 그런데, 1970년대가 되면서 아예 배에 탈곡 기계를 싣고 섬을 돌아다니면서 타작을 해주는 전문 업자들도 생겼다.

가을이 되면 온 섬의 지붕이고, 밭이 전부 고구마 빼떼기 말리는 장소로 변했다.

"전부 가족들이 묵습니까?"

"우짜든지 돈을 맹글어야지."

가족들이 먹을 일부만 남겨 놓고, 팔아서 돈을 만들었다. 한겨울이라도 고구마를 그대로 보관하면 금방 썩었다. 그래서 고구마를 얇게 썰어서 볕에 말렸다. 집에서 먹을 것은 지붕에 널고, 수매용은 밭에 그물을 깔아 말렸다. 당시 고구마는 소주를 만드는 주정酒精으로 사용했다. 솔섬 고구마 농사는 좌도에서 돈을 만드는 중요한 수입원이었다.

"소가 있은깨나 솔섬 농사를 지었다. 소가 열 일꾼이고, 젤로 효자다."

솔섬 언덕은 묵은 밭으로 변한 지 오래다. 젊은 남자들이 노를 저

소를 배에 싣고 솔섬으로 농사지으러 다니던 기억은 추억이 되었다.

어 나아가던 힘찬 모습도, 소의 사타구니를 시원하게 긁어 배에 태우던 풍경도, 옛 기억으로 남아 있다.

좌도에서는 매실 농사를, 솔섬에서는 고구마 농사를 지은 좌도 사람들. 바다 어장에서는 개불 잡이와 참홍합 양식을 했다.

* 짭짤한 돈맛, 개불 잡이와 참홍합 양식

"이거 한번 묵어 보이소."

김진욱 어른께서 바다 어장에 다녀오셨다면서 참돔을 나눠주셨다. 조명윤 전 이장 부부의 매실 수확을 돕던 정삼연 어무이와 부부셨다. 좌도의 어업이 궁금하던 터라, 무척 반가웠다.

"남자들은 멸치잡이 배를 탔어. 여자들은 개불 잡이를 했고. 에북제법 짭짤한 돈이 됐어."

개불 하면 경남에선 삼천포를 대표적인 산지로 손꼽는다. 그런데, 좌도 갯벌에도 많이 났단다. 분홍빛 색깔에 생김새까지 망측해 '저걸 어떻게 먹나?' 싶지만, 일단 먹어보면 달짝지근하고 쫄깃한 맛에 반하기 마련이다.

"그 개불 참 맛났겠네요."

매실주와 매실장아찌는 좌도의 큰 소득원이다. 조명윤·손화자 부부.

"좌도 개불은 사람이 묵는 기 아이다."

어? 맛난 횟감 개불이 사람 먹는 게 아니라고? 그럼, 어디에 쓰는 것일까?

"참돔 잇갑미끼으로 쓰지."

겨울철이면 인근 거제 둔덕면 학산, 범골호곡, 한산도 문어포에서 참돔을 낚으러 가는 배들이 미끼로 쓸 개불을 사러 꼭 좌도에 들렀다. 길다랗게 생긴 개불을 여러 동가리를 내서, 낚시 바늘에 걸면, 참돔이 최고 좋아하는 미끼가 된단다.

"좌도 갯벌이 희한해. 개불이 뻘밭에 돌이 조끔 섞인 데 난다 카데."

"아, 여태 삼천포에서만 나는 줄 알았는데, 좌도에도 마이 낫나 보네요."

"마이 낫지. 그란께 거제에서도 사러왔지."

정삼연 어무이가 좌도 개불 이야기에 반색을 하신다.

"나도 삼천포 바다에서 개불 잡는 거 텔레비로 봤다. 그서는 배 욱위에서 갈고리를 내리서 잡데, 우리는 전부 호미로 팠다."

겨울에서 이른 봄이면, 좌도는 개불을 잡는 아낙들의 흰옷으로 뒤덮여 검은 갯벌이 하얗게 보일 정도로 개불 잡이가 성행했다. 일곱물에서 아홉, 열물까지 바닷물이 많이 빠지는 물때를 맞추어, 좌도 여인네들이 일제히 갯벌로 나갔다.

갯벌 아래를 조금만 파면 보이는 바지락과는 달리, 개불은 뻘 속을

깊이 파야 잡을 수 있었다. '썰물이 조금만 더 나면 좋으련만' 깊은 바다에 있는 개불을 잡기 위해 한겨울 얼음장 같은 바닷물에, 갯벌에 발목이며 엉덩이까지 잠겼다. 다리가 새파랗게 얼어갔다.

"추운 줄도 몰랐다. 쏠쏠하게 돈 버는 재미에."

그런데, 참돔은 한산도의 주변 섬에는 주로 여름철에 몰려든다. 한겨울에 좌도에서 참돔 미끼인 개불을 잡아서 어쩌자는 것일까?

"참돔은 여름에 마이 난다 아입니까?"

"하나만 알고, 둘은 모리네."

이번에는 김진욱 어른이 차근차근 설명을 해주신다. 비진도처럼 통영의 안쪽 섬에 참돔이 드는 시기는 여름이 맞다. 그런데, 매물도와 가왕도 같은 바깥 섬 주변 바다에서는 겨울에 주로 잡힌다. 수온에 예민한 참돔들이 여름에는 비진도 같은 통영의 안바다 쪽으로 들어오고, 겨울에는 매물도 같은 바깥바다로 나가기 때문이다.

"참홍합 양식도 참 마이 했지."

'포장마차 술안주' 홍합탕의 재료는 주로 진주담치지중해담치다. 바다의 우유라고 불리는 굴처럼 물속에 매달아 기르는 수하식양식이 잘 되어서, 일반적으로 홍합이라고 알려져 있다.

참홍합은 진주담치보다 크기도 훨씬 크고, 껍데기도 굵으며 속살은 노란 빛을 띠고 있다. 바위나 돌덩이 같은 표면에 강하게 달라붙은 실처럼 생긴 족사足絲가 발달해 있다. 예전에는 충무김밥의 재료로도 많이 썼다.

"참홍합도 양식이 됩니까?"

"양식이 아닌 양식인기라."

'양식이 아닌 양식이라니?' 무슨 의미일까? 정삼연 어무이가 좌도 참홍합 양식 방법에 대해 설명해 주셨다.

"봄이 되모, 매물도, 용호도에서 애린 홍합치패을 요기로 팔러 온다."

매년 봄이면 원래 자연산 홍합이 많이 생산되는 매물도 등에서 어린 홍합인 치패를 좌도에 팔러오는 상인들이 있었는데, 이들로부터 치패를 구입해서 솔섬은 물론 좌도의 동좌와 서좌 해안가에 뿌려 놓는다. 별도의 사료나 먹이를 주는 것도 아닌데, 3년이 지나면 중고등학생 주먹만큼이나 저절로 커졌다. 그러니, 양식 아닌 양식인 셈이다.

"참홍합을 삶아 갖꼬, 억새에 끼아서 말리는 기라."

홍합의 살이 차는 가을이 수확 시기였다. 홍합의 속살만 껍데기에서 까서, 큰 솥에 삶았다. 홍합 살은 당시 주변에 흔하던 억새를 꼬쟁이로 해서 다섯 개나 열 개씩 끼워서 말렸다.

참홍합 중에서 큰 홍합만을 골라 다섯 마리씩 낀 것을 '오가재비'라고 해서 최상품으로 쳤다. 그만큼 높은 가격을 받을 수 있었다. 귀한 오가재비는 가을 문중 시사나 제사에 올렸다.

개불 잡이와 참홍합 양식을 설명해주신 김진욱·정삼연 부부.

작은 홍합은 10개에서 13개씩 적당하게 끼었는데 이를 '동구재비'라고 불렀다. 100꼬챙이, 즉 1,000개에서 1,300개 정도를 '한 동'이라고 불렀다. 이건 술안주나 반찬거리가 되었다.

참홍합을 삶은 합자국도 마산장에 내다 팔면, 제법 쏠쏠하게 돈을 만질 수 있었다.

"참홍합 삶은 물을 계속 끼리모 합자국이 되는 기라."

"껍데기도 같이 끼립니까?"

"아이다. 홍합 살만 삶는다. 물을 붓고 쪼리고, 쪼리면 시커먼 조청처럼 된다."

통영에서는 천연조미료인 합자국을 모자반이나 시금치 무칠 때 즐겨 썼다.

"거제하고 통영에 잠수부들이 많제? 수심 깊은 데서 작업을 하니, 폐가 안 좋잖아? 신장에도 무리가 오고. 합자국이 폐에도 좋고, 간에도 좋은가봐. 잠수부들이 서로 사갈라 캤다."

"합자국물 맛을 한번 묵어 봤나?"

"너무 귀해서 아직 못 묵어봤십니다."

통영의 전통시장인 서호시장에는 참홍합을 다려서 합자국을 만들어 파는 상인이 있었다. 최근에는 그 분마저 장에 나오지 않으면서, 합자국을 구하기가 더 어려워졌다.

"요기 있다. 한번 묵어 봐라."

귀한 합자국을 선뜻 종기에 담아 내어주셨다. 오묘하고 깊은, 그리고 섬 사람들의 인정이 더해진, 그날 맛본 합자국의 맛은 오래도록 입 안에서 맴돌았다.

* 섬 주민들이 스스로 세운 학교, 좌도 분교

섬에서 학교는 아이들의 배움터이자, 마을 공동체의 중심지 역할을 했다. 하지만 인구 감소로 문을 닫는 학교가 늘어만 가고 있다. 한산면에서도 14개 모든 분교가 폐교되었다.

본교인 한산초등학교에서는 '한산초·중학교 역사관'을 개관하였다. 이곳에서 1963년 인가를 받아, 1998년 폐교된 좌도분교좌도초등학교의 낡은 사진첩을 찾았다.

부모와 아이들이 모래를 이고지고 학교 공사를 하고, 넓은 운동장에서 뛰고 달리며, 할아버지 할머니들을 모시고 경로잔치를 여는 모습까지……. 35년의 세월이 고스란히 담겨 있었다.

좌도분교 1회 졸업생인 김용은 선생님을 찾아뵈었다. 나의 국민학교 시절, 옆반 담임선생님이셨다. 도심 학교까지 폐교 위기에 몰리자 초중고연합 뮤지컬단을 창단해 학교를 살려내고, 통영국제음악제 서포터즈를 맡는 등 문화예술교육 분야에서 활발한 활동을 하신다.

"아마 제가 4학년 때일 거예요. 좌도에 분교가 생긴 게."

1963년 봄까지 좌도 아이들은 나룻배를 타고 바다 건너, 한산도로 학교를 다녔다. 비가 오거나 바람이 부는 날에는 어린 학생들의 고생이 심했다. 결국 학생들이 탄 나룻배가 전복되어 4명이 익사하는 사고가 발생했다.

'우리 섬에도 학교를 가지고 싶다'는 열망에 섬 주민들은 통영군청 학무과에 학교 설립을 건의하고, 스스로 학교 부지를 매입했다. 마침내 1963년 9월 분교장을 개교시켰다.

좌교분교의 사진첩에는 '1963년 개교 후 공사하는 이모저모'가 별도로 실려 있었다. 부모는 물론 아이들까지 정문 계단이며 화단도 만들고, 운동장도 정비했다.

"학생들이 공사 일을 참 많이 했죠. 오후 되면 공부 하나도 안 해요. 전부 세숫대야를 들고 와서, 모래를 이고 바닷가에서 언덕에 있는 학교까지 날랐죠."

좌도에 학교가 생겼다! 섬마을에서 운동장이 생기니, 축구도 하고 배구도 할 수 있었다.

"축구를 얼마나 하고 싶었는지, 6학년 아이들이 소나무를 베서 엉성하게 골대를 만들었어요. 제대로 된 시설이 변변찮던 시절. 고무공이 생기면 좋아서 어쩔 줄을 몰랐죠."

학교가 동좌마을 쪽 언덕에 있으니, 서좌마을 아이들은 고갯길을 넘어와야 했다. 고학년 언니들이 저학년 아이들을 업어주거나 손을

좌도에 학교를 만들기 위해 직접 모래를 지고 나르는 좌도 학생들. ⓒ한산초·중학교 역사관

잡아 끌어줬다. '우리 아이들이 학교 가는 길'이라고 곱게 다듬은 흔적이 지금도 그 고갯길에 남아 있다.

소풍은 한산도 본섬으로 주로 갔다. 제승당 맞은편 활터가 있는 매화산이 주된 소풍지였다. 그때는 멸치잡는 배를 타고 갔다. 좌도마을에도 멸치어장막이 두 곳이 있었고, 한산도 입정포 어장막에서도 제일 큰 멸치배 '이리야'를 내주었다.

"어무이들도 한복을 입고 단체사진을 찍으셨던데요?"

"그날은 아이들뿐만 아니라 부모님들 잔칫날이기도 했어요."

예전에는 '해치'라고 해서 봄날 꽃피고, 가을 단풍 물들 때 동네 주민들이 산이나 언덕에 올라 다함께 장구를 치고, 춤을 추고 놀았다.

가을 운동회는 한산도 본교에서 했다. 지금은 폐교된 14개 분교에서 학생들과 학부형들이 배를 타고 모여들었다.

"비진이비진도 사람, 죽도 사람, 용호리 사람 등등 주변 섬 사람들이 노를 젓고 통통배를 타고 모여드는 그 풍경 자체가 너무도 멋졌어요. 운동회 날이 한산도 전체 축제날이었죠."

창동 학교에서 면사무소가 있는 진두까지 왕복으로 달리는 마라톤이 운동회의 하이라이트였다. 고개를 넘어, 달려오는 선두가 보이면 일제히 '와!'하고 함성을 올렸다. 남자들은 마라톤에서 우승하는 게 최고의 자랑이었다. 우승 상품이라고는 겨우 다라이대야였지만, 한산면에서 최고의 남자, 최고의 신랑감을 인정받는 기회였다.

한산면 전체 면민들이 학교에 관심을 가지던, 학교가 섬의 중심이었던 시절이었다.

"아, 여기에 그분이 있네!" 좌도분교의 앨범에는 반가운 얼굴이 한 분 더 계셨다.

* 그 시절 좌도 어린이들의 부산 나들이

6학년 때, 우리 담임선생님과 단짝이 바로 악대부 진유현 선생님이셨다. 음악도 좋아하고, 자연도 좋아하시던 두 분은 의기투합해서 당시로서는 오지였던 벽방산 안정사로 주말 소풍을, 고성 상리 사천강으로 여름캠핑을 가곤 하셨다.

중학교로 진학한 후, 악대부 선생님께서 섬마을로 부임하셨다는 이야기를 들었다. '좌도국민학교'로 손편지를 적어 보내고, 답장을 기다리곤 했다. 진학 고민이며, 이성 고민, 먼 미래에 대한 불안감을 실은 편지가 가면, 희망과 용기를 주는 답장이 돌아왔다.

여름방학이 되자 선생님이 계신 '좌도'라는 섬으로 여객선을 타고 갔다. 지금도 완행여객선이지만 그때는 더 느리고, 더 많은 섬을 돌고 돌았다. 정작 선생님과 무슨 대화를 했는지, 마을 풍경도 생각이 잘 안 난다. 유별나게 기억이 나는 건 밤낚시를 하는데 '고등어가 얼마나 연달아 잡히던지' 두고두고 그때 생각이 난다.

"그해 여름 고등어 떼가 유난히 많이 들었지. 가을에는 낙지도 많이 잡혔고. 그걸 마을 사람들하고 마이 나누어 묵었다."

선생님은 애들 셋을 데리고 섬으로 들어가셨단다. 주말에도 아이들, 학부형, 섬마을 사람들과 함께 어울렸다. 모처럼 통영 시내에 나가면 학습지, 전과를 섬 아이들 몫까지 한꺼번에 구해 와서, 같이 공부하는 재미에 푹 빠지셨다.

"좌도에서는 농악대를 가르쳤다."

서양음악을 주로 연주한 악대부를 지도하셨던 선생님께서 농악대를 가르치셨다니 신기했다. 1987년 3월에 좌도분교에 부임해서 1990년 2월 전임하시기까지 꼬박 3년을 섬마을 아이들과 함께 농악대를 이끌고 한산대첩축제에 참여하니 '장하다'고 표창장을 주더란다.

"운동회 때에 부채춤도 추고, 치어리더도 할 만큼 아이들이 많았더라고요?"

"내가 가니까 54명이라, 그런데 3년째가 되니 30명 남짓이라."

1972년 학생수가 160명으로 최고점을 찍으며 1973년 한산국민학교 좌도분교에서 좌도국민학교로 승격했다. 하지만 1980년대 들어 급격히 줄어들어, 1985년엔 다시 분교가 되었다.

"부산으로 여행도 가셨대요?"

"부산진시징하고 자매결연희교가 되이시, 매넌 우릴 초칭해주었지."

부산 진시장 상인들의 초청으로 부산으로 여행을 떠났던 좌도분교 학생들. ⓒ한산초·중학교 역사관

통영-부산간 엔젤호를 타고 부산여객선부두에 내리면 부산진시장 여직원이 마중을 나왔다. 섬 아이들은 전세버스를 타고 부산의 상징인 용두산공원, 금강공원 동물원을 돌아, 도회지인 시내를 구경했다. 체육복에 모자까지 옷 한 벌씩을 맞춰주기도 했다. 좌도 아이들의 부산 나들이는 모처럼 섬 아이들이 넓은 세상을 보는 기회가 되었다.

반대로 부산에 살다가 좌도국민학교로 전학을 간 아이도 있었다.

매년 봄, 좌도에 매화꽃이 필 때면 매화맞이 번개모임을 해왔다. 그런데, 한 명이 폐교된 좌도분교나, 매화꽃이 핀 서좌마을을 보며 “이 풍경이 너무도 눈에 익다”고 말하는 게 아닌가.

소인경 천지골수산 대표였다. 멸치건어물 유통과 멸치강정, 섬 여행사 등 바다, 섬과 관련된 사업을 한다. 통영나전칠기 공장을 하던 아버지가 '나무를 심읍시다'고 강조하는 박정희 대통령의 라디오 연설에 감동을 받아 온 가족과 부산에서 좌도행을 선택했다.

초등학교 1학년 때라, 좌도에 매화꽃을 보러 가면서도, 자신이 다니던 학교가 맞는 지 확신이 없었다고 한다. 서좌마을에서 학교로 넘어가는 고갯길이 너무 높아서 고학년 언니들이 손을 잡아 준 일, 선생님이 '이쁘다'면서 머리를 쓰다듬어 준 기억이 새록새록 떠오른다고.

학교에서 빵을 나눠주면, 동생을 주려고 조금만 먹고 남겨가곤 했다. 집 뒤에는 당시로서는 귀한 밀감나무 세 그루가 있었다. 익기도 전에 따 먹고 싶어서 늘 바라보던 생각도 났다.

"한번 가봅시다"

옛날 집을 찾아 나섰다. 하지만 어릴 적 기억은 희미했다. 그리고 40년이 훌쩍 넘은 세월에 마을도, 집도 변해 있었다.

"저 교회는 그대로네요."

지금도 유난히 크고 웅장한 서좌교회. 아이의 눈에는 더욱 커보였을 것이다. 교회에 간 이유는 크리스마스 때 초코파이를 나누어주었기 때문이란다. 교회에서 집이 그리 멀지 않았던 것 같은데……. 좀처럼 찾아지지가 않았다.

그때 바닷가 조개빝에서 조개를 파서 껍데기를 까고 있던 한 아주머니를 만났다.

부산에서 좌도분교 학생들이 체육복을 맞춰 입고 찍은 단체사진. ⓒ한산초·중학교 역사관

"저희 아버지 이름이 소종갑이신데요. 혹시 아십니까?"

"성이 소씨라? 지금도 소씨 아지매가 한 분 있다. 그기 가서 물어 봐라. 제일 끝집이다."

마을 끝 집으로 갔다. 그래도 확신이 서지 않았다.

"계십니까?" 여러 번을 불렀다.

"누고, 누가 왔나?" 어무이 한분이 나오신다.

"혹시 옛날에 여기 나무 많이 심으시던 우리 아버지를 기억하십니까?"

"너그 엄마를 쏙 빼닮았네. 그래, 아버지는 무탈하시나?"

"네. 잘 계십니다."

"옛날 살던 집이라꼬 찾아 왔는 가베. 천천히 마음껏 둘러봐라."

아이 때로 돌아간 듯, 소인경 대표의 눈가가 촉촉해진다. 그때 여객선의 도착 신호음이 들린다. 40년 만에 물어물어 찾아온 집인데, 벌써 통영항으로 돌아가야 할 시간이다.

"아이고 울 애기야, 어서 가라. 배 놓치겄다. 다음 배가 읎다. 또 오이라."

한산도-비진도

비진도 ⌒⌒

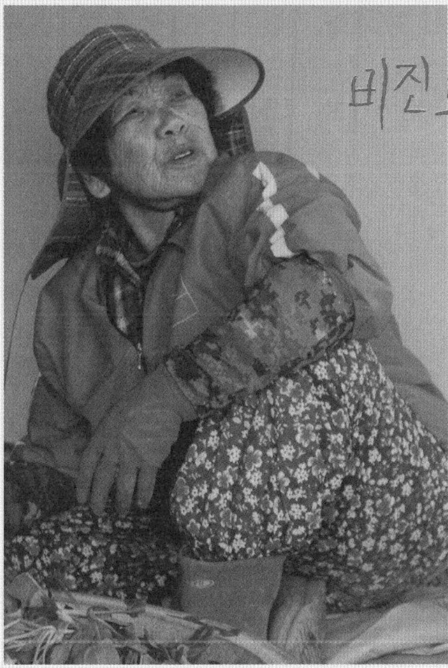

욕심을 내면 안 되는데 큰 전복을 보면 욕심이 안 나나.

자기 숨 남은 생각은 안 하고 전복 따는 데만 정신이 팔리는 기라.

그라다가 마지막 숨을 쉬는 기라.

미역을 따던 제주 해녀들은 이제 시금치 밭에서 시금치를 다듬는다.

비진도 주변 바닷속에 지천으로 널렸던 해산물이 잘 나질 않는다.

비진도

* 사진 두 장이 맺어준 인연

비진도의 모든 이야기는 사진 두 장에서 비롯된다. 최재형 한산농협장과 점심 식사 자리에 황원남 비진도 외항 어촌계장이 동석하게 되었다. 비진도에 대한 이런 저런 이야기를 나누다가 "마을회관에 불이 나서, 동네 사진이 하나도 없다"고 하소연을 하셨다. 마침 내게 비진도 사진 두 장이 있었다.

며칠 뒤, 비진도 외항마을에서 오석진, 황원남 어른을 만났다. 부모형제들이 경영한 바다사업의 흥망을 경험하고 태풍으로 가족을 잃고도, 오랫동안 비진도를 지켜온 터줏대감이셨다.

급한 대로 에이포용지A4에 프린트기로 인쇄한 사진 두 장을 꺼냈다. 한 장은 이엉을 얹은 초가지붕에, 성성썻 쌓아 올린 돌담을 두른 섬마을 풍경이다. 다른 한 장은 파란 슬레이트 지붕에, 시멘트 블록

오석진, 황원남 어르신을 만나 수십 년 전 비진도에 대해 들었다.

을 높게 올린 풍경이다.

"볏집단 같은 걸 둥글게 쌓은 게 뭐십니까?"

"'배널'이라꼬 강냉이대라, 겨울 되모 소 믹일 끼라고, 마이도 모았었다."

"그때는 뗀마작은 무동력선도 참 많았네예?"

"많았지. 그때는……."

수십 년 만에 다시 보는 고향의 모습. 두 어른은 이곳, 저곳을 손가락으로 가리키고 대화를 나눈다. "이기 00집 아이가. 맞제?"하는 반가움과 "00은 읎어졌제?"하는 아쉬움이 교차한다. 가끔은 가슴이 먹먹하신 지, 잠시 말없이 쳐다보기도 하셨다.

"언제 찍은 걸꼬?"

다행히 사진 뒷면에 날짜가 적혀 있었다. 흑백 사진은 1972년 2월, 컬러 사진은 1972년 8월로 기록돼 있었다. 불과 6개월 차이지만, 흑백과 컬러라는 대조만큼 섬의 풍경은 큰 차이를 보였다. 마을 앞으로 반듯한 새길, 큰 여객선이 정박할 선착장이 만들어졌다. 대신 정든 초가지붕과 돌담도 사라지고, 비진도 백사장은 폭이 크게 줄어 있었다.

"아마 새마을운동 홍보용이나, 지붕 개량비 청구용으로 찍어 둔 것 같십니다"

"아, 1972년이라꼬? 그라모 맞겄네"

이 사진 두 장은 몇 해 전, 통영시기록관에서 찾은 것으로, 1970년대 새마을운동에 관한 기록을 담은 사진첩이다. '1972년 8월 마을안길 확장', '1973년 선착장 개보수', '1974년 미역 채취 및 건조' 등 비진도 사진도 포함돼 있었다.

"찾었네. 찾았어. 20년 넘게 찾던 걸"하시며 두 분은 손뼉을 치면서 반가워하셨다. 머릿속에는 선명하지만, 뭐라고 설명할 수 없었던 그 때의 소중한 기억을 되찾은 것처럼.

사진을 인화하고 액자에 담아 다시 찾아갔다. 비진도 풍경을 담은 사진 두 장은 마을회관, 고향의 품으로 돌아갔다. 그렇게 비진도와 인연을 맺고, 오석진 전 이장, 황원남 어촌계장을 비롯한 섬 사람들로부터 많은 사연을 듣게 되었다.

1972년 2월 초가지붕이 인상적인 비진도 풍경.

초가지붕이 모두 슬레이트 지붕으로 바뀐 1972년 8월의 비진도 풍경. 6개월 간격이지만 큰 차이를 보인다.

* 조선 제일의 참돔 생산지

"용호도하고 비진도 사이에 열린 바다를 뭐라꼬 부릅니까?"

"청딩이도라 카지."

1970~80년대 통영항에서 비진도 해수욕장으로 가는 여객선은 섬과 섬 사이를 지그재그로 돌고 돌았다. 무려 13곳을 들렀다. 그러다가, 비진도 직전에서 저 먼 외해쪽까지 훤하게 보이는 바다가 나타났다. 눈이 확 열리는 시원한 풍경이었다. 그곳 이름이 바로 '청딩이도'였다.

용호도의 서쪽 끝과 비진도의 북쪽 끝, 그 사이 좁은 바닷물길을 '청딩이도'라고 한다. 우리말로 부르기는 쉬운데, 표기는 상당히 어렵다. 청딩이道, 청딩이渡 혹은 靑嶝梁청등량이라고 쓴다.

'청딩이도'를 설명하는 박평진 내항마을 어촌계장의 목소리에 자부심이 넘쳐난다.

"항상 물고기를 잡는 배들이 조업을 하던데, 뭐를 잡십니까?"

"통영에서 좋은 고기는 그기에서 다 나지."

물살이 세고, 파도가 소용돌이치는 이 물목은 외해의 넓은 바다에서 떼를 지어 이동해 오는 참치, 삼치, 방어 같은 회유성 어종이 집결하였다. 비진도와 용초도는 물론 통영 일대 어선들이 이 길목에 있다가 고기를 잡았다. 그야말로 '황금어장'이다.

이곳 바다 물밑에는 큰 돌이 많은 덕더기과 잔잔한 돌인 작돌, 그리고 뻘층이 넓고 길다랗게 형성되어 있어서, 철마다 갖가지 고급 어종이 잡힌다.

"봄에는 도다리가 나고, 여름에는 참돔, 가을에는 농어, 겨울에는 감시감성돔가 마이 물리지."

특히 비진도의 참돔은 일제강점기부터 유명해서, 여러 곳의 문헌에서 등장한다.

『한산면지』는 이 좁은 수도水道에서 돔이 잘 낚이기로 소문이나 '히진다이比珍鯛'라고 이름났는데, 조선총독이었던 미나미지로南次郎가 순시차 왔다가 부산, 여수 정기여객선 타이헤이마루太平丸를 타고 이곳에 와서 낚시질을 즐기고 갔다고 기록하고 있다.

1932년 발간된 『통영안내』 명승고적 편에는 '미인도美人島'가 소개되어 있다. "통영으로부터 약 2해리 밖에 있다. 한산면 비진도를 말한다. 전조선 제일의 참돔 생산지인데, 보통 아낙들도 한 시간에 수십 마리를 쉽게 낚아 올릴 수 있을 정도다. 근년에는 해수욕도 할 겸 참돔 낚시를 하러 오는 사람들이 눈에 띄게 증가하고 있다."

지금은 외항의 해수욕장이 유명하지만, 일제강점기부터 1960년대 초까지는 모래와 자갈, 몽돌로 이루어진 비진도 내항 끝자락의 청딩이 해변이 여름 피서철에 캠핑도 하고, 모래찜질을 할 수 있는 천연 해수욕장으로 인기를 끌었다.

그런데, 1932년 『통영안내』 원문에는 '미인도가 비진도이다'라는 내용이 없다. 그래서 이를 번역한 박형균 전 통영사연구회장에게 여쭈어

보았다.

"일제강점기에는 비진도를 미인도라고 했습니까?"

"비진도를 일본어로 발음하면 '미인도'와 같은 발음이 나. '비진지마'가 되거든. 그래서 당대에는 비진도를 미인도라고 인식하고, 그리 표기를 많이 했어. 비진도가 참돔 생산지로 유명한 사실은 어른들에게 익히 들어왔고"라고 설명하신다.

1945년 발행한 『조선도읍대전』 경남 편에는 도내 시군에 대한 상세한 설명과 함께, 해당 도시를 상징하는 '마크'를 표기했다. 특히 마산, 진주, 그리고 통영은 마크만 보아도 그 도시의 특징을 파악할 수 있다.

마산의 경우 '술의 도시 마산'이라는 별칭답게, 대형 청주 술통과 지금은 개발로 사라진 월포 해수욕장을 간결하면서도 한눈에 알 수 있게 그렸다. 진주는 지금도 유명한 소싸움 장면과 진주성 촉석루를 배경으로 넣었다.

통영은 1932년 완공한 '동양 최초' 통영해저터널이, 큰 돔의 몸통에 그려져 있다. 참돔은 일본인들이 참 좋아하는 물고기이다. 한국인이 가장 싫어하는 인물 '토요토미 히데요시豊臣秀吉'는 짚신장수에서 최고 위직인 태합太閤에 오른 입지전적인 인물로 일본인들 사이에서는 지금도 큰 인기를 누리고 있다. 태합의 발음 '타이코'와 참돔의 발음인 '타이라'가 비슷해서 일본에서는 기념식과 축하 행사에 참돔을 많이 사용한다.

일제강점기, 오히려 일본에서 남획으로 사라진 참돔이 비진도에서 '보통 아낙들도 한 시간에 수십 마리를 쉽게 낚아 올릴 수 있을 정도'로 많이 잡혔으니 '전조선 제일의 참돔 생산지'라는 이름이 붙은 것이다.

* 열세 집 제삿날이 같소, 사라호 태풍

남해안에서 회자되는 최악의 태풍들이 있다. 가깝게는 2002년 '루사', 2003년 '매미'가 엄청난 인명, 재산 피해를 기록했다. 그런데, 60년이 지나도 사람들의 기억 속에서 잊히지 않는 태풍이 있다. 바로 1959년 태풍 사라호SARAH다.

추석 명절에 밀어닥친 태풍으로, 전국의 육상과 해상 교통이 마비되고, 제방이 무너져 물바다가 되었다. 사망자 849명, 이재민 37만명, 선박 1만척 등에 달하는 대참사였다.

태풍은 경남 충무지금의 통영시를 관통해서 남해안을 쑥대밭으로 만들고, 동해상으로 빠져 나갔다. 충무에 상륙한 사라호 태풍 진로 그 한가운데 비진도가 있었다.

"아침 7시나, 8시나 됐나? 전날 밤부터 바람이 불어 닥치는 기라.

그래도 어른들이 방문 문고리를 잡고 제우차례를 지냈지"

일반적으로 태풍은 늦은 밤이나 새벽에 상륙한다. 그래서 다들 "제일 무서운 밤, 고비를 잘 넘겼네" 혹은 "이대로 바람이 지나가겠구나" 하고 기대했다.

태풍이 비진도에 본격적으로 밀어닥친 시간은 오전 10시 무렵이었다.

추석 차례상을 물린 비진도 사람들은 대등산 언덕에 올라서서, 태풍 상황을 구경했다.

"한 순간이라. 정말 한 순간. 가학중에갑자기 '떵'하고 집채만한 파도가 '백사장 목'있제? 그길 치는 기라. 모가지가 절단이 난기라. 딱 태풍 매미 때 생각하모 된다."

바람이 한 방향으로 밀려올 때는, 강하게 바람이 불어도 집, 창고 같은 건물이나 사람도 견딘다. 하지만, 계속 밀리지 않기 위해 온 힘을 쏟던 상황에서, 갑자기 상대방이 힘을 빼 버리면 넘어가기 마련이다. 심지어 방향까지 바꾸면, 집도 사람도 속절없이 무너진다.

평생 처음 보는 높고, 거친 파도가 갑자기 몰아쳤다. 비진도 해수욕장의 길다란 목이 두 동강이 났다. 마을을 지켜주던 솔숲을 넘어 파도가 끝없이 넘어왔다.

당시 정치망 그물이 비진도 동쪽과 서쪽, 그리고 오곡도에 세 틀이 있었다. 며칠 동안 큰 바람이 불시 않으니, '명질에 비싼 값 받는 물고기를 잡을' 요량으로, 그날도 정치망 그물에 어획된 물고기를 확인하기 위해 어선들이 조업을 나갔었다.

태풍으로 바람과 파도가 너무도 거세니, 엔진이 있는 본선이 오곡도에서 작업 중이던 무동력선인 부속선을 예인해올 엄두조차 못 냈다. 오곡도는 외항마을에서 바로 눈앞에 보이는 섬이다. 하지만, 태풍으로 배가 한치 앞도 나갈 수 없었다.

"바로 눈앞에 있는데……. 본선이 가서 끌고 오질 못해. 어부들이 어장그물만 붙들고 있다가, 결국 힘이 다해서 손을 놓아 삔기라. 시신을 못 찾아, 수습도 못했다."

추석 명절날이 제삿날이 되었다. 비진도에서는 추석 하루 전날인 음력 8월 14일 열세 집에서 제사를 모신다. 그런데, 저녁 식사를 마치자마자 제사상을 차려 올린다. 일반적으로 자정 무렵 제사를 지내는 풍습과는 대조적이다. 그 연유 또한 슬프다.

"내가 겨우 다섯 살 묵었어. 그래서 돌아가신 아부지 얼굴이 생각이 잘 안나."하며 황원남 어촌계장의 눈시울이 붉어진다. 아내 주판금 씨는 "뭍에서 시집을 오니까, 추석 명절 하루 전날에 제사상을 차리라는 기라. '무슨 이런 일이 있노?' 했지." 라며 목이 메인다. 사라호 태풍 사고로 죽은 사람들이 너무 많아, 혹시 제사상을 늦게 차리면 돌아가신 아버지가 다른 집에서 밥을 먹고, 정작 제 집에서 차린 밥을 못 먹을까? 서로 재촉한 결과였다.

신연치 어무이는 "사람도 마이 상하고, 전 재산인 집도, 배도 홀빡 다 없어졌지. 절망, 절망, 그런 절망. 말도 마라. '진절머리가 난다'며 섬을 떠나버린 집도 부지기수였다"고 그때를 기억했다.

100가구도 채 안 되는 외항마을에 한날 한시 제사집이 13곳, 정든 고향을 떠난 집이 20여 가구가 넘는다. 사라호 태풍이 할퀴고 간 상처가 비진도에는 너무도 아프고 컸다.

* 태풍의 위기에서 구한 미역밭, 비곽比藿

아무리 절망이 깊어도, 아픈 기억이 가득해도, 산 사람은 살아야 했다. 태풍의 폐허 속에서 비진도 사람들은 앞으로 살아갈 방도를 찾아 나섰다.

섬이니 바다에 주목했고, 넓디넓은 미역밭에서 살길을 구했다. 자연산 미역밭은 물론 미역 양식도 그야말로 7전8기의 도전 끝에 성공했다. '살아남아야 한다'는 절박함이 부른 결과였다.

자연산 미역밭은 외항마을에서는 노루여부터 구멍강정을 거쳐, 진널까지 뒷등에서, 내항마을에서는 청딩이도에서부터 대문강정을 지나 비둘기강정까지 역시 뒷등에 형성되었다. 춘복도를 비롯한 비진도 바다 여러 곳에 미역 양식장도 마련됐다.

"미역 양식에서 제일 힘든 게 무엇인가요?"

"기세라, 기세."

자연산 미역이 많이 나는 갯바위나 수중 암반을 닦는 작업인 기세磯洗는 '미역 바위 닦기'라고도 한다. 겨울철 해안 암반에 붙은 홍합, 따개비 같은 잡물을 제거하면, 대신 미역 포자가 잘 부착해서 이듬해 봄 미역 생산량이 늘어난다.

12월 동짓달, 매섭고 추운 겨울바람이 불어 닥쳐도 '기세'에 나섰다. 하루 이틀 만에 끝나는 작업이 아니었다. 썰물이 많이 빠져서 깊고 넓은 갯바위가 드러나는 다섯물, 여섯물부터 열물, 열한물까지 일주일 넘게 아예 갯바위에 가서 살았다.

추형윤 내항마을 이장은 "미역은 깊은 물에서 자라서, 한겨울 그 찬 바닷물 속에 무릎 위까지 젖고, 허리춤도 빠져 이빨이 덜덜 떨리기 일쑤였다. 미역 소출이 오로지 기세를 얼마나 잘 하느냐에 달렸으니 정성을 참 많이 들였다"고 기억했다.

섬 사람들이 피와 땀으로 기세를 잘하고 나면, 이듬해 봄철 논에 벼가 쑥쑥 자라듯 미역이 잘 자라났다. 그만큼 기세는 당장은 춥고 고단하지만, 이듬해 미역 생산의 기쁨이 교차하는 작업이었다. 이 미역 덕분에 아이들을 키우고 공부를 시킬 수 있었다.

『한산면지』에는 통제영을 거쳐 궁중에까지 진상했다는 '비곽比藿', 즉 비진도 미역에 대해 기록하고 있다. 조선 후기 통제영이 설치된 이래, 1895년 폐영될 때까지 비진도는 물론이고 매물도를 비롯한 인근 마을까지, 미역은 '비곽'이라는 이름으로 조정에 공물로 진상되었다.

비진도에서 미역을 채취한 뒤, 건조하는 장면. ⓒ통영시 기록관

비진도 미역, 즉 비곽이라는 명칭의 유래는 두 가지 설이 있다. 하나는 미역을 단속하여 진상할 때 비진도에서 생산된 미역이라고 뚜렷이 밝히기 위해서이고, 다른 하나는 이 고장의 미역이 최상품으로 인정받아 임금님으로부터 하사받은 명칭이라는 설이다.

내항마을 동사에는 마을의 내력과 생활상, 특히 미역을 비롯한 각종 해산물 진상물목 단자進上物目 單子가 함께 들이있던 궤찍이 있었다. 하지만 태풍 사라호로 인해 유실되어 아쉬움으로 남는다.

해녀배 선주 박평진 내항마을 어촌계장. 비진도, 오곡도, 소지도의 물밑 사정을 누구보다 잘 아신다.

* 물 밑 사정이 다 다리지,
비진도·오곡도·소지도

"미역밭이 다 다린기라. 비진도하고, 오곡도하고, 소지도가."

박기봉–박평진 부자는 2대에 걸쳐 해녀배 '용화호'를 운영한 선주였다. 비진도를 비롯한 주변 섬 주민들과 계약을 통해 '바다미역밭'를 임대하고 해녀들을 고용해서 미역을 수확했다. 덕분에 주변 섬의 물 밑 환경에 훤했다. 비진도 해녀배는 주로 비진도와 맞은 편 오곡도, 멀리 떨어진 소지도에서 작업했다.

비진도는 마을 반대편인 뒷등 갯바위에서 미역이 많이 났다. 크기도 적당하고 때깔도 좋아서 높은 가격을 받았다. 바로 앞인데도, 오곡도에서는 물밑의 여礇가 통영 방향으로 길게 이어졌다. 물결에 미역 줄기들이 마치 '보리밭의 보리'처럼 일렁거렸다.

먼 섬인 소지도는 자주 조업을 못 가니, 그 사이 미역이 길어서 '긴 미역'이 생산됐다. 대신 소곡도에는 당시에도 귀한 성게와 소라가 많이 생산됐다.

박평진 내항마을 어촌계장은 "먼바다 소지도는 미역, 성게, 소라 같은 해산물로 재미를 톡톡히 봤지. 오곡도는 보리밭처럼 촘촘하게 미역이 짙어자라. 우리 해녀들이 작업을 두세 시간만 해도 배에 한가득 싣고 왔지"라고 당시를 기억했다.

갯바위에 붙은 갓미역은 주민들이 채취했지만, 비싼 가격을 받은 미역은 물밑 3~5m 아래에서 났다고 한다. 섬 사람들이라도 깊게 잠수를 못했다. 물살이 세고 수심 깊은 곳은 해녀들이 작업했다. 바로 제주 해녀들이 들어온 덕분에 비진도 미역 경기가 살아난 것이다. 내항마을 어촌계장은 "비진도를 알려면 제주해녀를 만나보라"고 당부했다.

* 제주 바당·통영 바다에서 부른 해녀들의 노래

"제주 바당허고, 통영 바다허고는 완전히 다립니다."

제주 출신 해녀들을 만난 곳은 뜻밖에도 외항마을 '시금치밭'이었다. 통영에서 살아온 세월만큼이나 통영 사투리를 구사하는, 그럼에도 제주도 억양이 남아있는 분들이었다.

비진도 앞바다가 저마다 다른데, 하물며 통영과 제주 바다가 어찌 같으랴. 우선 통영과 제주는 조업지로 가는 방법부터 다르다. 제주 바다에서는 전복을 채취하려면 해안가에서 저 멀리 섬까지 한참 헤엄쳐서 간다. 반면 통영 바다에서는 해녀선들이 작업지까지 데려다준다.

임태화 어무이는 "제주 바당에서는 10명이면 10명, 20명이면 20명이 한꺼번에 새떼처럼 나란히 줄지어 이동한다. 수경을 쓰고 한참 히

여헤엄쳐가야 한다. 앞에서 뒤를 보고 '어서 따라 오라'고 부르는 노래가 있다"면서 빠른 타령을 시작했다.

조업 가는 해녀들

앞소리
가자 가자 어서 가자
빨리 가자 늦까 가자
큰 전복도 따고
작은 전복도 따고
니도 따자
나도 따자

뒷소리
구쟁이소라도 따고
고동보말도 따자

1960년대와 70년대, 해녀가 제주도에서 통영 비진도로 오는 방법도 달랐다.

80대 임태화 어부이는 인솔사가 여러 해녀들을 보아 '동력선'을 빌려 원정을 나가는 물질을 하러 통영에 왔다. 먹고 입을 양식과 의복,

비진도로 미역 채취를 왔던 제주 해녀들. 통영에 정착했지만 제주도와 어머니가 그리운 밤이 많았다.

가재도구까지 싣고 왔다. 70대 홍문자 어무이는 제주-부산 야간 운항여객선 '도라지호'를 타고 새벽에 부산항에 내려, 다시 통영으로 여객선을 타고 왔다.

홍문자 어무이는 낯선 땅, 낯선 바다에서 첫 물질이 두렵고, 낯선 사람들과의 만남도 무서웠다. 제주에서 부산까지 운항하는 여객선 이름이 '도라지호'라, 어린 비바리처녀들이 밤바다를 보면서 〈도라지 타령〉을 참 많이도 불렀다고 한다. 그러면 위안이 됐다고 한다.

그때 기억이 나시는 듯, 즉석에서 '도라지 타령'을 부르신다. '백도라지를 한두 뿌리만 캐어도 대바구니가 철철철 넘치듯 큰 전복 한 두 개만 따도 망태가 철철철 넘치길' 희망했을 것이다.

임태화 어무이는 "통영까지는 발동선으로 와도, 조업은 뱃사공배로 했제. 노를 저을 때마다 '삐이꺽, 삐이꺽' 소리가 나면서 리듬이 있다꼬. 노 젓는 소리에 맞춘 게 '뱃물질 가는 해녀들'이라."

뱃물질 가는 해녀들

이어싸나 이어도싸나
칠성판 등에 지곡
혼백상자 머리에 이곡

이어싸나 이어도싸나

가시앞이 두렁박차곡
한손에 빗창을 쥐곡

한손에 호미를 쥐곡
한질두질 수지픈 물속
허위적허위적 들어간다

"어쩌겄소. 다 돈이다. 생각을 혀고 그 힘든 물질을 하는 기라."

"그래도, 재미났어. 물질을 허면서도, 노래를 참 많이도 불렀지."

"이미자 〈동백 아가씨〉를 많이 불렀습니까?"

"이미자고 고미자가 어딨노. 우리 때는 전부 타령이라. '창부타령'도 많이 불렀지."

임태화 어무이와 홍문자 어무이가 주거니 받거니 노래를 부르신다. "아니 아니 놀지는 못하리라. 창문을 닫혀도 스며드는 달빛, 마음을 달래도 파고드는 사랑 사랑이 달빛이냐 달빛이 사랑이냐. 텅 빈~ 내 가슴 속에 사랑만 가득 고여있네. 사랑 사랑, 사랑이라네."

바다 물질이 고단할수록 노래를 더 즐겁게 불렀다. 잠시 동산갯바위에서 쉴 때면 얼어붙은 몸을 녹이기 위해서라도 더 크게 춤을 추었다. 물수건 쓰고, 물적삼 입은 채 전복 따는 빗창으로 타레박을 두드리고 놀았다. 몸이 녹고, 물때가 맞아지면 다시 물속으로 들어갔다. 해녀들이 일제히 같이 쉬는 날이 있었다. 사월초파일과 오월단오가 제일 큰 명절이었다. 선주들이 안전과 만선을 기원하는 '뱃고사'를 지내는 날도 잔칫날이었다. 요즘에는 노래방을 간다지만 그때는 장구를 메고 비진도의 온 산이며 언덕, 백사장에서 삼삼오오 모여서, 노래를 불렀다. 윤진이 각시가 노래를 부르고, 노랫감이 떨어질라치면 익진이 각시가 받아서 불렀다. 하나가 노래를 부르면, 다함께 춤추던 청춘 시절이었다.

"제주 해녀들 아니었으면 비진도 총각 절반은 장가를 못 갔을 거라."

시금치밭 주인인 주판금 어무이가 한 마디 거든다. 통영 평림동에서 비진도에 시집와 보니, 태반이 원정 물질 온 제주 해녀들이었다고 한다. 10대 후반부터 20대 초반인 제주 아가씨들은 생활력이 강해, 비진도 총각들에게는 최고의 혼인 상대였다.

비진도 총각을 만나, 임태화 어무이도, 홍문자 어무이도 어느새 50~60년 넘는 세월을 비진도 바다와 함께 했다.

1960년대 사공이 노를 저어 3~5명을 태우던 해녀선은 1970년대가 되면 7~8명이 타다가, 10명도 넘게 탔다. 비진도에 선주가 10명 남짓이니 해녀들이 100명이 넘었다. 1959년 태풍 사라호로 폐허가 됐던 비진도 경제가 되살아나는 데 제주 해녀가 1등 공신이었다.

통영 사투리가 하도 익숙하셔서 '행여, 제주도 말을 잊으셨을까?'라는 생각까지 들었다.

"맨도롱 또똣할 때 호로롱 드셔옵서."

시금치 밭에서 만난 제주 출신 해녀, 임태화 어무이.

임태화 어무이께서 믹스 커피 한잔을 건네시면서, 제주도 사투리를 쓰셨다.

"커피가 뜨뜻할 때 얼릉 드이소."

홍문자 어무이께서 통영 사투리로 번역을 해주셨다. 그야말로 기우였다.

한평생 칠성판을 등에 지고 살았다. 칠성판은 사람이 죽어서 시신을 안치할 때 관 바닥에 까는 송판을 말한다. 물밑 작업이 그만큼 위험한 일이다.

"욕심을 내면 안 되는데, 큰 전복을 보면 욕심이 안 나나. 자기 숨 남은 생각은 안 하고 전복 따는 데만 정신이 팔리는 기라. 그라다가 마지막 숨을 쉬는 기라."

미역을 따던 제주 해녀들은 이제 시금치 밭에서 시금치를 다듬는다. 비진도 주변 바닷속에 지천으로 널렸던 해산물이 잘 나질 않는다. 게다가, 어느새 청춘은 가고 할머니가 되어 물질도 힘들어졌다. 그래도, 빗창으로 전복을 따듯, 시금치를 다듬는 손길이 능숙하다.

충무시 강구안에 있던 통영의 유람선 선착장이다. ⓒ김세윤 전 통영문화원장

* 여름밤엔 나이트클럽이 열렸다
비진도 해수욕장

1960년대 비진도를 태풍 사라호의 폐허 속에서 구한 원동력이 미역 채취라면 1970~80년대 최고의 전성기를 누리게 한 것은 해수욕장 덕분이었다. 1970년 경부고속도로가 개통되면서, 서울을 중심으로 관광객들이 찾아오기 시작했다. 충무관광호텔이 개업한 영향도 컸다.

1970년 7월 7일 개통한 경부고속도로는 자동차로 사흘 걸리던 서울과 부산의 이동 시간을 4시간 30분으로 단축했다. 서울에서 출발한 관광객들이 부산과 통영을 거쳐, 비진도까지 단 하루면 들어올 수 있게 된 전환점이었다.

1971년 쾌속선 엔젤호는 부산과 통영을 1시간 30분만에 오고갔다. 이탈리아에서 도입한 수중익선으로, 속도를 높이면 선체가 수면 위로 떠올랐다. 날개를 편 엔젤호가 푸른 바다 위를 살짝 떠서 날면서 일으키는 파도는, 그 자체만으로도 설레게 했다.

같은 해 건립된 충무관광호텔은 1급 호텔로, 관광숙박업 경남등록 제1호라는 타이틀을 자랑했다. 호텔에서 열리는 결혼식은 주변의 부러움을 샀고, 신혼여행 붐으로 특수도 누렸다. 김세윤 통영관광협회장은 충무관광호텔 앞 죽도를 비롯 한산도, 거제 해금강, 소매물도 등대섬 등 통영과 거제 해상 관광 루트를 개척했다. 1975년쯤에는 서울 용진관광과 관광버스를 대절해서 부산을 거치지 않고 바로 통영으

전성기 비진도 해수욕장 모습. ©오석진 전 외항마을 이장.

로 오는 '관광버스' 시대를 열었다.

"여름이면 대박이 터졌지. 유람선이 그 많은 관광객을 실어 날랐지."

하루 2번 여객선이 운항하던 시절이었다. 낮에 1회 추가 운항을 해도, 밀려드는 관광객들을 운송하기에는 턱없이 부족했다. 이때 새롭게 등장한 수송 방법이 '유람선'이었다. 반나절 걸리던 완행 여객선과는 달리 '40분만에', 수시로 비진도 해수욕장까지 피서객을 실어 날랐다.

특히 초·중·고등학생이 일제히 방학을 하는 7월 25일부터 8월 10일 특별수송기간 동안 특수가 이어지면서, 1980년대에는 유람선이 20척을 넘어 25, 26척에 달했다.

김만옥 통영유람선협회장은 "70년대 진달래호하고, 무지개, 오리온, 쌍용호가 잘 나갔지. 80년대에는 피크라, 피크. 그래도 배가 모자랐지. 비진도 해수욕장이 대박 터질 때 매물도, 해금강 노선도 엄청 잘나갔거든"하고 당시를 기억했다.

1970~80년 주로 서울에서 손님이 몰려왔기에, 당시 유람선이 출발하는 충무시 강구안은 서울 한복판을 그대로 옮겨 놓은 듯했다. 남자들은 교련복이나 청바지 입고, 로쿠사쿠륙색, Rucksack라는 큰 배낭에 텐트를 짊어졌다. 여자들은 반바지 아니면 미니스커트였다.

관광객들이 많이 찾아오니, 섬은 흥청거렸지만, 한편으로는 난리가 났다.

1970~80년대 전성기 충무관광호텔과 엔젤호.

"미니스커트는 얌전한 기라. 70년대에 비키니 입고 수영하는 아가씨들이 엄청 많았다. 서당 훈장 할바시들이 작대기 휘두르며 '네 이년들'하고 호통을 쳤지. 혼비백산해서 도망을 가고……." 황원남 외항어촌계장이 기억하는 당시 상황이다.

낮에는 유람선에서, 밤에는 나이트클럽에서 '해변으로 가요', '그건 너' 같은 당대 최고의 유행가들이 울려 퍼졌다.

전성기 비진도 해수욕장에는 한해 5~6만명의 관광객들이 몰려왔다. 청춘남녀들이 대부분이었다. 유람선이 특별수송을 하는 기간이면, 간이 나이트클럽이 섬에 설치됐다. 붉은, 푸른 반짝이 조명 아래, 고고춤, 디스코춤을 추면서 까만 밤을 하얗게 지새웠다.

그래도, 하룻밤 묵을 곳이 필요했다. 청춘들은 청춘대로, 가족들은 가족들대로 숙박업소를 구하러 다녔다. 하지만 섬에 호텔이나 여관이 있을리 만무했다.

"텐트를 얼마나 쳤는지, 모래밭에 모래가 안보일 정도라."

지금도 솔비치펜션과 외항민박을 운영하는 오석진 전 이장, 황원남 어촌계장은 호황이던 시절을 생각하며 얼굴에 반색이 돌았다. 마을 전체 가구 수가 100호도 안되던 시절, 하루 2~3천명이 몰려들면서, 잠자리를 만들기 위한 별의별 묘수가 등장했다.

산 너머 내항까지 방이 다 찼으니, 한 여름밤 평상에서 자다가 모기에 물리기는 기본. 심지어 집 주인은 부엌에서 자고, 손님들이 안방이며 온 방을 다 차지하는 진풍경도 벌어졌다.

거리지신비 앞에서 별신굿을 올리던 모습.
남해안별신굿 때 마을 선창에 차려졌던 거리밥상.

©비진도 내항마을회관

1970년대 해수욕장이 호황기이던 시절하면, 비진도 사람들은 무엇부터 떠오를까? 뜻밖에도 '카레 끓이는 냄새'였다. 카레 냄새가 온 섬에 진동했다. 밤이면 삼겹살을 굽고 낮이면 라면을 끓여 먹는 요즘과는 달랐다. 당시에는 냉장고가 없어서, 삼겹살을 사서 섬으로 오는 동안 상하기 마련이었다. 라면을 끓여먹는 문화는 1980년대부터 시작이었다.

남해안, 한려수도 관광 열풍을 타고, 비진도 해수욕장에 끝없이, 끝없이 피서객들이 몰려오던 호시절이었다.

* 내항마을 수호신
큰 소나무와 거리지신비

새마을운동이며, 해수욕장 개발 등으로 비진도의 살림은 많이 나아졌지만, 반대로 옛 정취를 많이 잃었다. 그럼에도 비진도에 수호신 같은 존재가 남아 있다.

내항마을 한 가운데에는 큰 소나무가 우뚝하게 서있다. 그리고 통영의 다른 섬에는 거의 남아 있지 않은 '거리지신비巨里之神位'도 있다.

추형윤 이장과 이성애 어무이의 설명에 따르면, 큰 소나무는 왼새끼 금줄을 두르고 밥상을 받은 신목神木이었고, 그 앞에서는 3년에 한번 별신굿을 올렸다.

남해안별신굿은 선달 그믐날 밤에 대등산 중턱의 산제당에서 마을의 평안을 기원하는 제를 올리면서 시작했다. 새벽에는 큰 소나무 앞과 큰 우물 앞에 밥상을 올리고 마을을 연 '동태부'에 감사를 전한다. 마을 선창에는 60~70개씩 거리밥상이 차려졌다. 밥상은 처음에는 마을을 지켜주는 당산을 향해 올리고, 바다 덕분에 먹고 사니 용왕전이 있는 바다를 향해 올렸다.

시집온 지 62년째라는 이성애 어무이는 거리손을 비빌 때 "용초도 미역아, 새섬 조개야, 오시리오곡도 미역아, 우리 비진이로 다 오이라"하고 큰 소리로 외치면서 빌었단다. 덕분에 별신굿을 지낸 해에는 미역도 잘 자라고, 조개도 많이 났다고 한다.

신성한 소나무 앞에서는 어른들도 몸가짐을 조심했다. 당시 아이들은 나무에 자주 올라가서 전쟁 놀이를 하며 놀았는데, 두 그루 나무만큼은 금기였다. 소나무 가지가 많이 뻗으니, 주변의 집들이 불편했다. 그래서 한번은 "나는 미신을 안 믿는다"던 한 사람이 호기롭게 선창가 소나무를 도끼로 베어냈다. 이틀 뒤에 갑자기 큰아들이 식물인간이 됐다가 죽고 말았다.

이성애 어무이는 '제왕판을 차린' 경험담을 이야기해 주셨다. 당시에는 아이를 낳으면 제왕판을 차리고, 쌀과 미역 조금, 깨끗한 물 한 잔, 실타래를 올려놓고 무병장수를 기원했다. 한번은 갈치를 구워서 같이 먹었는데 아이 몸에 자꾸만 두드러기가 생겼다. 시어머니와 며느리가 머리를 감고, 목욕 재계를 하고, 샘물을 떠놓고 이레 동안 손을 비볐다.

"미련한 인간이 뭐를 알것십니까. 마음 푸시고 용서해주이소. 삼신 제왕님예, 우리 아기 몸 좀 곱거로낫게 해주이소"하고 간절한 마음으로 빌고 빌었다. 그렇게 빌면 거짓말 같이 두드러기가 사라졌다.

"요즘은 산부인과에서 애를 놓잖아? 인자는 제왕님도 읎는갑다"라며 당시 기억을 떠올렸다. 마음 답답한 일, 마을에 곤란한 일이 생기면 큰 소나무에 빌고, 거리지신비 앞에서 별신굿을 올리고 하면 잘 풀렸단다. "별신굿, 그 큰 잔치를 이제 다시는 못 보겠지"하고 아쉬워하셨다.

* 별신굿 궤짝을 찾았네.
퍼득 와보이소

"찾았네. 찾았어. 김기자요. 퍼득 와보소. 퍼득."

황원남 외항어촌계장이 흥분한 목소리로 "어서 섬으로 들어오라"고 연락을 주셨다. 모든 일 제쳐두고 비진도로 들어갔다.

"봐라. 이세 별신굿 궤짝 맞세?"

"오, 맞네요. 우찌 찾았습니까?"

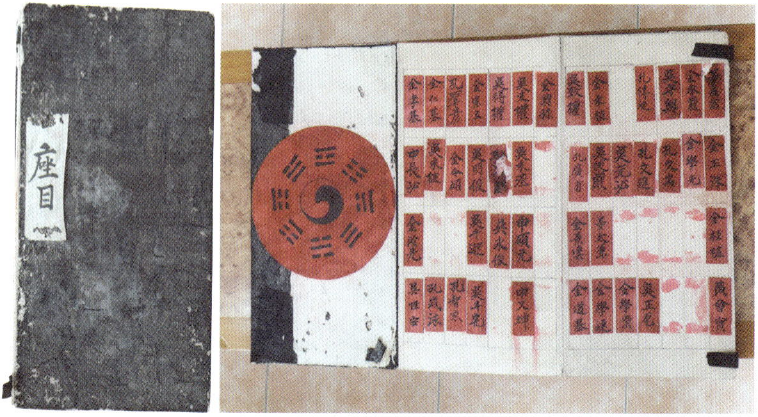

별신굿 궤짝에서 찾은 좌목. 태극과 팔괘 문양, 그리고 붉은색과 초록색으로 표시된 명단이 있다.

"옛날 사진 2장을 보여줬제. 그 뒤로, 온 마을을 다 뒤졌다."

1972년 비진도 풍경을 담은 2장의 사진을 나에게 받은 황원남 어촌계장은 '무언가 더 있을 것'이라는 기대를 갖고, 온 마을을 뒤졌단다. 마침내 별신굿 궤짝을 찾은 것이었다.

궤짝을 여는 손길이 떨린다. "무엇이 들었을까?" 궁금하기도 하다. 그래서 급하게 열고 싶기도 하지만, 중요한 자료들이 들어 있을 것 같아, 조심스럽게 개함한다.

새까만 종이 표지에 '좌목座目' 한자를 쓴 하얀 한지를 붙였다. 좌목은 차례나 서열을 뜻하는데, 일반적으로 관리들이 앉은 차례나 서열, 특정한 행사에 참여한 이들의 명단을 가리킨다. 예전에는 각 관청 마다 작성하고, 행사 때마다 써 붙였지만, 요즘에는 보기 힘들다.

그런데, 일반적인 좌목하고는 달랐다. 비진도 외항마을에서 다시 찾은 좌목에는 붉은색 이름표와 초록색 이름표가 여러 장에 걸쳐서 나열되어 있었다. 붉은 원 바탕에 태극과 팔괘도 그려져 있었다. 마침 옛일을 잘 알고 계신 오석진 전 이장이 오셨다.

"붉은색 이름표는 돌아가신 분들이고, 초록색 이름표는 당시 살아계시던 분들 명단이라. 별신굿을 할 때 좌목을 만들어서 축원을 했지."

"맞다. 맞어. 별신굿 하모, 제일 큰 상에 이 좌목을 올려놓고. 절을 참 마이도 했지."

남해안별신굿은 불교의 의식과 많이 닮았다. 절에서는 '우란분재盂蘭盆齋'라고 하여 음력 7월 15일 지옥에 떨어진 조상의 영혼을 올리는 재를 지낸다. 지옥에 떨어진 어머니를 제도하기 위해 백100 가지 음식을 장만하여 대중을 공양한데서 연유해 '백중百衆'이라고도 한다.

또한 '생전예수재生前豫修齋'는 다음 생에 받을 과보에 대해 살아생전 미리 재齋를 올려 구원을 받은 의식이었다.

비진도 외항마을 좌목도 이와 비슷한 역할을 했다. 붉은색 명단은 돌아가신 분을 위한 우란분절과 같은 의미로, 초록색 명단은 미리 구원을 받는 생전예수재와 같은 의미로 남해안별신굿이 열릴 때 '축원'을 드리고자 이름들을 적어 놓은 것이었다.

좌목을 자세히 보니, 이름표를 붙였다가 뗀 흔적들이 보인다. 별신굿 행사 비용을 집집마다 물건이나 돈으로 각출하고, 좌목에 돌아가신 분이나 살아서도 축원을 올릴 분 이름을 적어서 붙였다. 그러니, 행사 때마다 붙이고 떼고, 붙이길 되풀이했다.

"이거는 별신굿을 할 때만 아니라, 스님을 모시고 재를 올리던 때도 썼었는데……." 오석진 전 이장의 말끝이 흐려진다.

"우리 할아버지 성함故 황회실은 있는데, 사라호 태풍 때 돌아가신 우리 아부지 이름은 없네. 축원을 올리주모 좋을 낀데……."

황원남 어촌계장의 목소리가 할아버지 이름을 발견한 기쁨과 함께 아버지가 명단에서 빠진 아쉬움으로 젖어든다.

"이번에 별신굿 궤짝을 발견한 김에, 별신굿을 한번 되살려 보입시다."

"그때는 '미신이다'하고 없앴는데, 지금은 좀 다리지. 한번 긍정적으로 생각을 해보자."

황원남 어촌계장의 제의에 오석진 전 이장이 화답을 한다.

남해안별신굿이 열리던 마을에는 '별신굿 궤짝'이 남아 있다. 이를 '지동궤'라고 부르는데, 마을의 어르신들이 별신굿을 기록한 문서를 꺼내어 무당이 굿을 잘 하는 지를 점검한다. 그래서 아예 '지동굿'이라는 별도의 굿거리 의식을 만들 정도로 중요하게 여긴다.

그뿐만 아니라, 별신굿을 개최할 때 필요한 비용과 제수, 성금액과 이를 낸 명단은 물론 마을 대소사를 기록한 중요한 문서들도 궤짝에 소중히 보관했다. 현재 남해안별신굿의 마지막 당골판 죽도비진도의 이웃섬에는 통제사가 굿을 허락한 조선시대 문서도 남아 있다.

그런데, 풀리지 않은 내용이 하나 있었다. 흑백의 태극과 팔괘가 그려진 붉은 원 문양이 무엇을 의미하는지 마을 사람들도 잘 몰랐다. 정영만 중요무형문화재 제82호 남해안별신굿 보유자에게 좌목의 내용에 대해 물었다. 태극과 팔괘는 해와 달, 별자리를 포함한 우주와 삼라만상을 의미하고, 일월성신, 삼라만상을 주관하는 신들을 모셔와, 마을을 편안하게 하고, 돌아가신 분들에게는 명복도 빌고, 살아계신 분들에게는 무사와 풍어를 기원하는 의미를 담았다고 한다.

정영만 남해안별신굿 보유자는 죽도에서 비진도 어른들을 만날 때마다 지동궤 궤짝이 있는지 물어봤다고 한다. 이번에 찾은 궤짝 소식을 전하니, 드디어 찾았다며 반겼다.

별신굿 궤짝을 찾으면서, 비진도 외항마을 두 어른이 의기투합하였다. 좌목 발견 소식을 들은 남해안별신굿보존회에서도 “비진도에서 굿판을 펼 수 있다”고 가능성을 열어두었다. 비진도 해수욕장, 길다란 목에서 별신굿을 펼치는 모습을 볼 수 있을까? 기대된다.

추봉도

추봉도 선착장으로 돌아온 김광일, 박미연 부부는 물고기를 한가득 내민다.

"우찌 혼자 묵씁니까. 같이 묵읍시더."

주석에서 네 종류의 횟감이 마련됐다. 돔돔은 담담하고 참돔은 쫀득하고

전어는 고소하고 농어는 씹는 맛이 일품이다.

추봉도

* 통영 바다에 조기가 났다꼬?

흔히 조기하면 서해바다에서만 나는 줄 안다. 그런데, 남해바다인 '통영에서 조기가 많이 났다'면 믿어질까?

1928년생인 추봉도 출신 강금석 어른이 쓴 『내가 걸어온 길 家族』이란 책에는 '황금조기가 항후조 어장에서 많이 났다'라고 기록했다. 지금도 추봉도에는 조기가 많이 날까? 강금석 어른은 16살인 1943년 한산어업조합에 임시고원으로 취직, 통영군수협 과장에 이르기까지 32년을 근속하셨다. 어업경영자로도 활동, 통영 수산업 전반에 대한 조예가 깊으셨다.

『내가 걸어온 길 家族』에서 소개한 항후조 어장과 조기 어획에 대한 기록은 다음과 같다.

> 당시에는 연안어족이 풍부하여 경남에서 제일로 유명한 우리집 목넘어 長江水道장강수도의 項后條항후조 地曳網지예망에서 한산어기 조합 면허자리였는데 항후조 1년 임대료만 가지고 40여 명 임직원의 반년 경상비를 충당할 정도로 조기, 칼치 어족의 회유로 유명한 어장이었다. (중략)
> 姜明玉강명옥씨와 金吉安김길안씨가 어업조합에서 낙찰, 인수하여 경영한 바, 첫 해부터 해상 교통이 좋아져서 부산을 왕래하는 仲買船중매선이 수척이 생겨 어획하기가 무섭게 매매되어 큰 소득을 얻어 기선권현망 경영까지 발전되었다.

이제는 추봉도 사람들조차 조기에 대한 기억을 잊은 상황이다. 2020년 8월, 추봉도 예곡마을에서 태어나 한 평생을 살아온 정현권 어른이 강금석 어른의 기록을 사실로 확인해 주셨다.

"조기가 마이도 났지. 어린애들 팔뚝 맹키로 굵었다."

"항후조 어장이 '목넘어' 어장을 말하는 갑다. 예곡하고 추원마을 뒤편을, 봉암 동네는 몽돌 해수욕장 있는 길다란 목 뒤를 '목넘이개'라고 하거든"

통영의 지명에서 '목'은 한자로 '項항'으로 많이 쓴다. 매물도 '대항', 비진도 '내항'마을이 대표적인 사례다. '넘어'나 '너머'를 '후後'로도 쓰지만 '후后'로 표기하기도 한다. 즉 목넘어나 목너머 어장을 한자로 표기하면 '항후조 어장'이 되는 것이다.

조기를 잡는 방법에 대한 설명은 차이가 났다. 강금석 어른의 기록에는 '후릿그물'이라고도 하는 지예망, 즉 물속에 그물을 넓게 둘러 치고 끌어당겨 물고기를 잡는 어획법을 소개한 반면, 정현권 어른은 200개씩 줄지어 매단 주낙 연승으로 조기를 낚는 어획법을 기억했다.

"조기가 그리 마이 잡혔십니까?"

"말도 마라, 목너머개까지 갈 것도 읎다."

정현권 어른이 지금은 귀한 조기는 물론 갈치, 문어까지 흔하던 시절 이야기를 해주신다.

"색이 누우런 참조기가 그때는 마이도 낫지. 멀리 갈 것도 읎어. 우리 집 앞 선창에 얼매나얼마나 몰리드는고, 저녁 밥 묵고 잠시 나가면 한 배 가득 싣고 왔다. 문어는 아예 선창 욱으로위로 뽈뽈 기어올라왔지"하시면서 당시를 회상하셨다.

정현권 어른은 70년 전, 조기잡이를 상세하게 기억하고 계셨다. 조기하고 갈치는 어획하는 방법이 동일한데, 주로 멸치를 잇갑미끼으로 사용했다. 갯벌에 나는 속을 여러 동가리로 끊어서 낚시바늘에 꿰어 놓으면, 조기뿐만 아니라 돔도 잡혔다.

* 2021년 추봉도에서는 무엇이 잡힐까

국립수산과학원에서 조사한 결과, 우리 바다에서 '국민생선' 갈치와 명태는 귀한 몸이 되고, 호주와 아프리카에서 서식하던 날새치나 황새치, 돛새치 같은 다랑어 종류가 잡혔다.

우리나라 대표 어종이 사라지고, 열대어가 잡힐 정도로 바닷물 속이 변한 것이다. 1950년대까지 "조기가 한 가득 잡혔다"던 추봉도. 70년이 지난 2021년에는 어떤 물고기가 잡힐까? 김광일·박미연 부부의 추봉도 정치망 조업 현장을 동행했다.

추봉도 조기에 대한 기억이 김광일 선장에게도 있을까?

"제가 15살부터 배를 탔어예. 누런 참조기가 마이도 잡혔지예. 1960년대부터는 안 납니다. 가끔 시장에 나오는 백조기는 한번씩 우리 그물에도 잡힙니다."

"요즘에는 철철이 뭐가 주로 올라옵니까?"

"원래 봄에는 도다리, 여름에는 참돔, 가을에는 농어, 겨울에는 감시감성돔가 들었지요. 지금은 그런 기 없어예. 어느 계절 할 것 없이 거진 비슷해예."

계절 대표 어종이 사라진 바다. 그 바닷물 속사정이 변한 이유는 무엇일까?

김광일 선장은 "수온이 1도인가, 2도인가? 올라갔다지요? 우리가 피부로 느낄 때는 예전에는 동해안에서 냉수대가 추봉도까지도 내리 왔거든요. 요즘에는 찬물이 안 와요. 한 번씩 온도를 내리줘야 하는데…" 라는 해석을 내놓는다. 이는 국립수산과학원의 분석과도 비슷하다.

"오늘은 무슨 물고기가 들까?"

궁금증과 기대감을 안고 부부의 영진호에 올랐다. 추봉도 선착장에서 출발한 배는 마을의 뒤편 몽돌해수욕장을 돌아 불과 10분 남짓만에 어장에 도착한다. 옛 와달와다리 마을 조금 못 미쳐 큰널 앞바다에 위치한 소형 정치망이다.

부부의 어장은 수산업 용어로는 건망乾網으로, 길그물 끝에 직사각형의 통그물을 설치하여 어군이 길그물을 따라 통그물 안으로 유도해서 대상물을 포획하는 어업을 말한다.

물고기는 회유를 하다가 장애물을 만나면 더 깊은 물속, 바깥바다로 피하려는 습성을 가지고 있다. 이를 이용해 물고기 떼가 잘 지나가는 해안가 길목에 '길그물'을 설치해 통행을 막고 깊은 바다 쪽으로 유도한다. 그물의 양쪽 끝에 'T' 자형 통그물이 있는데, 길을 잃은 물고기들이 이 그물 속으로 모여들게 된다.

부부는 이틀에 한번 '물 보러' 간다. 바닷가 사람들에게는 익숙한 용어로, 정치망 그물에 갇힌 어획물을 확인하고, 어획하며, 그물의 손상 여부를 살피는 일련의 과정을 말한다.

"올라온다. 올라온다."

김광일 선장이 헛통그물에 이어 제일 끝 불통자루그물을 당기자, '파닥'거리는 물고기들이 보이기 시작한다. 제법 들었다. '첫 번째로 올라오는 물고기는 무엇일까?' 호기심이 일어난다.

"에북제법 굵은 농어가 들었네."

"양식장에서 탈출한 참돔도 올라오네요."

"털복도 들었네. 먹통도 올라온다."

농어와 참돔은 알겠는데, '털복'과 '먹통'은 처음 들어오는 물고기 이름이다. 졸복이나 참복에 비해 몸집이 크고, 검은 점이 많은 털복은 독성은 강하지만 맛이 좋아 복어맛을 아는 사람들이 즐긴다고. 먹통은 '갑오징어'인데 1kg에 2만원, 높은 값을 받는다.

"먹통예? 몸 안에 시꺼먼 먹을 가득 품고 있다 아입니까? 갑오징어를 그리 부립니다."

첫 번째 조업을 완료하기까지 15분 남짓. 물고기를 다 잡았으니 이제 끝인가? 싶었는데, 그물을 하나씩 하나씩 차례로 있는 힘껏 털어내신다. 그물에 해초 같은 잡물이 끼면 물고기들이 제일 먼저 알아보고, 피해 다닌다. 그러니, 그물을 끌어올릴 때마다 청소를 해주어야 한다.

"스톱, 스톱!"

아내의 목소리가 다급하다. 스르륵 풀려가면서 제 위치로 돌아가던 '헛통그물'이 꼬인 것이었다. 남편이 헛통그물을 잡아 올려 꼬인 반대 방향으로 천천히 돌리기 시작한다. 익숙한 손놀림이다. 다시 그물이 제 모양을 갖춘다.

배는 이제 'T'자형 그물의 반대편으로 향한다. 두 번째 그물에는 무엇이 들었을까?

"돌돔이 들었네예. 얼룩말 맹키로 검고 하얀 줄무늬가 보이지예?"

"쥐고기도 올라왔네."

메가리떼와 망시망상어떼가 주로 어획되었지만, 돈이 되는 돌돔과 쥐치도 몇 마리 보였다. 통영 사람들이 '쥐고기'라 부르는 쥐치는 지금은 귀한 생선이 되었지만, 예전에는 매물도, 국도 일대에서 흔하게 잡히는 어종으로, 상당량이 삼천포로 집하되었다. tvN 드라마 〈응답하라 1994〉에서 배우 김성균의 고향 명물이 바로 '삼천포 쥐포공장'였다. 통영에서도 복어를 말린 사쿠라보시花魚, 화어는 최고급 술안주로, 쥐포는 애주가들이 즐겨 찾는 안줏거리로 사랑을 받았다. 요즘 사쿠라보시는 상대적으로 어획량이 많은 학꽁치를 주재료로 만든다.

이 힘든 작업을 하는 내내 부부는 하얀 마스크를 쓰고 계셨다. 코로나19 확산에 따른 슬픈 현실이다.

3번의 조업과 그물 손질까지 마무리하니 1시간 30분 남짓이 걸렸다. 마침 대봉산 위로 아침 해가 환하게 떠오른다. 일기예보에는 '흐리고 바람이 강하게 분다'고 해서, 내심 걱정을 했는데, 무사히 조업을 마쳤다. 다행이다.

"고생했씹니다. 줄꺼는 없고, 그거나 좀 썰어 부이소."

추봉도 선착장으로 돌아온 김광일·박미연 부부는 물고기를 한가

추봉도에 사는 김광일·박미연 부부의 정치망 조업 현장.

득 내민다.

"우찌 혼자 묵씹니까. 같이 묵읍시더."

즉석에서 네 종류의 횟감이 마련됐다. 돌돔은 달달하고, 참돔은 쫀득하고, 전어는 고소하고, 농어는 씹는 맛이 일품이다. 섬마을 어부 부부의 훈훈한 인심 덕분에 입이 호강한 날이었다.

추봉도 뒷등, 옛 항후조 어장 주변에는 지금도 정치망 어장이 여러 곳 남아있다. 이는 주변의 여러 섬들이 태풍을 비롯한 바람을 막아주는 덕분이라고 한다.

멀게는 산양읍 학림도와 연대도가, 가깝게는 비진도, 용호도, 죽도가 차례로 둘러싸고 있다. 명사해수욕장으로 유명한 저구를 품은 거제 망산이 동쪽에서 불어오는 샛바람을 막아준다. 뒤쪽 갈바람은 추봉도 독메와 봉암해수욕장의 큰 소나무들이 잠재운다.

"혹시 추봉도의 서쪽, 길다란 바닷길을 '장강수도長江水道'라고 부립니까?"

"예, 맞씹니다. 줄여서 '장강수長江水'라꼬도 부립니다."

아, 찾았다. 강금석 어른이 남긴 『내가 걸어온 길 家族』에서 기록한 '장강수도長江水道'가 바로 이곳이었구나! 뱃사람으로 평생을 살아온 김광일 선장의 입으로 확인할 수 있었다.

장강수도 항후조. 바다는 예나 지금이나 그 자리에 있는데, 이제 조기가 잡히지 않는다. 6.25전쟁이 가장 큰 원인이었다. 추봉도와 용호도에 포로수용소가 들어서면서, 조기가 자취를 감추었다.

* 추봉도와 죽림
6.25전쟁에 대한 상반된 기억

"통영 사람들이 우리 섬으로 피난을 왔지."

"폭탄이 터져 시체에서 살이 너덜너덜했지."

60여년 긴 세월을 함께 살아온 정현권·진찬연 부부. 그런데, 1950년 6.25전쟁 초기에 대한 기억은 상반되었다. 정현권 어른은 추봉도에서 진찬연 어무이는 통영 죽림에서 각각 전쟁을 겪었다.

1950년 8월 17일 통영 시내를 북한군이 점령했다. 이에 대한민국 해병대가 상륙작전을 펼쳐 '원문고개'를 탈환하였다. 흔히 8월 18일 하루 동안 '원문고개 공방전'이 벌어졌다고 생각한다. 하지만 실제 전투는 이보다 더 길고 치열했다.

해병대는 통영 장평리 해안에 상륙한 후, 매일봉과 동피랑, 통영 시내에서도 북한군의 저항에 부딪혔다. 심지어 민가와 피난민을 방패막이 삼은 적과 싸워야 했다. 특히 원문고개는 거제도 진출을 결정하는 요충지로 쌍방의 목숨을 건 공격과 격퇴가 9월 중순까지 계속되었다. 북한군 469명을 사살하는 전과를 올렸으나, 해병대도 19명이 전사하였다.

당시 북한군의 지휘소가 자리한 곳이 바로 광도면 홀리골과 죽림 광산 일대였다.

1925년 일본인 후지야 분이치藤谷文一가 광도면 죽림리 일대 약 30

만평 규모의 광산 부지를 설정, 주로 명반석을 채광했다. 그래서 '후지야광산', '죽림광산'이라고도 불린다. 광산 곳곳에 뚫린 깊은 굴들은 6.25때 북한군이 폭격을 피하는 은신처로서 최적의 장소였다.

11살 진찬연 소녀가 살았던 마을은 광도면 죽림 음촌. 작은 개천과 논들, 그 바로 앞에 죽림광산을 마주보는 곳이었다.

"그때 북한군을 봤습니까?"

"마이 봤지. 죽림광산이 바로 인민군 소굴이라."

"당시 상황 중에 기억나는 게 있습니까?"

"우리 아군이 대포를 마이 쐈지. 군함들이 죽림만하고 북신만, 양쪽에서 대포를 쐈다. 빨갱이들이 억수로 죽어나갔다. 그라고 포탄이 논에 수두룩하게 박히는 기라."

죽림광산 앞 논바닥에는 국군 함정에서 쏜 포탄들이 박혀있었다. 그 탄피나 파편들을 엿이나 먹을 것으로 바꾸어 먹기 위해 파내기도 했다. 그러다가, 결국 폭발하는 사고가 났다. 10명 넘는 주민들이 죽거나 다쳤다.

"피난은 어디로 갔습니까?"

"한퇴골로 갔지."

죽림 음촌에서 고개 하나 넘으면 당시 큰마을이던 노산. 그곳에서 고성 방향으로 큰 고개大峙가 있었는데, 바로 '한퇴'였고, 그 아래 골짜기가 한퇴골이다. 기껏 북한군을 피해 피난간 이농 거리가 불과 수 km 남짓에 불과했다.

지금도 남아 있는 포로수용소의 흔적. 포로수용소의 벽을 허물어내고 농사를 짓는 추봉도 주민의 모습.

"아니, 겨우 그만큼 피난을 갔습니까?"

"아이고, 거리가 문제가 아이다. '불을 피우모 안 된다'는 데 밥은 해묵어야 살지. 쌀밥은 금새 되는데, 대부분 보리밥이라. 금방 밥이 안되거든. 첫째로 밥 해묵는 기 젤로 힘들었다."

그나마 다른 지역에 비해 다행인 것은 북한군이 점령한 기간이 8월 중순에서 9월 중순까지 한 달 남짓에 불과했다는 점이다.

"약방을 하시던 작은 아버지가 계셨거든. 하루는 하얀 수건 같은 천을 양손에 들고 마구 흔드시는 거라. 우리를 향해서. '저 어른이 왜 저러시노?' 했거든. 그기 '북한군이 죽림광산 굴 안에서 모두 철수했다. 안전지역이 됐으니, 모두 나온나'하는 신호였던기라."

"아, 그런 일이 있었습니까?"

"마을 어른들 중에서 '원문고개 사정이 우찌됐나?' 궁금해서, 몇이서 가본기라. 몰구리말구리에 인민군들 시체가 억수로 늘려있었대. 뼈가 덜렁덜렁하고…. 나이 많은 군인도 있고 중학생 정도밖에 안 된 오빠 또래들도 있고. 총알은 사람 나이를 안 가리는 기라."

진찬연 소녀가 북한군에 점령된 죽림 일대에서 피난민 생활을 할 때, 동갑인 정현권 소년이 살았던 추봉도는 어떤 상황이었을까?

"몰랐지."

"전쟁이 났다는 것도 몰랐습니까?"

"전쟁 난 줄은 알았지. 한산도 너머 통영 방향으로 밤이모 불빛이 환해지는 기라. 대포 소리가 나기도 하고, 그래도 하도 멀리서 들리니, 딴 세상 일처럼 느꼈지."

통영 시내 사람들이 한산도 본섬에 이어 추봉도로 피난을 왔다. 윗채 4칸, 아랫채 3칸으로, 상당한 규모였던 소년의 집에도 시내에서 한 가족이 와서 살았다. 이웃 초가집들도 피난민들을 맞이했다. 집은 비좁아도, 방세 내라는 소리 한번 않던 훈훈한 시골 인정이었다.

소년은 그렇게 전쟁이 끝날 줄 알았다. 적어도 1952년 6월까지는. 2년이 지나도록 평온한 나날이었다. 보리타작이 한창이던 그날, 추봉도 사람들의 운명은 갑자기 달라지기 시작했다.

* 큰 섬만한 LST가 불도저를 쏟아내고

"새까만 고무보트가 나타나더마는, 새까만 잠수복을 입은 군인들을 퐁, 퐁, 퐁 물에다 떨아놓는 기라. 해녀배에서 해녀들 떨아놓듯이…."

그날 북드럼치 방향에서 나타난 날랜 고무보트와 잠수부에 대한 기억은 너무도 또렷하다. 1952년 음력 5월양력 6월, 추봉도에서는 보리타작이 한창으로, 연중 제일 분주한 시기였다. 대형 군함이 진입할 수 있을지 수심과 해저지형을 조사한 것이었다.

"며칠 후라, 산더미처럼 큰 배가 오더만은, 아버지 친구인 강명준 어른 논 앞에 대는 기라. 큰 주딩이가 턱하고 벌어지대. 불도저가 계속 내리오더라꼬. 논이고 밭이고 싹 다 밀어붙이면서 산 중턱에까지 여러 갈래 길을 만드는 기라."

대형수송선인 LSTLanding Ship Tank에서 쏟아져 나온 건설장비들은 몇 날 며칠을 끊임없이 길을 내고 또 냈다. 게다가 철조망을 둘러치기 시작했다. 한겹, 두겹, 세겹…. 철조망이 늘어날수록 정현권 소년의 불안감도 자꾸 커져만 갔다.

"게라리. 게라리."

손귀진 전 예곡어촌계장은 미군들이 와서 자꾸만 외치던 "게라리", "게라리"라는 목소리를 선명하게 기억했다. 그들의 손짓과 발짓을 보고서 확실히 알 수 있었다. "나가라"는 의미임을. 게라리는 곧 "겟 아웃Get Out"이었다. 그리고 얼마 후 마을의 집과 축사가 불탔다.

"목너머개에 크고 작은 몽돌들이 많아. 그걸 포로들이 계속, 줄지어서 들고 오더라꼬."

추원 출신인 강기재 통영예총 회장은 "포로들이 자신이 갇힐 포로수용소를 직접 만들었다. 막사도 짓고, 철조망도 둘러치고…. 어린 마음에도 참 안쓰럽더라"면서, 약 한달 동안 포로수용소가 만들어지는 과정을 지켜본 상황을 떠올렸다.

유엔군과 대한민국 정부는 1952년 5월 거제포로수용소장 도드 장군 납시 감금 사건을 비롯해 반공·친공 포로의 서로에 대한 공격, 그리고 친공 포로의 북한 송환에 대비하기 위해 통영 추봉도와 용호도

포로수용소 설치를 위해 장비를 수송하는 LST 군함. ⓒ서울대학교 사회발전연구소(전갑생)

에 각각 1만 명과 8천 명을 수용할 수 있는 포로수용소를 설치했다.

일반적으로 거제포로수용소의 존재는 상당히 알려졌다. 하지만 통영시 한산면 추봉도와 용호도에 설치된 '유엔군 19구역 전쟁포로수용소일명 봉암포로수용소', '18구역 전쟁포로수용소일명 용초 포로수용소'에 대해서는 아직 널리 알려지지 않았다.

조상 대대로 살아온 집과 논밭을 총의 위력 앞에 빼앗기고, 정든 고향에서 쫓겨난 추봉도 사람들에게는 지금까지도 너무나 생생한 기억이자 너무도 아픈 상처다.

"집터도 논밭도 전쟁이 나니, 다 우리 것이 아니더라꼬. 군인들이

'나가라' 한마디 하니, 무슨 이유나 변명도 소용이 읎어. 그냥 짐 싸서 나가야했지."

"아버지하고 어머니, 동생들은 한산도 진두지금의 한산농협 자리 소개민 수용소로 가고, 나는 할아버지하고 거제도 가배마을로 흩어져 살았어. 손 귀한 집 장손이라꼬. 혹시 아버지 쪽도, 내 쪽도 잘못되면 안 되니……."

예곡마을 정현권 소년의 가족도 1952년 추봉도에 포로수용소가 설치되면서 둘로 나누어져, 한산도 진두와 거제 가배에서 언제 끝날지 모를 소개민 생활을 시작해야만 했다.

"거제 가배에 계셨는데, 포로수용소 사정을 어떻게 아십니까?"

"가배에서 쌀농사를 지었어. 그걸 진두에 계신 아버지한테 전해주러 갔지."

"아, 가배에서 진두로 오가는 배 안에서 포로수용소가 훤하게 보였겠네요."

"일부러 고향을 조금 더 볼끼라꼬. 노 젓는 통구밍이배를 더 바짝 붙여서 지나갔지."

70년, 긴 세월이 지났다. 하지만 정현권 어른은 마치 어제의 일처럼 당시 추봉도포로수용소의 배치 상황을 종이에 그려내셨다. 여러 겹의 철조망이 둘러쳐진 포로수용소, 약 50m 간격으로 세워진 감시탑, 미군과 한국군 보초까지.

"수용소 내에서 폭동도 일어났다고 하던데요?"

"폭동도 여러 번 일어났어."

포로들은 마치 사전 약속이라도 한 듯 "와"하고 한꺼번에 고함을 소리를 질렀다. "탕, 탕, 탕!" 그때마다 총성이 울렸다. 여느 총소리와는 달랐다. 하얀 연기가 뿌옇게 뒤덮였다. '눈물개스', 지금 생각해보니 최루탄이었다. 그러고 나면 조용해졌다.

실제 추봉도에서는 폭동으로 포로들이 수십 명가량 사망하는 사건이 발생했다. 당시 언론들은 추봉도당시 봉암도 포로수용소에서 일어난 폭동에 대해 대대적으로 보도했다.

조선일보는 1952년 9월 22일 자에서 '봉암도蜂岩島의 포로捕虜 폭동暴動으로 23명 부상負傷'에 이어 1952년 12월 19일 '부상자중 3명 사망負傷者中 三名 死亡 봉암도포로사건蜂岩島捕虜事件' 소식을 타전했다.

동아일보도 1952년 12월 17일 자에서 '82명 피살82名 被殺 120명 부상120名 負傷' 이라고 보도했다.

포로수용소의 폭동은 국제적인 이슈가 됐다. 중공에서는 '포로들의 인권과 자유가 침해당했다'고 유엔에 항의했으며, 미군측에서는 '3천여 포로가 계획한 폭동'이라고 반박했다. 무엇보다 최전방 전선이 아닌 포로수용소에서 폭동이 일어나고, 이를 진압하는 과정에서 200여 명이 사망하거나 부상 입는 상황. 이는 당시 전쟁과 포로수용소가 처한 비극을 여실하게 보여준다.

* 포로수용소의 이면,
보급품 밀매매·양공주 성매매

6.25전쟁이 길어졌다. 어느새 포로를 가두고 이를 감시하는 포로수용소에서는 또 다른 이면이 생겨났다. 대표적인 사례가 보급품 밀매매와 양공주 성매매였다.

당시 미군은 '전쟁을 보급물량으로 이긴다'고 할 만큼 보급품이 넘쳐났다. 엄청난 보급품을 일일이 셀 수 없어, 아예 무게나 높이 단위로 측정했다. 포로수용소에서도 마찬가지였다.

추봉도 사람들의 기억 속에서 포로들이 옷을 벗어주는 일은 애교 수준이었다. 포로수용소가 설치된 추원에서 곡룡포마을에 작업을 나간 포로들이 옷을 여러 겹 입었다가 민간인들한테 벗어주기도 했다. 같은 동포인 한국군 감시병들은 이를 못 본 체 해줬다.

문제는 보급품 밀매매였다. '장사꾼 군인'들이 벌이는 '밀매매'가 성행했다.

"포로들이 수천 명 있었잖아. 계절이 바뀌면 새 옷을 지급해 주는 기라."

"그때 포로들 옷을 슬쩍 빼돌리는 기라."

군인들이 밤이면 민간인의 배를 빌려, 추원 선창에 배를 대고 서로 불빛으로 신호했다. 옷을 힌 가득 채운 군용 더블백들이 갑판에 수북이 쌓였다. 목적지는 통영 시내. 통영군청 아래 물량장에서 미리 대기

추봉도 포로수용소의 상황을 설명해 주시고, 징발보상신청 건의서 등 각종 자료를 제공해 주신 손귀진 어른.

하고 있던 매매상이 현찰로 구입했다.

“작고 가벼운 비누나 통조림 같은 것도 마이 가져갔다.”

실제 추봉도 포로수용소의 본부 격인 거제포로수용소에서도 군인과 포로들에게 지급된 보급품이 몰래 거래되었다. 이 물품들을 매매하는 장소를 일명 ‘도떼기시장’, ‘양키시장’이라고 불렀다. 이 물건이 흘러간 곳이 바로 영화 〈국제시장〉으로 유명해진 부산 국제시장이었다. 통영에서도 추봉도 등 포로수용소에서 흘러나온 물품으로 암거래 시장이 상당한 규모를 이루었다.

“봉암 치끝에서는 1달라를 받았지.”

“용초 진발이한산초교 용호분교 폐교 자리에서는 5달라나 10달라를 받았고.”

추봉도와 용호도에 포로수용소가 생기면서, 이웃한 본섬 한산도에는 ‘양공주’들이 하나, 둘씩 모여들기 시작했다. 양공주들을 만나기 위해, 미군들은 주민들의 배를 빌려 타야 했다. 가까운 추봉도 봉암에서는 선비가 1인당 1달러, 제법 먼 용호도에서는 5달러가 기본이었다.

“양공주들의 옷차림은 어땠습니까?”

“피난 온 빈산인들이랑 똑같아. 잘 구분이 안 돼.”

“아, 그랬습니까?”

"입에 빨간 '입칠'을 했어. 립스틱을 바린 기지. 그거 하나 달랐다."

한산도 진두마을 선착장 부근에는 10여 명의 양공주들이 주민들의 집을 빌려 기거했다. 나룻배를 빌려 타는 선비가 1달러일 때, 하룻밤 양공주 몸값은 10달러였다. 아예 달러를 우리나라 돈으로 바꿔 주는 암달러상도 생겨났다.

"1달러에 1만 환을 쳐줬지."

"하룻밤 자모 10만 환이 생기는 기라."

북한에서 피난 온 사람은 야소마을에 댄스홀을 세웠다. 밤이면 재즈 음악이 흐르고, 양공주하고 군인들이 모여 춤을 추었다. 아예 고정 멤버도 있었다.

양공주들의 처지는 저마다 달랐다. 홀몸으로 오는 이, 10살 남짓한 아이를 데리고 온 이, 북한에서 피난 온 아버지, 어머니와 함께 사는 이….

"딸 몸을 팔아서 생계를 유지하는 부모 심정이 오죽했겠노?"

"참혹한 세상이라. 그때는…."

주말이면 봉암마을 등 너머 해안가에서 '폭약'으로 물고기를 잡는 미군들도 있었다.

"그걸 먹습니까? 미군이?"

"취미 삼아 한다 캐. 무료하니까."

이름조차도 알지 못하던 나라에 와서 포로수용소의 감시병으로 근무한다는 일. 자신이 먹지도 않으면서 폭약으로 물고기는 잡는 것을 취미 삼아 하는 군인. 그들에게 전쟁은 '남의 나라 일'이었을 지도 모르겠다.

미군에게는 취미인 물고기 잡기가 한국 사람들에게는 금지돼 있었다. 큰 어선들은 북한군과의 접촉을 막고, 군인들의 이송을 위해 징발된 상황이었다. 작은 배들도 엄격하게 관리했다. 바다에 조업을 나가지 못하는 섬 사람들은 배가 너무 고팠다.

* 배고프고 서글펐던 섬에서 쫓겨난 사람들

"우리 가족은 쫓기 났지. 고개 너머 사람들은 안 쫓기났고…."

"배가 고팠다. 배가. 톳밥을 묵으모, 똥으로 나오는기라."

추봉도에는 4개 마을이 있었다. 추원과 예곡 2개 마을에는 포로수용소가 설치되면서, 주민들이 강제 소개되었다. 바다를 두고 서로 마주보고 있어, 포로의 동태를 감시하기에 유리했다. 반대로 산으로 시야가 막힌 봉암과 곡룡포 2개 마을은 제외되었다.

포로수용소 설치 여부에 따라 같은 섬이라도 4개 마을 주민들의 운명이 서로 엇갈렸다.

"그대로 살게 해달라"고 군인들에게 사정도 해보고, 애원도 해보았지만 소용이 없었다. 결국 추원과 예곡 사람들은 한산도 본섬 입정포와 진두로 보내졌다. 이웃 섬 용호도 사람들 역시 한산도 옷바위의암–야소 사이와 맬개하포로 강제이주 당했다.

주민들이 거주할 수용소조차 변변치 않았다. 통영엔 한겨울에도 기온이 영하로 잘 내려가지 않는데, 1952년 겨울에는 눈까지 내렸다. 급히 친 군용 막사 아래, 여러 집 식구들이 오들오들 떨며 새우잠을 자야 했다. 유난히도 춥고 배고픈 겨울이었다.

얇은 판자로 지붕과 벽체를 붙인 판잣집 수용소가 만들어진 것은 한참 후였다. 그 역시 겨우 비나 눈을 피할 정도였을 뿐. 한겨울 살을 에는 한기를 막지 못했다. 그래서 피붙이가 있는 주변 섬의 친척집으로 떠나가는 사람들도 있었다.

"국민학교가 있던 창동 옆에 장골장곡에 외갓집이 있었어. 천막생활보다야 안 나았겠나."

강기재 통영예총 회장은 친척집에 살던 소개민들도 진두 등에 판잣집이 만들어지면서 대부분 판자촌으로 모여들었다고 기억했다. 제일 큰 이유는 '배급'이었다.

1952년 봄에 쫓겨난 사람들은 1953년 봄이 되자, 가족들 먹일 보리 한 톨 조차 남아 있지 않는 실정이었다. 전쟁 중이니 경제는 마비상태였다. 돈을 벌 방법도 거의 없었다.

하루하루 가족들 '배 골리지 않게 하는 것'이 제일 중요한 과제였다. 당시 미국에서 원조한 밀가루와 우유가루를 배급받는 일이 사실

식량 배급을 타기 위해 줄 선 소개민들. ⓒ서울대학교 사회발전연구소(전갑생)

상 유일한 식량 확보 방법이었다. 판자촌에는 식량 배급을 받기 위해, 아이를 업은 어머니들의 줄이 길게 늘어서 있었다.

"기름 도라무드럼통 200리터짜리 있제. 그기에 한 가득 우유가루가 들어 있어. 그걸 바가지로 퍼 주는 기라."

문제는 그 우유였다. 허기를 달래고 영양분을 공급받기 위해 이 우유를 먹기는 먹어야 했는데, 밥 위에 올려 찌면 '돌덩어리'가 됐다.

"엄청나게 여물아. 잇빨로 씹기도 에려봐. 그래도 우찌 우찌 묵었지. 살아야 된 께. 우유를 가루 채 묵으모 입 주변이고 온 얼굴이 허옇게 되고…….”

그야말로 초근목피로 연명하던 시절이었다. 산에서 쑥 같은 나물을 뜯고, 바닷가에서는 톳 같은 해초를 뜯었다. 쑥버무리나 보리개떡을 먹은 날은 손가락으로 꼽을 정도였다.

“식구는 많지. 밥량은 적지. 어무이가 우짜든지 밥량을 늘리볼 끼라꼬, 톳밥을 하시는 기라. 그걸 묵은 날에는 거진 톳이 똥으로 나와삔다. 금새 배가 고파지고. 그런 세월을 살았다.”

판자촌의 시설도 형편이 없었다. 40~50m 길이의 판자촌은 좁은 집 한 칸에, 두 세 가족씩 입주토록 했다. 3대가 함께 살던 시절이라, 최소 7~8명, 10명이 넘는 대식구가 기본이었다.

“그것도 집이라꼬, 방도 있어야 하고, 부엌도 있어야 하잖아? 아이고, 비좁아도 우찌 그리 비좁던지…. 벽이라꼬 붙인 판자는 우찌 그리 얇은 지. 겨울이모 한기가 그대로 들어오는 기라. 가족들이 서로 껴안아서 그 체온, 그 온기로 버텼다. 그 시절을….”

1953년 7월 27일, 휴전 협정이 체결되었다. 하지만 자신들의 마을로 돌아온 사람들은 망연자실할 수밖에 없었다. 조상 대대로 살아온 집이나 논밭이 흔적도 없었다. 포로수용소의 형체만이 남아있었다.

어떻게든 집을 다시 짓고 농토를 복구해야만 했다. 하지만, 주민들이 가진 것은 곡괭이와 호미뿐이었다.

"포로수용소 막사가 전부 그 여문강한 몽돌에다 시멘트를 발라서 만든 기라. 도로도 마찬가지고. 바닥이든 벽체든, 그게 깨지겠나?"

몽돌이고 시멘트를 깨서 집터와 밭터를 복구했다. 장갑 한 장 없었다. 맨손, 맨주먹뿐이었다. 노인부터 어린애까지 손이 부르트지 않은 사람이 없었다. 멍이 들었다가, 피가 터졌다.

추원, 예곡 사람들은 피나는 노력을 기울여 마을을 복구해 나갔다. 그러고도, 농토에서 다시 곡식이 여무는 데는 6~7년이 더 걸렸다. 그 시간을 톳밥과 쑥버무리, 강냉이죽으로 연명해야 했다. 다시 보리가 나서, 처음으로 보리밥을 해 먹던 그 감격을 잊지 못한다.

"전쟁이 끝났으면, 이제 보상을 해줘야할 거잖아?"

6.25전쟁 중에는 어쩔 수 없었다지만, 전쟁이 끝났는데도 주민들의 강제 이주, 가옥과 전답의 징발에 대한 정부 차원의 보상 논의가 없었다. 참다못한 주민들이 들고 일어났다.

추봉도 추원과 예곡마을, 이웃섬 용호도 용초마을 주민들은 마을별로 대표를 선정하고, 제8대, 14대 한산면장을 역임한 김석계를 위원장으로 하는 '징발보상신청 추진위원회'를 결성했다. 당시 〈건의서〉, 〈탄원서〉 내용을 요약하면 다음과 같다.

건의서

1952년 6월 16일부터 마을 주민들의 원주지原住地 전면을 무조건 징발하여 포로수용소를 설치코 1955년 3월 2일까지 2년 7개월 간에 그 포로수용소의 사명을 종결했던 것입니다.

당시의 경위와 절차야말로 군사상 부득이하였을 것이나 현대법치사회에서는 있을 수 없는 비민주적 방식으로 원주민 철거 엄명을 나리는 한편 동력動力으로 산붕지찰 공사山崩地擦 工事를 전개하고 전체 가옥을 방화 소각하였습니다.

불시에 걸인화乞人化되어 유리전전流離輾轉타가 비위생적이나 정부에 의한 공동수용소가 마련되어 노숙생활은 모면되었습니다.

생명선인 농토와 어장터를 인력으로 복구하고자 남녀노소가 착수하였으나 '세멘시멘트'으로 만들어진 군사시설을 농경지로 전환하는 것은 너무도 힘들었습니다. 도서민의 영달과 발전은 오직 어업에 달렸으나 선창고船倉庫 없는 어업은 영위할 수가 없습니다.

이에 아이들은 중고등, 대학이 아니라 국민학교國民學校 진학마저 불가한 현대사회에서 볼 수 없는 비참한 낙오자가 되었습니다.

우리는 아전인수를 취하려는 것도 아니옵고, 응분의 보상조치가 있사옵기를 삼가 건의하나이다.

* 포로수용소 흔적을 찾자

추봉도 주민들의 보상 요구는 정부로부터 지금까지 60년 넘게 외면됐다. 그 사이 힘겨운 세월을 살았던 아버지, 어머니들은 한 분 두 분 돌아가시기 시작했다. '포로수용소 흔적을 기록하고 자료를 찾자'는 새로운 움직임이 일어났다. 그 중심에 최재형 용호도 포로수용소 복원 추진위원장과 전갑생 서울대학교 사회발전연구소 연구원이 있었다. "사람 키보다 높게 자란 잡초를 헤치고 유적들을 찾아다녔죠."

전갑생 연구원과 최재형 위원장은 이미 섬 사람들의 발길이 끊은 곳을 '밀림' 헤치듯 찾아 들어갔다. 하나둘씩 포로수용소의 존재를 증명해주는 유적들이 모습을 드러내기 시작했다. 추봉도에서도 포로수용소 1구역 정문, 사령부 건물터, 차량정비소, 2구역 저수지댐를 찾아냈다. 용호도에서는 '1952年 新設'이라고 적힌 포로수용소 건립 표지석과 '악질포로 감옥'이라 불리던 배급저장소의 존재를 확인하였다. 미국 국립기록관리청NARA을 비롯해 일본과 영국 등에 산재한 포로수용소 자료도 확보해 나갔다. 추봉도 손귀진 어른도 평생 간직해온 〈1964년 징발보상신청추진위원회의 건의서〉, 〈탄원서〉, 〈1965년 징발해제증〉 등의 자료를 제공했다.

이웃한 섬이지만 추봉도와 용호도는 포로수용소의 성격이 서로 달랐다. 추봉도는 공식 명칭이 '봉암도 민간인 억류자 수용소'였고, 용호도는 '용호도 전쟁 포로 수용소'였다. 추봉도에는 의용군이나 징집

추원과 예곡마을에 들어선 포로수용소. ©미국 국립기록관리청(NARA), 서울대학교 사회발전연구소(전갑생).

자들을 포함한 민간인 억류자들이 많았고, 용호도에는 전쟁 포로, 특히 하사관 이상 장교들의 비중이 높았다. 양쪽 섬에 남아있는 유적도 다르다. 추봉도에는 포로수용소의 지휘, 감독 관련 시설들인 사령부 건물터와 차량정비소 같은 시설이 용호도에는 포로의 수용과 관련된 집수정, 배급저장소, 수형동 같은 시설들이 남아있다. 즉 감시와 수용 시설로 서로 상호보완이 되는 셈이다.

거제도 포로수용소와 다른 성격도 있다. 1953년 7월 27일 휴전 협정이 체결되면서, 추봉도와 용호도는 북한에서 포로가 됐던 국군들을 가둔 '국군귀환포로수용소'가 되었다. "이제 조국의 품으로 돌아왔다"는 안심과 기쁨도 잠시, 북한에서의 생활을 조사하여 영창C급을 보내거나 제대A급나 원대 복귀B급시킨다는 소문이 돌았다. 귀환한 국군포로들의 자살이 줄을 이었다. 다시 지옥과 같은 공포의 섬이 된 것이었다. 전쟁의 참상을 보여주는 유적과 주민들의 증언에 이어, 북한군과 한국군 포로를 동일한 장소에 수용했다는 자료는 전 세계 연구자들의 관심을 받게 되었다. 적군과 아군을 동일한 포로수용소에 수용한 사례는 세계 전쟁사에도 매우 드물다.

전갑생 연구원은 2021년 통영시로부터 공식 의뢰를 받아, '추봉도 용호도 포로수용소 종합 정비계획'을 수립하고 있다. 포로수용소는 전쟁의 참혹함과 평화의 필요성을 알리고, 주민들의 한恨을 희망으로 바꿀 예정이다.

* "우리를 살려준 바다, 해초海草 장사"
정현권 · 진찬연 부부

6.25전쟁을 치른 후, 마을로 돌아온 추봉도 사람들은 포로수용소의 폐허 속에서 흔적조차 남지 않은 집과 논밭 자리를 보면서 망연자실하였다. 그대로 주저앉아 있을 수는 없었다. 당장 하루하루 '먹고 살기 위한 제2의 전쟁'을 치러야 했다.

다시 보리를 심고, 고구마를 길렀다. 마늘 농사로도 제법 이름이 났다. 하지만, 밭농사로는 부족했다. '자식만큼은 우리처럼 헐벗고 굶주리면서 살게 하지 않겠다'는 각오를 현실로 바꾸어주는 방법을 찾아야 했다. 그래서 섬 주변에 넓게 펼쳐진 바다에 주목했다.

정현권, 진찬연 부부도 바다에서 살길을 찾았다.

"큰마음 먹고 언니한테 돈을 빌렸어. 그래 갖고 해초海草 장사를 시작했어."

1960년 남편이 군대를 가면서, 가장이 된 진찬연 어무이는 '톳 장사'를 시작했다. 거제 남부면 등생이끝대포마을 서남쪽 치끝에서부터 추봉도 해안까지 톳밭을 샀다. 여기에서 '샀다'는 말은 '관할권'을 가진 마을로부터 톳 등을 수확할 수 있는 권리를 입찰 받았다는 의미이다.

"톳밭 3년치를 사서, 1년 톳 장사를 하면 2년 치가 돈이 남는 기라."

"일본으로 톳이 엄청나게 수출되던 때라. 여수에서 돈 가방을 들고

추봉도와 죽림에서 겪은 6.25전쟁 이야기를 해주신 정현권·진찬연 부부.

사러 왔다."

돈이 생기는 족족, 우선 섬마을 사람들에게 '전도금'부터 주었다. 톳을 뜯어 오기 전에 돈부터 먼저 지급하는 방식이다. 당장 먹고 살기 위해, 자식 공부시키기 위해 돈이 급하던 시절이니 마을 사람들에게도 '가뭄의 단비'처럼 반가웠다.

안도안쪽 섬에서 나는 짧은 톳은 '통영나물밥' 재료라 설 명절에 수요가 많아서 설 전에 비고베고, 밧도바깥 섬에서 나는 길이 1m 남짓한 긴 톳은 보리나작 무렵에 비었나베었다. 긴 톳은 말려서 여수 가공공장에 보내면 일본으로 수출됐다.

정현권·진찬연 부부의 아들 정창남 씨.

통영의 섬과 별을 그리는 화가이다. 그가 그리는 그림의 원천은 어릴 적 할머니 무릎에 누워 바라본 추봉도에서 빛나던 별이다. 전복 껍데기로 만든 별이 동피랑, 통영항, 미륵산 위에서 빛나고 있다.

톳 양식도 시도했다. 원래 톳은 바닷물이 들고 나는 갯바위에서 자란다. 그러니 성장 기간이 짧다. 실을 사와서 톳을 꿰어서 바닷물 속에 담갔다. 기간도 길어지고, 실을 당기면 물때와 관계없이 언제든 수확이 가능했다.

남편이 제대하면서 본격적으로 '마산 장배馬山 場船 장사'를 시작했다. 톳에서 시작해서 우뭇가사리, 까시리가사리 파래, 미역에 이르기까지 바닷가 갯바위에서 나는 해초를 현지에서 사서, 마산장에 가서 팔았다.

예곡마을 북드럼치에는 우뭇가사리가 많이 나고, 수시수수밭나래 붉은 바위쪽에는 서실이 잘 길었다. 목 너머 몽돌밭에는 억새나 소사나무로 발을 만들어 깔고 미역을 말렸다.

추봉도 망산에서 보이는 거제 일대 해안과 마을에서도 해초를 수집했다. 남부면 저구 미나리기미, 근포, 대포 일대에는 가사리 섞인 파래가 많이 생산됐다. 당시에는 육상 교통은 형편이 없고 여객선이 하루 한번 들어가던 시절이었다.

"통영 장이 가까울 낀데, 왜 마산 장으로 왕복을 다녔십니까?"

"가격 금이 훨씬 높았어. 곱빼기 장사이기도 했고."

1970년대 마산에 수출자유지역이 들어서면서 수산물과 농산물 수요가 폭발적으로 늘어났다. 마침 섬마을에도 전기가 공급되면서, 마을 사람들은 마산에서 저렴하게 구입할 수 있는 전자제품 구매를 부탁했다. 톳 같은 수산물을 사다가 마산 도매상에게 팔면 이익이 남

척박해져 버린 땅에서 억척스럽게 논과 밭을 일구어 밥벌이를 해온 추봉도 주민들.

고, 전기밥솥이며 전구 같은 전자제품을 사서 섬 사람들한테 팔면 역시 이문이 생겼다.

"수산물을 마산에 내다 팔 때는 이익을 많이 남기지. 전자 제품은 우리 섬 사람들이니 이문을 조금만 남기고. 너도나도 우리 배를 이용했지. 우리 집도 좋고, 섬 사람들도 좋고."

하지만 추봉도에서 마산 장으로 오가는 뱃길은 결코 만만치 않았다.

"요기에서 출발하모 좌도를 지나서 비산도 옆 아지랑이를 돌아. 거제 어구 앞을 지나면 견내량 다리가 보여. 그 밑으로 해서 성포-가조도 사이로 지나가모 괭이바다라. 그 넓은 바다를 지나모 설칭이라꼬, 당시 마산 구산면이라. 그길 돌모 마산 개구석이 보이는 기라."

추봉도에서 마산까지 가는데 4시간, 돌아오는 데 4시간이었다. 특히 '괭이바다'는 결코 만만치 않았다. 4시간 가운데 가조도에서 설칭이까지 1시간 직코스, 넓디넓은 바다였다. '지칫바람'이라고 갑자기 부는 바람을 만나, 죽을 고비를 넘긴 적이 한두 번이 아니었다.

"괭이바다 한 가운데서 지칫바람을 만난기라. 파도는 배 위로 자꾸 넘어 올라오고, 배는 물 밑으로 자꾸 들어가고…. 딱 죽게 생겼더라꼬. 바람이 앞바람인데, 배가 한치 앞으로 못나가. 정신을 바짝 차렸지. 뱃머리를 바람 방향에서 비스듬하게 하니, 조금씩 옆으로 가져."

"구산면 어느 섬인지도 모리겠다. 멸치 잡는, 권현망 큰 배들이 바람을 피해서 쉬고 있더라꼬. '아이고, 그 바람에 우찌 살아왔십니까?' 하더라꼬. 그제야 살아난 게 실감이 나더라."

그날 하루뿐만이 아니다. 괭이바다를 넘다가 죽을 고비를 넘긴 게 한두 번이 아니었다. 그래도 추봉도와 마산 장을 수십 년 장배로 오고 갔다.

"우리 자슥들, 딸 셋, 아들 둘 모두 대학 공부를 시켰다. 해초 덕분이었다."

漁期を前に
鎭海水組總會
十六日花月に於いて開く

지도종이섬⌒⌒

대구가 마이 날라카모 날이 대기 춥어야 해. 옷이 얇아서 그랬는가

허들시리 춥었어. 날이 춥어야 대구가 마이 나는 기라.

뻿진에 얼음이 깡깡 얼고 갑은 대구도 낑낑 얼고.

일러두기

종이섬의 공식 명칭은 지도이다. 마을 사람들이 지도보다는 종이섬이라고 부르기 때문에 이 책에서는 종이섬으로 표기한다.

지도종이섬

＊ 종이섬의 정겨운 이름들
"새바지 · 갈바지 · 걸망"

종이섬은 지도紙島의 우리말 이름으로, 통영에서 거제로 가는 길목인 거제대교의 왼쪽에 있는 섬이다. 육지인 용남면 적촌선착장에서 배로 10분 남짓이면 도착하는 가까운 섬이라, 이웃하는 물섬水島, 수도과 어의도를 연결하는 징검다리 역할을 해왔다.

새바지동부, 갈바지서부, 갈망 3개 마을이 있을 정도로 큰 섬인데, 새바지마을에서는 거제 성포와 가조도 옥녀봉이 한눈에 보일만큼 거제와도 가깝다.

지양규 전 새바지동부마을 이장은 섬마을에서 촉망받는 인재였다. 종이섬에서 배를 타고 육지로 나와, 다시 버스를 타고 통영고등학교를 다녔다. 그리고 부산에서 대학까지 나와, 서울에서 직장생활을 했다.

조선 후기, 통영 견내량을 기준으로 경상도 남해안 12개읍을 동도(東道)와 서도(西道)로 나누어 세금을 징수한 데에서 오늘날 동바다와 서바다가 유래됐다. ⓒ서울대학교 규장각 한국학연구원

그런데, 섬에 홀로 계신 어머니가 건강이 나빠지자, 홀어머니를 봉양하기 위해 섬으로 돌아온 효자였다. 젊은 사람이 귀향했으니, 어른들이 "마을 일도 좀 해달라"고 이장직을 맡겼다.

근 20년 가까이 이장을 하면서, 섬에 대한 공부도 하고, 종이섬을 알리는 데도 앞장섰다.

"지씨池氏가 많이 살아서 지도인가요?"

지양규 전 새바지동부마을 이장에게 종이섬 지명의 유래를 물었다. 지양규 전 이장은 물론 새바지 마을에서 만나는 이들 상당수가 충주 지씨忠州 池氏이니, 설득력 있는 질문이다. 그보다는 동서양에 공히 전해지는 홍수 설화가 지도의 유래로 더 설득력 있다는 설명이다.

"옛날 옛적에 큰 홍수가 사흘 밤낮으로 났다고 해요. 남해안 온 바다에 물이 차올랐는데, 우리 섬 산꼭대기에 '참종이 한 장' 깔고 설 자리 만큼만 육지가 남았다고 하대요."

참종이 한 장에서 유래된 이름 종이섬, 지도紙島. 지양규 전 이장을 비롯해 마을 사람들은 해마다 봄가을 해치나들이 겸 잔치를 가고, 학생들과 소풍 가던 '꽃밭등'과 산꼭대기 여러 곳에서 패총처럼 굴 껍데기가 보여서, 이 유물을 큰 홍수가 났을 때의 유적이라고 믿고 있다.

아직도 지도紙島라고 부르기 보다는 '종이섬'이라는 이름이 더 익숙하단다. 그래서 3개 마을 이름도 여전히 우리식 이름으로 부른다. 동부마을은 '새바지', 서부마을은 '갈바지', 그리고 거망마을은 '걸망'이다. 지양규 전 이장이 마을 이름의 유래를 설명해 주었다.

"동쪽에서 부는 바람을 샛바람이라 하고, 서쪽에서 부는 바람을 갈바람이라고 해요. 샛바람이 불어오는 마을이 새바지, 갈바람이 불어오는 마을이 갈바지죠. 어업에 명운을 거는 섬에서 바람이 사람들의 운명을 정하죠. 그래서 바람 부는 방향에서 마을 이름을 딴 거죠."

동쪽 새바지와 서쪽 갈바지마을의 가운데에 걸망마을이 있다. 스님들이 가지고 다니는 큰 주머니를 '걸망'이라고 부르는데, 실제 마을 주변 형세가 바닷물이 깊숙하고 둥그렇게 들어와 꼭 걸망처럼 생겼다.

"걸망을 '거망巨望'이라고 표기해요. '옛날에 큰 어장이 있었다'고 하기도 하고, '앞으로 크고 잘 되길 바라는 마음'을 담았다고도 하네요."

뭍에서는 집성촌이 대부분 해체되었는데, 종이섬에는 그 흔적이 남아 있다. 한 마을에 한 집안씩 자리 잡았다. 새바지 마을에는 충주 지씨가, 갈바지에는 나주 나씨가, 걸망에는 은진 송씨가 자리 잡았다. 통영동중학교를 설립한 송병문씨 일가가 은진 송씨의 대표격이다.

같은 섬이라도 동쪽과 서쪽의 어업이 다르다. 새바지 충주 지씨들은 도다리 잡는 자망어업을 많이 하고, 갈바지 나주 나씨들은 미더덕 양식을 많이 한다.

'망고강산' 세 어무이를 만난 곳은 걸망거망 마을회관이었다. 2008년, 13년 전으로 인연이 거슬러 올라간다. 지금이야 섬마다 민박이며 펜션들이 넘치지만, 당시에는 숙박시설이 없어서 손님을 맞는 섬 사람들은 마을회관에서 잠을 재워주곤 했다.

* '망고강산' 세 어무이와의 하룻밤

'망고강산 세 어무이'라고 부르는 김둘개, 김형련, 김영이 세분의 어머니는 그날 밤 마을회관에 묵은 손님 대접도 하고, 심심풀이 파적 차 찾아오셨다. "섬에 묵을 끼 읎다"면서도 손수 바닷가 바위에서 따온 싱싱한 굴과 담근 김치를 정성껏 내놓으셨다.

마침 마을회관의 냉장고를 여니 '망고주스'가 들어 있었다. "구아바 구아바 망고를 유혹하네~"라는 CM송이 유행하던 때였다. '망고주스' 병을 꺼내든 김영이 어무이의 재담이 시작되는 순간이었다.

"이놈을 보니, 망고강산 노래가 딱 떠오리네. 망고~강산 유람할 제~."

김영이 어무이가 '만고강산 유람할 제'로 시작하는 '만고강산' 타령을 '망고강산'으로 개사해서 흥겹게 타령조로 부르셨다. 김형련 어무이는 장단에 맞추어 박수를 치시고, 김둘개 어무이는 웃음을 참으시느라 연신 손으로 입 주위를 가리셨다.

종이섬으로 시집와서, 서로를 동무삼아 함께 살아온 지 40~50년, 세 어무이의 호흡이 착착 맞았다. 그날 밤, 망고강산으로 시작된 타령은 밤이 깊게 이어졌고, '망고강산 세 어무이'라는 별명이 그렇게 생겨났다.

"내가 동영상에 냉기 오는 이야기 하나 해 줄까?"

"네, 좋지요."

김영이 어무이는 종이섬에서 통영장으로 가고 오는 길에서, 보고 들은 지명을 응용해서 새로운 타령을 뚝딱 지어내셨다.

종이섬 가서 종이 사고, 쌀섬 가서 쌀 사고
성주섬 가서 성주 붙여서, 사발개 가서 사발 사고
폿골 가서 폿 사고, 죽섬 가서 죽을 사서
홀리골에서 호올짝~~~

김영이 어무이 〈통영장 나들이〉

쌀섬은 싸리섬으로, 대구어장이 있던 축도丑島를 말하고, 사발개는 종이섬에서 육지로 오가는 나룻배가 닿는 곳으로, 지형이 꼭 밥 먹고 술 마시는 사발처럼 생긴 곳이다. 특히 "홀리골에서 호올짝~~~" 하실 때는 능수능란함이 일류 명창 못지않다.

처자 애기 자는 방에 숨소리가 둘이 나네
천대복산 울 오라버니, "그런 말씀 하지 마소"
하늘 바람이 내리불어 문풍지가 떠는 소립니다.

김영이 어무이 〈문풍가〉

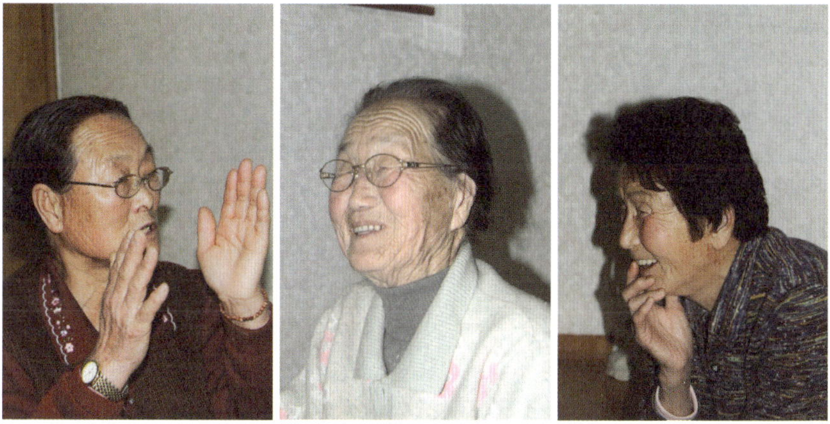

김영이 어무이, 김둘개 어무이, 김형련 어무이.

오라버니가 "방에 숨소리가 둘이 나네" 의심을 하니, 여동생이 "거짓말일랑 하지 마소. 바람이 불어서 문풍지가 떠는 소리"라고 답하는 장면이란다.

김영이 어무이의 타령이 혼자였다면 무슨 재미가 있을까? 김영이 어무이의 만담에, 김형련 어무이의 안성맞춤 추임새, 그기에 맏이격인 김둘개 어무이의 넉넉한 웃음이 어우러져, 밤이 늦도록 마을회관에 흥이 넘쳐났다. 마침 일행 중에 유용문 통영오광대 이수자가 있어, 그의 장구 장단까지 더해지니 타령과 만담이 끝도 없이 이어졌다.

망고강산 세 어무이와의 하룻밤, 그 추억은 참으로 오랫동안 기억이 나고, 여운이 남았다. 그래서 책을 쓴다는 핑계로 어무이들을 뵈러 갔다.

대장격인 김둘개 어무이는 잠을 주무시는 사이, 먼바다를 건너셨단다. 김형련, 김영이 두 어무이가 걸망마을에서 반기신다. 김영이 어무이께 그때 그 노래 '망고강산'을 청하자 흔쾌히 한 자락을 불러 주신다. 여전히 사설이면 사설, 소리면 소리, 못하시는 게 없다.

종이섬 재담꾼 김영이 어무이를 뵐 때 마다 장모님 생각이 난다. 머리카락에 동백기름을 발라 쪽을 진 머리에, 옥비녀를 꽂은 모습이 생전 장모님과 닮았다. 험한 밭일이며, 장사로 자식 넷을 키우신 여장부로서의 삶 또한 비슷했다. 처음 뵌 날 버선발로 뛰어나와 사위한테 씨암탉을 잡아주시고, 일흔 나이에도 통영에서 제일 높은 미륵산을 고무신을 신고 오르시던 여장부셨다. 그래서 김영이 어무이의 음성 하나, 몸짓 하나가 마치 생전 장모님을 보는 듯하다.

그때는 못 물었던, 김영이 어무이가 노래를 잘하시는 사연에 대해 물었다.

젊은 날 큰 약방에서 마시는 물약과 둥글둥글한 환약, 붙이는 고약을 도매로 떼어다가, 통영과 거제 일대를 돌며 소매로 팔면서 익힌 솜씨란다.

"약을 폴러팔러 들어갈 때는 힘을 내 볼끼라고 노래를 부리고, 약이 안 폴리모팔리면 맥이 탁 빠진 깨 힘을 내볼라꼬 노래를 불렀지. 그리 한 세월을 살았다."

인근 물섬, 어의도 같은 통영 섬은 물론이고 가조도, 칠천도 같은 거제 섬으로 만고강산 타령처럼 '산천유람'을 잘 다니셨단다. 젖먹이 아이를 업고 큰재를 넘어, 몇 십리 통영장으로 섬의 갯것들을 팔러 다녔다. 그리고는 돌아와 또 조개를 파고, 해삼을 잡았다.

"학교꾼이 넷이라. 딸 셋에 아들 하나."

서른일곱 남편이 먼저 가고, 서른넷에 혼자가 되었다. "죽상을 하고 있어봐야 도와줄 사람이 누가 있노? 노래를 부리모 마음이 한결 좋아지는 기라."

종이섬과 뭍을 연결하는 지도호가 쉬는 날이면 거제 성포에서 통영 어의도, 수도를 운항하는 도선이 지도로 들어온다. 그럴 때면 이웃 섬 사람들이 "반갑다"며 방물장수 김영이 어무이에게 노래를 청한다. 타령을 더 듣고 싶은데, 10분 남짓한 짧은 뱃길을 늘 아쉬워한다고.

이제는 학교꾼들도 다 키워서 시집 장가를 다 보냈는데, 2일과 7일 통영장에 꼭 나가신다.

"아무 것도 폴 끼 없어도 내사 통영장에 간다. 믹스 커피 몇 잔씩을 돌린다. 그라고 노래 부리고 흥이 나모 여럿이 춤도 추지."

김영이 어무이만 그러할까? 통영 전통시장에 오시는 어무이들이 꼭 무언가를 팔러 오시는 것보다 이제는 서로의 얼굴을 보고, 안부를 묻고, 커피 한잔이라도 같이 마시면서 '정情'을 나누시려는 것일 거다.

* 박경리 소설 『김약국의 딸들』과 종이섬 대구어장을 찾아서

"작년에도 대구어장이 글렀는데 금년에도 그래선 낭패 앙이가."

"어장애비들 대구어장 내리놓고 애가 타겄다." (중략)

"대구어장이 잘 돼야 어장애비도 좋고 술장사도 좋고 우리도 좀 벌어묵고 살기 앙이가." (중략)

대구가 날 철이면 수백 마리씩 사들여 일꾼을 얻어 한 섬들이 독을 몇 개씩 놓고 대구를 딴다. 그리하여 독에는 알, 아가미를 각각 따로 넣어 젓을 담그고, 대구는 말려서 통대구를 만든다. 이밖에 약대구라 하여 알을 빼지 않고 온통으로 소금에 절여 말렸다가 여름에 내기도 한다. 이 장사는 곱으로 남는다.

통영 출신 소설가 박경리의 출세작인 1962년 작품 『김약국의 딸들』에는 거제가 아니라, 통영 종이섬 대구어장이 비중 있게 등장한다. 『김약국의 딸들』에서 주목한 '종이섬 대구어장'은 어디일까? 작가가 상상으로 만들어낸 허구의 장소일까? 아니면 실제로 존재했던 곳일까?

소설 『김약국의 딸들』이 세상에 나온 지 60년이 지났다. 그 세월 동안 '종이섬 대구어장'은 얼마나 변했을까? 기대감을 안고, 종이섬으로 들어갔다.

"통영 판장으로 바로 폴로 갔다. 섬에는 대구 어장막이 읎었다."

"내 나이 올해 칠십인데, 기억에 읎다"

한 번, 두 번, 세 번……. 오히려 섬에 들어갈수록 미궁迷宮에 빠지는 기분이 들었다. 어떤 어른은 대구 어장막이 아예 없었다고 하시고, 어떤 어무이는 "저기 큰 기와집이 어장막 아이었겠나?"하고 추측만 하셨다. '분명 있었을 텐데…' 속만 새까맣게 타들어갔다.

"우리 친정아부지가 대구어장을 안 했나."

종이섬에 다섯 번째 들어간 날 지순덕 어무이를 만났다. 1944년생인 지순덕 어무이는 어릴 때 기억을 더듬어 종이섬 새바지마을 바닷가에 있었던 친정아버지故 지영만의 대구 어장막에 대해 설명해 주셨다.

"주로 오데서 잡았십니까?"

"새바지선창에 서서 바로 앞에 거제 성포하고, 가조도 옥녀봉이 보이제? 그 너머가 괭이바다라. 대구가 억수로엄청나게 났다. 가조도 옥녀봉에서 훤하게 보이는 괭이바다 여러 곳에 대구 잡는 주복 그물을 설치했지."

오늘날 대구하면 진해 용원항과 거제 외포를 연상시킬 만큼 가덕도 대구와 진해만 대구가 경쟁을 벌이는 추세다. 낙동강의 민물과 쿠로시오 난류가 처음 만나는 곳이 가덕도 인근이고, 통영 쪽으로 더 들어오면 진해만이다.

흔히 진해라고 하면 군항도시 진해, 벚꽃축제 도시 진해를 떠올리기 쉽다. 그래서 진해만이라고 하면 오늘날 진해 앞바다로 오해하곤 한다. 그런데, '바다를 제압한다'는 같은 이름을 가진 진해鎭海는 조선

바닷바람에 말라가는 대구.

시대에는 전혀 다른 곳에 있었다. 그러니, 진해만도 다른 바다다.

조선시대에는 통영과 마산 사이에 진해현鎭海縣이 있었다. 그 흔적이 진동鎭東이라는 이름으로 남아있다. 통영에서 완행 시외버스를 타면 고성과 배둔에 정차하고 진동 정류장에 선 다음, 마산에 도착했다.

그 진동 일대를 중심으로 진해현이 있었다. 그러니, 진해만鎭海灣은 가덕도와 거제도를 입구로 진동진해현과 고성, 통영을 빙둘러, 엄마의 자궁과 같은 모양새를 이룬 바다다.

진해만에서 태어난 대구는 저 멀리 북태평양까지 갔다가 11월말부터 이듬해 2월까지 동해안을 따라 내려와 가덕수로를 통해 진해만 엄마의 바다로 돌아왔다.

"대구가 마이 날라카모 날이 대기매우 춥어야 해. 옷이 얇아서 그랬는가, 허들시리 춥었어. 날이 춥어야 대구가 마이 나는 기라. 뱃전에 얼음이 깡깡 얼고, 잡은 대구도 깡깡 얼고."

"동네 분들이 '통영 판장으로 바로 폴로 가서, 어장막이 읎었다' 카던데요?"

"그 사람들이 나보다 에리다어리다. 그래 갖꼬 못 본기다."

그동안 애타게 찾아 헤매던 종이섬 대구어장막은 새바지 마을 끝자락에 있었다. 지금은 굴양식장의 어장막으로 사용하는 곳, 그곳이 바로 지순덕 어무이의 친정 대구어장막 자리였다.

대구가 잡히면 어장막에서 간단히 손질을 하고, 친정집 마당에서 말렸다. 그래서 친정집 마당이 엄청나게 넓었다. 대구가 얼마나 많이 잡히던지, 친정 마당으로 모자라, 주변 논밭에도 대구를 걸어 말렸다.

"그때는 돛단배라 돛단배. '통통통' 하는 발동선도 안 나올 때라. 배가 어장막에 다으모, 통대구는 바로 통영으로 폴로 가는 기라. 건대구는 어장막에서 창시를 빼내고 지게로 지고 와서 친정집 너린넓은 마당에 널었지."

마치 전봇대처럼 길고 굵은 장대를 세우고 빨랫줄에 옷감 널 듯, 대구를 줄줄이 널어 바닷바람에 말렸다. 그때는 공기도 좋고, 바다도 깨끗했으니, 얼마나 잘 말랐을까?

"도둑 앵고고양이가 많았다. 대구 살이 쪼깸조금 뜯기기라도 하모, 큰일 나는 기라. 값이 확 떨어진깨나. 언니하고 내하고, 동생하고 셋이서 도둑 앵고헌테서 대구 지킬끼라꼬 눈을 못 뗐다. 그 기억이 제일 나."

당시에도 몸값이 비싼 대구였다. 살에 상처가 조금만 나도 값어치가 떨어졌다. 대구어장막 주인집 어린 딸들의 가장 중요한 일이 도둑 고양이를 감시하는 일이었다. 언제 급습할지 모르는 고양이로부터 귀한 대구를 지키기 위해 덕장을 수시로 바라본 기억이 가장 선명하다.

"도둑 앵고가 왜 많으냐? 우리가 그때 피난굴을 파놨거든."

일제강점기 말부터 6.25전쟁 기간 동안 미군의 비행기 폭격이 잦았다. 그래서 밤이 되면 창밖으로 불빛이 새어나가지 않도록 검은 보자기나 이불로 막았다. 그래도 만약 종이섬이 점령되면 가족 단위로 숨기 위해 피난굴을 파놓았던 것이다.

지순덕 어무이의 기억 속 '도둑 고양이' 덕분에 아버지가 언제쯤 대구어장을 경영했는지를 유추할 수 있었다. 광복 이후부터 6.25전쟁을 거쳐 1960년대까지였다.

"앵고도 앵고지만, 짓궂은 동네 오빠들 때문에도 애를 마이 태았다."

"왜요?"

대구의 살과 창자 사이에 있는 검은색 막인 '복창'이 그리 맛이 있단다. 동네 오빠들이 대구살을 통째 가져다 먹으면 표시가 나니, 별 표시가 나지 않은 복창만을 뜯어다 먹었던 것.

"전부 아는 오빠들이제. 부모님은 지키라고 하시제. 눈물이 났다. 눈물이."

어린 소녀가 도둑 고양이에 이어, 대구 복창을 노리는 동네 오빠들한테서까지 대구를 지켜야 하니, 얼마나 애가 탔을까?

"그거 아나? '에라 이, 대구 복창 겉이 속이 검은 놈아'라는 말을?"

처음 듣는 말이다. 대구의 하얀 살처럼 겉으로는 보드랗고 착한 척하면서, 대구의 검은 복창처럼 속은 음흉한 사람을 일컫는 말이라고 한다.

"대구탕을 그때도 묵었십니까?"

"그 시절에도 대구탕은 귀했다. 동지 절식冬至 節食으로 묵고, 큰 손님이 오시거나 사위들이 오모 대구탕을 대접하는 기라. 대구를 묵는 사람은 밥술 깨나 뜨는 유지들이었지."

마침 거제 하청 칠천도에서 시집온 김숙선 어무이가 말을 거드셨다.

"칠천도에서도 대구를 마이 잡으러 나갔지. 사람도 남자가 있고, 여자가 있제? 수컷 대구에서 나오는 고니가 있어. 그걸 빡빡 치대갖고, 된장 풀고 시래기 넣어서 큰 가마솥에 끼리는 기라. 묵을 사람이 많으니 물을 많이 넣어서 양을 늘리는 기지."

지금은 흔히 먹는 대구탕이 그때는 귀한 음식이었다. 그나마 대구 어장막 주변에서야 수컷 대구의 고니이리와 시래기를 넣고 가마솥에 펄펄 끓인 고니탕을 맛볼 수 있었다.

"약대구도 있었지예?"

"보통 대구는 배를 갈라서 내장을 빼제? 그란데, 약대구는 대구 입 있제? 그 큰입으로 내장을 꺼내는 기라. 대신에 소금을 가득 넣고, 짚을 채워 넣어. 밑으로 흐리모 안 되니, 솔가지로 막고. 그걸 그때도 마이 했다. 가격 금을 높이 쳐주는 기라. 약 된다꼬."

통영에서는 무를 썰어 넣어 대구탕을 손님상에 내놓고, 대구 살을 전으로 부친 대구전을 제사상에도 올린다. 여기에 알 젓갈, 아가미 젓갈, 그리고 알을 품은 통대구를 절여서 만든 약대구에 이르기까지 대구는 버릴 것 하나 없는 귀한 생선이었다.

1960년대 아버지도 돌아가시고 대구어장도 저물었다. 거제와 가덕도에는 대구가 돌아왔다는 데, 종이섬에는 돌아올 줄을 모른다. 이제 종이섬에는 대구 대신 도다리가 간혹 빨랫줄에 널려 있다. 지순덕 어

대구탕은 별다른 양념 없이 무만 크게 썰어 넣어 맑게 끓여 낸다.

무이의 집 옥상에도 대구 한 마리와 명태 몇 마리가 바닷바람을 맞으며 말라가고 있었다.

"통영 중앙시장에 명태가 났더라. 대구 대신에 묵을라꼬 샀다. 대구는 아는 사람이 갖다 쥬기고 세월은 갔어도 입맛은 살아있는 기라. 한 사날 삐덕하니 몰리갖꼬 고오장고추장에 찍어 묵을라꼬."

지순덕 어무이를 만난 덕분에 광복 이후 종이섬 대구어장의 존재를 확인했다. 그럴수록, 앞선 시기인 조선시대부터 일제강점기까지 종이섬 어장에 대한 궁금증은 더해갔다. 당대 기록을 더 찾아, 다시 종이섬으로 들어갔다. 섬마을 어른들께서 그 기록을 보면서 옛 기억을 떠올릴 수 있으실까?

* 종이섬 대구어장, 다시 찾은 기록과 기억들

칠십, 팔십이 넘은 섬마을 어른들에게 종이섬과 주변 어장 자료를 보여드렸다. 대부분 "처음 본다", "와, 우리 종이섬 주변에 이리 대구어장이 많았나?"하고 되물으셨다.

그러다가, 조선시대 통제영의 물산을 기록한 『統營誌통영지』*에서 눈에 익은 지명을 발견했다. 통제영에서 보유한 어조 가운데 하나인 '화전구미花田仇味'였다. '화전花田'은 우리말 '꽃밭등'을 한자로 표기한 것이다.

어른들께서 바로 알아보았다. "꽃밭등이 한자로 화전花田 맞다. 꽃피는 봄날에는 온 동네사람들이 꽃밭등으로 올라가 춤추고 장구치고 놀았지. 종이섬 학생들 단골 소풍지이기도 했고. 꽃밭등 아래 대구어장이 있었나 보네. 지금도 주변에 정치망 어장이 있다"며 반겼다.

* 통제영에서 당시 발간한 『통영지』는 두 종류가 대표적이다. 1894년 통제영에서 필사한 『통영지(統營志)』에는 견내량을 지키는 군사시설인 견내량 방영(見乃梁 防營)이 기록되어 있다. 이듬해인 1895년 의정부에서 필사한 『통영지(統營誌)』에는 통제영에서 궁중에 진상하거나 병선 수리에 필요한 비용을 마련한 진상어조(進上漁條)와 병선어조(兵船漁條)가 기록되어 있다.

마침내, 실제 조선시대 종이섬에 있었던 꽃밭등 어장, 화전구미花田仇味 어장의 존재를 당대 기록과 어른들의 증언을 통해 확인한 것이었다.

그러면서, 종이섬에 전해지는 '만금여萬金礇' 이야기를 해주셨다.

"만금여가 물섬수도하고 어의도 사이에 있는 대구어장이라. 그 어장에 밥하는 화장火長이 있었는데, 밥을 지을 때마다 한 줌씩 쌀을 따로 모았다네. 한 해, 두 해가 지나도 대구가 안 잡혀서 철수할 판이라."

"그때, 그 화장이 그동안 모아놓은 쌀을 내놓으면서 '이번이 마지막이요. 딱 한번만 더 버텨 봅시다'하고 어장을 지켰는데, 마침내 대박이 나서 만금萬金을 벌었다 하더라."

일제강점기 기록으로는 대구의 어획 시기와 주요 어장 위치를 기록한 1915년 『경남 통영군 안내』와 대구어장 수십 곳을 경매한 1930년대 〈동아일보〉 보도가 있다.

1915년 『경남 통영군 안내』에 포함된 '통영군 어업력統營郡 漁業暦'에서 대구의 한글 이름과 일본 이름을 소개하였다. 조선시대에는 '입이 큰 물고기'라는 의미에서 '대구어大口魚'라고 불렀는데, 일본인들은 '한 겨울에 나는 물고기'라는 의미로 한자로는 '설어鱈漁'라고 쓰고, '타라たら'라고 불렀음을 알 수 있다.

어기漁期는 매년 11월부터 이듬해 2월까지로, 최고 전성기는 12월부터 1월이다. 주요 어장은 통영군 종이섬지도과 주변 섬인 물섬수도, 어의도, 종이섬의 맞은편인 가조도, 칠천도, 그리고 거제 동북연안에 위치했다. 이 섬들이 있는 곳이 바로 진해만 바다다.

1910년대 대구를 잡는 여러 가지 방법도 소개되어 있다. 오늘날 갈치를 잡을 때처럼 긴 낚싯줄에 여러 개의 바늘을 달아 대구를 어획한 연승延繩, 사천 지족해협에 유명한 멸치잡이 같은 방렴장防簾杖, 대구 떼가 자주 다니는 통로를 길그물로 막아 통그물로 유도한 대부망大敷網까지, 대구를 잡기 위해 온갖 방법들이 고안되었다.

1933~1936년 〈동아일보〉와 〈부산일보〉 기사를 통해 종이섬과 주변 섬들에 위치한 대구어장에 대해 보다 상세하게 알 수 있다.

통영 요릿집 화월루와 극장 통영좌에서 진해만 대구어장 어업권을 경쟁 입찰하였다. 해당 어업권의 소재지와 명칭이 소개되어 있다. 주로 25곳에서 36곳이 낙찰되었는데, 그 가운데 종이섬과 그 주변, 지도리紙島里 어장이 상당수를 차지했다. 종이섬 송이松耳, 등암登岩, 다대구多大購와 싸리섬 음지丑島 陰支, 물섬水島, 범섬 법곡虎島 法谷 어장이 대표적이다.

싸리섬, 물섬, 범섬은 모두 종이섬을 둘러싸고 있는 섬들이다. 소설 속 '김약국의 대구어장'이 바로 이 종이섬과 주변 섬에 실제로 있었던 대구어장을 배경으로 한 것이었다.

소설에서 김약국이 종이섬 대구어장 경영에서 몰락하게 된 이유를 '왜놈들이 고기 나는 좋은 목을 다 차지하고 있기 때문'이라고 묘사했다.

* 일본 제국주의에 빼앗긴 황금어장

"왜놈들 등쌀에 길게 해묵겄소? 고기 나는 목은 다 차지하고 앉았는데…"

"시운을 못 만나서, 시운이 나빠서 아까운 사람을 그만, 홧병이제 홧병."

김약국의 몰락과 종이섬 어장 이야기는 그저 소설 속 이야기에 불과했을까? 아니다. 사실, 조선이 멸망하고, 통제영이 폐영되는 반면 일본 제국주의가 판을 치며, 일본인 어장 주인들이 우리의 황금어장을 빼앗은 시대상을 반영한 것이었다.

원래 종이섬이 위치한 진해만은 삼도수군통제영과 조선 왕실이 소유한 어장漁場이 수십 여 곳에 이를 정도로, 조선시대부터 어업이 번성한 곳이었다.

경상도, 전라도, 충청도 3도의 수군을 지휘한 조선수군의 총사령부인 통제영은 거북선과 판옥선 등 전선을 건조하고, 수만의 군사를 거느린 만큼 많은 돈이 필요했다. 이 재정을 충당한 중요한 재원이 바로 물고기를 잡는 어장이었다.

1895년 제작된 『統營誌통영지』는 통제영에서 병선을 만들고 운영하는 비용을 충당하기 위한 병선어조兵船條는 물론 궁중에 바칠 진상어조進上漁條까지 잘 기록하고 있다. 특히 통제영이 보유한 어소는 오늘날 대구의 주산지인 진해만-가덕도 일대를 아우르고 있었다.

통제영이 오늘날 통영시에 위치해 있으니, 주요 어장들이 통영 바다에만 설치되었다고 생각하기 쉽다. 통영지의 기록을 살펴보면, 병선어조는 거제 가조도의 가장柯杖, 유교鍮橋 등 10개소에 이르며, 진상어조는 거제 관송貫松과 가덕 왜협倭挾 등 6개소에 달했다. 여기에 여름철 성황을 이루는 하조夏條 20곳이 더 있었다.

일본은 1895년 청일전쟁, 1905년 러일전쟁에서 승리하면서 제국주의의 야욕을 드러내고 있었다. 그리고 1905년 을사늑약으로 외교권을 강탈하더니, 1910년에는 한일병합조약으로 나라마저 빼앗았다.

해가 갈수록 악화되는 상황에서 우리 조선 어민들이 대구어장을 지켜낼 수 있었을까? 그 결과는 조선 백성들의 신망을 받은 의친왕과 일본인 자본가 사이에 대구어장을 둘러싼 싸움에서 잘 나타난다. 그 과정이 일본인들이 발간한 〈부산일보〉에 기록되어 있다.

일본어판 〈부산일보〉는 1914년 12월 20일자 '진해의 설어어업: 해마다 융성, 어장의 분쟁' 기사에서 '진해만 대구어장'을 둘러싼 일본인과 조선인 간의 치열한 경쟁을 보여준다.

일본 어업인들의 권익을 대변한 조선수산조합朝鮮水産組合은 순시선을 동원해 진해만 대구어장을 조사하였다. 그 결과 300여 곳의 대구어장 가운데, 9할을 조선인이, 일본인이 1할만을 소유하고 있다며 분개했다. 나라를 빼앗긴 지 4년, 아직 조선 어민들이 선방하고 있었다.

〈부산일보〉는 조선인의 독점鮮人の獨占 대책으로 비상수단非常手段을 사용하라고 촉구했다. 일본인들이 장악한 통영군청과 통영경찰서를

동원해 조선인이 설치한 무면허 어구를 적발, 철거하라고 요구했다. 즉, 공권력을 동원해 조선 어민들의 어장을 빼앗고자 한 것이다.

이 기사에서 일본인이 소유한 1할 대부분은 일본인 어업가 카시이 켄타로香椎源太郎, 향추원태랑가 소유한 대구어장이었다. 그는 이토 히로부미伊藤博文의 도움으로 이미 1906년부터 의친왕 이강義親王 李岡, 1877~1955의 대구어장을 차지하였다.

카시이는 이강 전하에게 빼앗은 대구어장을 악랄한 수법을 동원해 부를 축척해 갔다. 『거제수협 105년사』에 의하면 카시이는 진해만 궁내부 72개 어장을 수중에 넣고, 경매 경쟁을 부추겼다. 울며 겨자먹기로 고가에 낙찰받은 어장에서 대구 생산이 저조해 망하는 조선인이 부지기수였다. 종전까지 왕실에서 대여해서 자신이 경영하던 바로 그 어장에서 말이다.

1926년 참다못한 진해만 조선어업인들이 조선총독부와 이강공가李岡公家에 탄원을 벌였으나 무산되었다. 카시이는 일제강점기 더욱 승승장구해 부산수산주식회사 사장, 경성수산주식회사 사장, 조선수산회 회장 등 부산의 3대 부자, 조선의 수산왕이 되었다.

결국, 1914년까지 진해만 대구어장의 9할을 지키고 있던 조선인 어장주들은 불과 10년 뒤, 일본인 어장주에게 대구어장의 대부분을 빼앗기면서 심각한 위기에 직면하게 된다.

〈동아일보〉 1927년 1월 11일자 '대구 어업 부진으로 통영 주민 곤경, 각 어장은 파산 상황大口漁業不振으로 統營住民困境, 各 漁場은 破産狀態' 보도

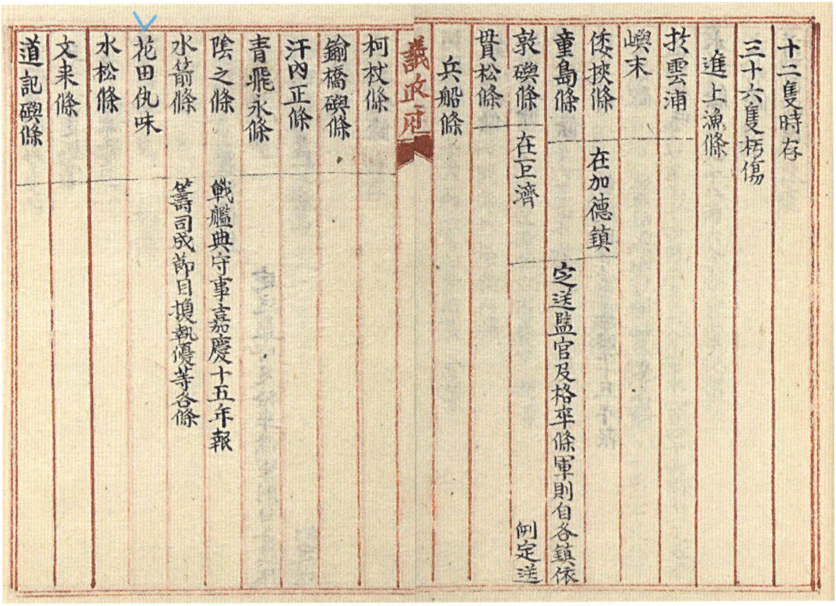

十二隻時存
三十六隻朽傷
進上漁條
於雲浦
嶼末
倭挾條 在加德鎮
董島條 定送監官及格卒條軍則自各鎮依例定送
㨾磯條 在巨濟
貫松條
兵船條

義政府

柯杖條
鍮橋磯條
汗內正條
青飛永條
陰之條 戰艦典守事嘉慶十五年報
水箭條 籌司成節目填執優等各條
花田仇味
水松條
文來條
道記磯條

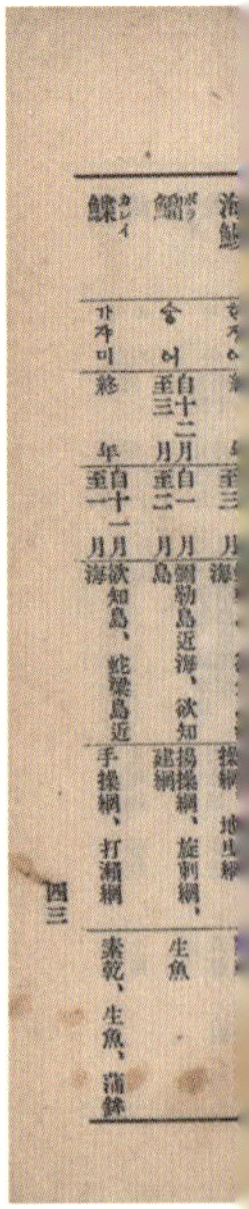

慶南の鱈漁業
廿年振の不漁
統營方面の鰛も駄目

南冬十一月中旬に始まつて一月中旬に終る慶南の名産鱈漁は沿岸沖合の兩漁業者共にこの短期間に一攫千金を夢見て必死の活躍をなすが今年は沖合漁業が恵まれず沿岸漁業はサッパリ振はない哀で殆がついてしまつた第一面組合所屬の無動力船等は近年にない慘漁で欣喜雀躍の態であるのに引きくらべて鎭海灣中心の沿岸にはまるで魚がよりつかず見方によつては沖合漁業者の活躍で沿岸に回來する途中悉くやられたやうにも見へる然し大體に於ては鱈が陸岸の近くに來るには不適當な水溫であつたことにもよるであらうと言はれてゐるこれと共に統營方面に於けるイワシ漁も空駄目で鱈、イワシの兩漁業者ともに潮潟の一ぱいにもありつけない慘さでありこの漁業を當込んで資實の徵收を目論だ水産會あたりも全く手のつけやうがなかつた殊に鱈の如きは全く二十年振りの不漁であると

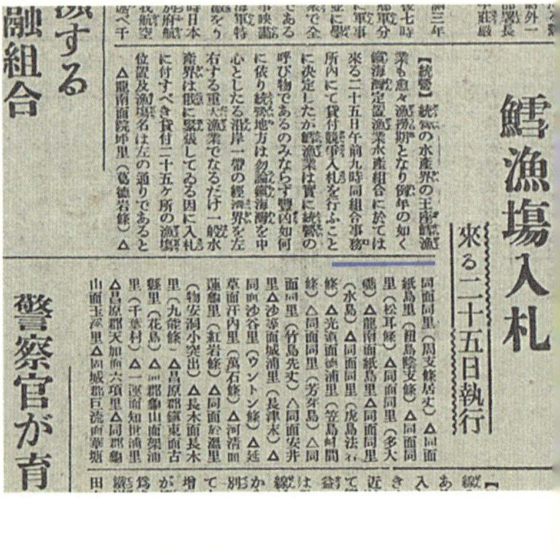

鱈漁場入札
來る二十五日執行

【統營】統營の水産界の王座たる鱈漁業も愈々漁撈期となり例年の如く鎭海灣定置漁業水産組合にては來る二十五日午前九時同組合事務所内にて貸付漁場入札を行ふことに決定したが鱈漁業は實に統營の呼び物であるのみならず豐凶如何に依り統營地方は勿論鎭海灣を中心とした沿岸一帶の經濟界を左右する重大漁業でなるだけ一般水産界は既に緊張してゐる因に入札に付すべき貸付二十五ヶ所の漁場位置及漁場名は左の通りであると

△龍南面院坪里(葛德岩條)△同面同里(周支條居丈)△同面紙島里(祖島臨支條)△同面同里(松耳條)△同面同里(多大嶋)△龍南面紙島里△同面同里(水島)△同面同里(虎島法石條)△光道面德浦里(笠島峙間條)△同面同里(芳芽島)△同面同里(竹島先丈)△同面安井里△沙等面城浦里(長津末)△同面沙谷里(ウントン條)△延草面汗內里(萬石條)△河淸面蓮龜里(紅岩條)△同面於溫里(物安洞小突出)△長木面長木里(九能條)△昌原郡鎭東面古縣里(花島)△[illegible]郡龜山面架浦里(千葉村)△一溪面知世浦里△昌原郡天加面六項里△同郡龜山面玉浦里△同城郡巨流面華塘

融組合

警察官が育

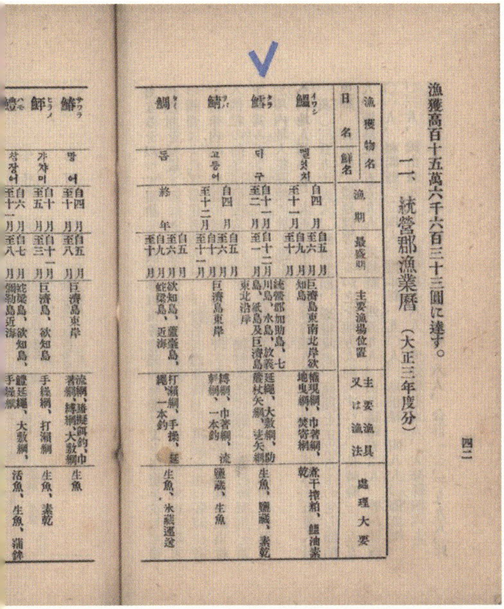

漁獲高百十五萬六千六百三十三圓に達す。

二、統營郡漁業曆（大正三年度分）

漁獲物名 日名	鮮名	漁期	最盛期	主要漁場位置	主要漁具又は漁法	處理大要
鰮（イワシ）	멸치	自四月至十一月	自五月至六月、自九月至十月	巨濟島東南北岸欲知島	帷現網、巾着網、地曳網、焚寄網	煮干搾粕、鰮油素乾
鱈（タラ）	대구	自十一月至二月	自十二月至一月	統營郡加助島、七川島、水島、放養島、紙島及巨濟島東北沿岸	延繩、大敷網、防簾杖矢網、建矢網	生魚、鹽藏、素乾
鯖（サバ）	고등어	自四月至十二月	自五月至六月、自十月至十一月	巨濟島東岸	縛網、巾着網、流刺網、一本釣	鹽藏、生魚
鯛（タイ）	돔	終年	自五月至六月、自九月至十月	欲知島、蘆臺島、蛇梁島、近海	打瀬網、手操、延繩、一本釣	生魚、冰藏運送
鰆（サワラ）	망어	自四月至十月	自五月至八月	巨濟島東岸	流網、曳繩餌釣、巾着網、縛網、大敷網	生魚
鮃（ヒラメ）	가자미	自十月至五月	自十一月至三月	巨濟島、欲知島	手操網、打瀬網	生魚、素乾
鱧（ハモ）	장어	自六月至十一月	自七月至八月	蛇梁島、欲知島、彌勒島近海	鱧延繩、大敷網、手操網	活魚、生魚、蒲鉾

四二

1	2	
3	4	5

1 궁중에 바칠 진상어조(進上漁條)와 통제영 병선의 건조·운영 비용을 충당하기 위한 병선어조(兵船條)를 기록한 1895년 『통영지(統營誌)』. 왼쪽 4번째 화전구미(花田仇味)가 오늘날 종이섬의 꽃밭등이다. ⓒ서울대학교 규장각 한국학연구원 소장

2 대구 등 주요 어종의 어기와 주요어장, 어획방법 등을 기록한 『경남 통영군 안내』. 주요 어장의 위치를 '통영군 가조도, 칠천도, 수도, 어의도, 지도에서 거제도 동북연안'으로 기재하였다.

3 경남의 대구어업 20년만의 불어(不漁).

4 진해만 일대 25개 대구어장을 경매한 기사, 종이섬(지도) 주변의 대구어장이 상당하다.

5 조선인 독점, 비상수단 등 1910년대까지 대구어장에서 조선인이 9대 1로 우위에 있었음을 보여주는 일본어판 〈부산일보〉 1914년 12월 20일자.

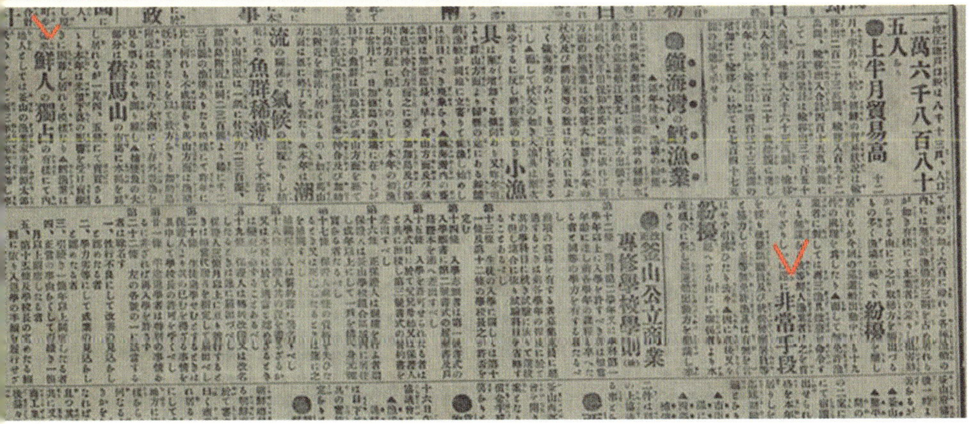

二萬六千八百八十

上半月貿易高

鎭海灣の鱈漁業

小漁

流魚群稀薄 氣候

鮮人の獨占

舊馬山

釜山公立商業專修學校學則

紛擾

非常手段

는 조선인 어업인들이 파산 상황에 이르렀음을 잘 보여주고 있다.

나라를 잃고, 의친왕 전하조차 진해만 대구어장을 빼앗기는 판에, 조선인 어업인들이 몰락하는 것은 불 보듯 뻔한 이치였다. 소설에서 해가 갈수록 기울어지는 김약국의 처지가, 그 혼자만의 상황이 아니었던 것이다.

역설적으로 소설이 대히트를 친 1960년대부터 대구는 돌아오지 않았다. 종이섬 어부들은 전라도 바다로 참치잡이 나가시어업을 가보기도 했다. 하지만 별다른 재미를 못 봤다. 그때 도시로 떠났던 젊은 사람들까지 돌아오게 한 새로운 어업이 나타났다. 미더덕 양식이었다.

* 미더덕 어장 3줄로 새 집을 지었지

오늘날 종이섬에는 미더덕 양식어업이 꽃을 피우고 있다. 종이섬 갈바지서부 마을 주민들 절반 이상이 "돈 버는 재미에 날 새는 줄 몰랐다"고 할 정도로 미더덕 양식이 대유행이다. 마을 앞바다에는 미더덕을 키우는 하얀 부자가 수없이 떠 있다.

김성찬 갈바지마을 이장은 종이섬 미더덕 양식의 선구자였다. 그런데, 지금은 효자 수산물인 미더덕이 처음에는 천덕꾸러기였다고 한다.

왜였을까?

"그물 댕기는 걸 방질이라 하거든. 그런데 가을만 되모, 잡히라는 물고기는 안 잡히고, 그물에 자꾸 미더덕이 달라붙는 거라."

물고기를 잡아야 할 방질 그물에 미더덕이 달라붙으면, 그물의 무게가 무거워지고 바닷물의 소통도 막힌다. 물고기는 귀신같이 알고, 그물을 피해간다. 그러니, 미더덕은 '퇴치해야할' 해적생물이었다.

1960년대 종이섬은 물론 통영과 거제 일대에 대구의 회귀가 뚝 끊겼다. 남획 때문이라 하기도 하고, 수온 변화 때문이라고도 했다. 다급해진 진해만 어민들은 대구잡이 대신 피조개 양식을 시도했다. 일본 수출이 되면서 제법 돈이 됐다. 문제는 미더덕이었다.

종이섬은 물론 물섬, 가조도, 괭이바다에 펼쳐놓은 피조개 그물에도 미더덕이 덕지덕지 붙었다. 1970년대 초반까지 그물에 붙은 미더덕을 떼다가 밭에 거름으로 뿌리곤 했다.

"피조개야 바다 밑 뻘에서 키우지. 문제는 어린 종패, 그러니까 피조개 씨앗이 바닷물에 둥둥 떠다니다가 촘촘한 그물에 붙거든. 피조개 붙으라고 바다에 넣어 둔 그물에 자꾸 미더덕이 붙는 기라. 어느 날 딱 스치는 생각이 있었어."

갓 삼십 대 초반을 넘긴 혈기왕성한 시절이었다. 김성찬 이장은 '아예, 미더덕을 양식해 보자'하는 생각을 하고, 광도면 황리 바다에 미더덕 어장 세 줄을 시험 삼아 실치해봤다.

"대박이 났지. 대박이."

종이섬 어장막에서 손으로 미더덕 껍질을 까고 있는 모습.

1970년대 중반, 종이섬 사람들이 너도 나도 미더덕 양식에 나서게 되는, 신화의 시작이었다. 미더덕이 붙은 어장줄 한 줄에 120만원씩을 받았다.

"지금 돈으로 치면 1,000만원이었네요?"

"1,000만원이 넘지. 딱 세 줄 미더덕 양식해서, 새 집을 지었으니까."

김성찬 이장의 집은 종이섬과 뭍을 연결하는 도선이 운항하는 갈바지 마을 선착장에서 가장 목 좋은 곳에 자리잡고 있다.

"세 줄이 열 줄, 서른 줄이 된 기지. 너도나도 한 줄씩 달라고 줄을 서고…."

김성찬 이장의 미더덕 시험 양식이 성공하자, 이웃에서도 한 줄씩, 두 줄씩 미더덕 양식에 나서기 시작했다. 1990년대 미더덕 양식이 정식으로 합법화되었을 때는 마을에서 삼십여 가구, 섬 사람들 절반 이상이 미더덕 어업에 나설 정도로 성황을 이루었다.

"희한하제. 분명히 미더덕하고 오만둥이가 난卵을 같이 받는데…."

미더덕과 오만둥이는 생김새나 크기가 비슷해서 사촌 취급을 받는다. 오만둥이는 '만디기', '오만디'라고도 불리는데, 미더덕보다 주름이 더 많고 딴딴하다. 그런데, 이 사촌들은 서로 만나기가 힘들다.

미더덕과 오만둥이는 모두 초란은 7월 10일에서 20일, 늦란은 8월 23일 처서處暑 무렵에 받는다. 즉, 해류를 타고 떠다니는 어린 유생幼生들이 양식용 촘촘한 그물에 붙는 것이다.

미더덕을 홍합이나 잡물과 함께 넣고 세탁기처럼 원통을 돌리면 미더덕만 남는 기계.

"가을 찬바람이 사알 불면 오만둥이 철이 시작되고, 봄바람이 살랑 불면 미더덕 철이 시작하는 기지."

그런데, 오만둥이가 먼저 자라서 가을에 주로 수확되고, 미더덕은 봄에 주로 수확되니, 생산시기가 다른 두 사촌은 서로 만나기 힘들다. 그래도, 덕분에 가을부터 봄까지 오만둥이와 미더덕이 계속 수확되니, 양식하는 어업인들이나 맛있는 먹거리로 판매하는 식당에서는 좋다.

"내가 미더덕 씻는 기계를 발명했거든."

물고기 잡는 방질이나 피조개 양식을 할 때는 미더덕이 천덕꾸러기였듯, 미더덕 양식그물에 달라붙은 파래나, 가사리 같은 해초나 홍합은 제거해야 할 '퇴치생물'이었다. 하지만 그걸 손으로 일일이 떼려니, 인력도 시간도 너무 많이 소모되었다.

종이섬 인근 미더덕양식장에 가면 탈곡기처럼 생긴 기계와 큰 드럼통처럼 생긴 기계를 볼 수 있다. 탈곡기처럼 생긴 기계에 미더덕이 붙은 그물을 넣으면, 미더덕을 비롯해 해초나 홍합이 그물에서 떨어진다. 그걸 세탁기에 빨래 돌리듯, 드럼통에 넣고 돌리면, 서로 무게가 다르니 미더덕만 남게 된다. 원심분리기의 원리를 활용한 발명품이다.

덕분에 미더덕 수확이 한결 수월해졌다. 종이섬은 물론 인근 미더덕 양식장으로 빠르게 확산되었다. 1999년에는 굴이나 멍게가 먹을 플랑크톤을 빼앗아 먹는다고 해적 취급을 받던 미더덕 양식이 합법화되었다. 200m짜리 그물, 10줄인 1ha헥타가 7,000만원에 거래될 정도로 성황을 이뤘다.

종이섬 곳곳에 이제는 대구 대신 도다리가 빨랫줄에 널려 있었다. 지순덕 어무이의 집 옥상에는 대구 한 마리, 명태 몇 마리가 바닷바람에 꾸덕하게 말라가고 있었다.

"1990년대 후반에 IMF 사태가 터졌잖아? 그래도 우리 통영은 끄떡없었다. 오히려 그때 미더덕 양식할 거라고 젊은이들이 종이섬으로 많이들 왔지."

1960년대부터 1990년대까지 젊은이들이 도시로 떠나기만 하던 섬. 미더덕 양식어업은 종이섬으로 젊은이들을 다시 모으는 기회가 되었다.

마침 나옥주·유정옥 부부가 섬의 부둣가에서 미더덕을 판매하고 계셨다.

당일 섬 주변 어장에서 수확한 미더덕을 창원 진동과 부산으로 도매로도 넘기고 금요일부터 일요일까지 주말이면 종이섬을 찾는 관광객을 상대로 소매 장사도 한다.

"1키로kg도 팝니까?"

"폴지."

종이섬에서 돌아온 날, 우리 집에서는 미더덕 파티가 벌어졌다. 막내는 생으로 초장에 찍어 먹고, 아빠는 두부를 썰어 넣은 미더덕 된장찌개를 엄마는 미더덕에 콩나물과 미나리를 넣은 미더덕찜을 즐겼다. 오도독 씹히는 미더덕 특유의 식감과 짭조름한 바다의 맛이 봄날의 입맛을 돋우었다.

곤리구판장
민박
뎃마
낚시
민박

곤리도

남자들이 숨을 더 오래 참는다 쿠대.

우리 아부지도 한번 물속에 들어가모

실제는 3분 이상을 참고 전복을 따셨다 카대. 해녀하고 똑같네요?

하모. 그라니까 제주도에 해녀가 있다쿠모

우리 곤리도는 해남이 있던 기지.

곤리도

＊ 곤리도 솟대의 비밀

곤리도 우물가에는 특이한 솟대가 우뚝 서 있다. 둥그런 기둥 위에는 돌로 만든 새 한 마리가 날개를 활짝 펼치고 날고 있다. 까만 눈동자는 하늘에서 아래 세상을 굽어보는 듯하다.

곤리도 하면 바로 이 솟대가 떠오를 정도로 인상적이다. 마침 통영 시내에 장 보러나간 아내를 기다리던 김경조 어른을 만나, 그 궁금증을 풀 수 있었다.

"무슨 새입니꺼?"

"큰 새 '고니' 아이가. 우리 섬 생김새가 딱 고니가 날아가는 모양이라. 통영 사람들은 '고니도'가 발음이 안 된다. 그래 갖고 우리 섬 이름이 한자식으로 '곤리도昆里島'가 된 기라."

새는 곡식을 물고 오고, 고기물고기를 물고 오기에, 마을 사람들이 넉넉히 먹느냐, 배를 곯느냐는 오로지 '솟대 새'에 달렸다고 한다.

이 새는 현재 곤리도라는 이름의 유래인 겨울 철새 '고니'였다. 그러고 보면, 곤리도의 이웃 섬들도 새와 관련된 이름을 지녔다. 까마귀가 날아가는 모양인 '오비도烏飛島', '새섬'이라 부르는 '학림도鶴林島'도 가까이에 있다.

"보통 솟대는 나무로 만드는 데예. 나무가 아닌 것 같은데예?"

"긴 파이프를 가운데 세우고, 철근을 넣어 갖꼬, 시멘트를 발랐다. 지금 도선 대는 데 있제. 그기에 이발소가 있었거든. 이발사 김정기 영감님이 손재주가 좋았지."

"그 전에는 예?"

"나무로 맹글았제. 나무는 자꾸 썩은 깨나. 관리하기가 모딨잖거든번거롭거든. 그 때도 솟대 욱위에는 고니 새가 앉아 있었제."

솟대는 곤리도 마을이 처음 생긴 300여 년 전부터 섬 사람들과 함께 해왔다. 좋은 일, 궂은 일을 모두 살폈다. 원래는 3년에 한 번 나무로 일일이 깎아 세웠다가, 새마을운동을 전후해서 튼튼한 시멘트로 다시 만들었다.

솟대에는 '별신장군鱉神將軍' 4글자가 음각으로 새겨져 있다. 일반적으로 별신장군을 한자로 '별신장군別神將軍'이라고 기록하고 있는 점과 비교하면 특이하다. 별신장군 솟대 앞에서는 별신굿이 펼쳐졌다.

별신굿은 원래 우리말로 배선굿, 배신굿, 벨손 등 다양한 이름으로 불렸다. 학자들이 무속을 연구하고, 정부에서 무형문화재를 지정하면

고니가 날아가는 듯한 섬 모양을 형상화하여 만든 곤리도 솟대.

서 '특별히 신을 모신다'는 의미에서 별신別神이라는 한자 명칭을 사용하였다.

2008년 곤리도에서 처음 별신장군鱉神將軍 솟대를 보았다. 그래서 그 의미를 정영만 국가지정무형문화재 제82-4호 남해안별신굿 보유자에게 여쭈어보았다.

"鱉神將軍별신장군은 보통 자라나 거북을 일컫는데, 바로 별주부鼈主簿라. 용왕의 사신이거든. 우물을 다스리는 용왕님을 별신장군이 지키고 있는 것이지. 섬 사람들의 생명수인 우물이 있는 곳이니, 신성한 솟대가 세워진 것"이란 설명이다.

우물가에는 솟대를 중심으로 좌벅수천하대장군, 우벅수지하여장군까지 자리잡고 있어, 섬마을에서 사람들이 살아가는 데 우물이 얼마나 중요한 존재였는지를 여실하게 보여준다.

바다 사업이 잘 되는 섬마을인 곤리도의 큰 굿판은 통영 일대에도 소문이 났다. 엿장사, 떡장사, 술장사에 구경꾼까지 모여 들어, 사흘 동안 떠들썩한 잔치판을 펼쳤다.

신봉에서 시집온 전무관 어무이는 "친정 어무이가 곤리도 굿판을 아시더라꼬. '그기는 무당대모이 큰 머리를 쓰고, 굿판을 크게 벌린다더라'하시대. 시집을 와보니, 과연 굿판이 걸더라. 집집마다 거리밥상을 내는데 우물가 앞에 100상이 넘게 나왔제"하고 회상했다.

* 곤리도 철마鐵馬와 장군봉 목마木馬

"10월 상달에는 도신제를 올리고, 3월에는 제만제를 올렸제."

"도신제를 우찌 합니까?"

"한산면에 대섬죽도 있제? 무당이 고깔을 쓰고, 춤을 추고 굿을 하제? 그기 도신제라. 거리밥상에는 집집마다 꼭 전복하고, 참홍합을 채렸제. 귀하다꼬 계란 후라이도 제상에 올리고.

"아, 도신제가 별신굿이네요."

곤리도에서 '도신제'라고 부르는 무속 의식은 오늘날 '별신굿'이다. 마을의 평안과 함께 바다 사업의 풍어와 무사안녕을 기원한다. 사흘 이상 굿을 하고, 규모도 커서 '큰굿'이라고 부르기도 한다.

굿은 묵은해를 보내고, 새해를 맞는 정초에 많이 했다. 그래서 섣달그믐 밤에 시작해서 정월 초하루를 맞이하곤 했다. 그런데, 곤리도는 10월 상달에 큰굿을 올렸다. 왜 그럴까?

"10월 상달이 참 좋은 계절이라. 추수를 마친 후이니 곡식 넉넉하고, 날씨도 춥지도 덥지도 않으니, 큰 잔치 열기가 참 좋았지. 예전 보건소 자리가 원래 모래밭이라, 그기에 천막을 넓게 세우고 큰 굿판을 벌렸지. 지금 솟대 있는 우물하고. 두 군데가 큰 무대라."

이제 곤리도의 도신제, 즉 남해안별신굿은 명맥이 끊겼다.

"도신제가 3년에 한번을 한다캐도, 비용이 너무 많이 드는 기라. 그래서 접었제"

"제만제는 우찌 합니까?"

"저기 욱에위에 산집당집 있제? 그기에서 제를 올린다. 이장이나 동네에서 깨끗한 사람이 제관을 맡지. 산집에서 먼첨먼저하고 내리 와서 우물에서 용왕을 잘 모시고, 바다에서 또 하제. 일박이일로 지낸다. 인자는 도신굿하고 합쳐서 지낸다."

제만제는 일월성신을 맞이하고, 당산에 제를 올리는 당산제이다. 3월 제만제는 육지인 당산과 연계되고, 10월 상달 도신제는 바다와 연관이 깊다. 마을의 안녕과 조상에 대한 감사, 사람들의 무병장수를 기원하는 점에서는 비슷하다.

1986년 발간한 『통영군사統營郡史』에는 1960년대 재건국민운동, 1970년대 새마을운동 과정에서 '미신 타파'라는 명목으로 마을제가 많이 없어졌다며, 통영 178개 마을 가운데 이제 절반이 넘는 90곳에서 제를 지내고 있다고 기록하였다.

곤리도에서는 3월 제만제를 올리고 있다. 덕분에 마을 뒤편의 당산도, 바닷가 우물과 솟대도 여전히 섬 사람들에게 신성한 공간으로써 생명력을 유지하고 있다.

해안가에 위치한 마을에서 당산이 있는 곤리산으로 올라간다. 그 길목에 큰 팽나무가 있는데, 곤리도 사람들이 당산만큼이나 신성시 여기는 곳이다.

팽나무는 동쪽과 서쪽으로 큰 가지가 뻗었는데, 그곳에 마을을 보살펴주시는 신神인 할아버지와 할머니가 항시 좌정을 하고 있다고 믿는다.

『통영군사統營郡史』 '전설' 편에는 곤리도 철마와 장군봉 목마에 관한 이야기가 전해진다.

산양읍 원항리 장군봉에 마을의 수호신인 철마鐵馬가 있었는데, 어느 날 갑자기 없어진 것이다. 이를 두고, 왜구들이 훔쳐가다가 당산의

신이 노하여 큰 바람을 일으켜 배가 파선이 되어 선원들이 모두 몰사하고 철마는 바다 밑에 가라앉았다는 이야기가 전해진다.

다른 이야기는 장군봉의 맞은편 곤리도가 늘 식량이 부족하고 사람들이 단명했는데, 한 도인이 곤리도 사람들에게 '장군봉 철마를 몰래 가져와 곤리도 당산에 모시면 화를 면하고 섬이 잘 될 것'이라고 일러주었다. 그대로 했더니, 곤리도가 살기 좋은 섬이 되었다는 전설이다.

1978년 태풍 '칼멘'으로 곤리도의 당산이 무너져, 철편과 구슬이 나왔다는 소문이 돌았다. 1980년 김세윤 전 통영문화원장과 아들 김상환당시 대학생 전 경상대학교 교수가 현장으로 갔다. 당산에서 무당옷의 구슬과 반지, 청동고리, 말의 머리 부분을 확인할 수 있었다.

김상환 전 경상대학교 사학과 교수는 "곤리도와 장군봉은 서로 마주 보고 있다. 원래는 곤리도와 장군봉에 각각 철마가 있었던 것 같다. 어떤 이유로 섬과 바닷가의 끝마을 당산에 철마가 있었는 지는 아직 밝혀지지 않았다"고 전했다.

철마가 없어진 장군봉 당산에는 현재 '목마木馬 2기'를 모시고 있고, 곤리도의 철마는 아직도 종적을 찾지 못하고 있다.

곤리도 당산에는 흥미로운 이야기가 하나 더 있다. 당산의 바닥을 이루고 있는 대형 판석板石이 욕지면 치리葛島, 갈도에서 가져온 고인돌이라는 진실이다.

김광곤 곤리마을 이장은 "산집당산에 있는 돌이 욕지 치리갈도 본섬

곤리도 할배할매 당산나무.

에서 가지고 온 돌이 맞다. 돌 색깔이 우리 섬 돌하고는 다리다다르다. 곤리도 마을은 임진왜란 이후에 치리에서 입도한 김해김씨가 제일 처음, 제일 큰 입향조를 이뤘다"고 설명했다.

"도신굿을 하든지, 제만제를 올리든지, 고유告由를 하잖아? 그때 항상 '치리 본산에서 곤리도로 입도한 저희들은'하고 시작을 하거든. 그러니, 우리 섬 사람들은 '치리에서 이주해 왔다'고들 믿어. 그란데, 우찌 그리 큰 돌을 배에 싣고 왔는지, 지금 봐도 신기해."

곤리도는 산양읍 삼덕항에서 도선을 타고 10분이면 닿는데 비해, 욕지도까지는 지금도 최신 여객선으로 1시간 남짓 걸린다. 갈도는 다시 욕지도에서 빠른 낚시배로 30분 넘게 더 가야 한다. 1980년까지 통영에서 갈도로 가기 위해서는 여객선으로 1박 2일이 걸렸다.

* 참돔과 방어 치어를 잡아 외화를 벌다

"치리갈도가 뭐가 머노? 제주도며 전라도 바다를 누비고 댕깄는데."

"욕지도 넘어 치리 뱃길도 멀미가 나서 죽겄던데요."

"뭐라쿠노. 치리 정도는 우리 앞바다 아이가."

내년 아흔을 바라보는, 곤리도 가장 연장자인 김경조 어른께서 젊은 시절, 제주도며 전라도 바다를 누비며 물고기를 잡던 이야기를 해 주셨다. 그곳으로 향하는 물길은 언제나 칡이 무성하게 자라 칡섬, 치리라고 부르는 갈도 바다를 지나갔다.

"1970년대쯤 될 끼라. 풍선돛단배 시대가 가고, 택택이 엔진을 단 발동선 시대가 된 기라. 발동을 걸모 '택, 택, 택' 하고 소리를 내는 그 엔진을 단 배 말이다. 그걸 타고 치리고, 제주도고, 전라도로 잘도 댕깄지."

"치리는 통영 바다니 그렇다 치더라도, 제주도하고 전라도는 억수로 먼데예?"

"묵고 살라쿤깨나 그기까지 간기지. 형제가 일곱이라. 밥 들어가야 할 입이 얼매나 많노. 제주도고 어디고, 파도를 넘나들면서 물칸 한가득 물고기를 채아오모 어깨가 으쓱하제."

"제주도하고 전라도에서는 뭘 잡았십니까?"

"제주도 바다에서는 '참돔'을 낚시로 잡았고, 전라도라 여수 삼도거문도하고 완도 여서도 바다에서는 '고단이'하고, '야도'를 마이 잡았지."

김경조 어른의 말씀을 빌리자면, 제주 바다에는 40~50cm급 참돔이 버글버글했다. 외줄낚시로 참돔을 낚는데, 이틀이면 배의 물칸 3~4개를 다 채우고 만선 깃발을 달고 의기양양하게 곤리도로 귀항할 수 있었다.

발동선의 시대라 해도, 통영에서 제주도로 향하는 뱃길은 직선이 아니었다. 우선 통영에서 남해안을 따라 서쪽으로 항해하였다가, 전남 여수시 거문도, 완도군 여서도에서 제주도로 건너갔다. 거문도와 여서도는 제주도로 향하는 뱃길이자 중요한 어장이었다.

그렇다면 전라도에서 잡은 고단이와 야도는 무엇일까?

참돔을 일본어로 '타이鯛, タイ'라고 부르는데, 참돔 새끼를 작은 참돔이라는 의미로 '고다이小鯛'라고 부른다. 고다이라는 발음이 어려우니, 통영 어부들은 '고단이'나 '고댕이'라고 부른 것이다. 얼핏 잘못 들으면 '고등어'처럼도 들린다.

한때 불법 어업의 대명사였던 '고대구리' 역시 50톤 이상인 대형기선저인망大型機船底引網漁業 어선과 비교하여 크기가 작은 소형기선저인망이라는 의미에서 한자로 '소小'자를 앞에 붙이고, 일본어 발음인 '고'로 읽은 것과 같은 이치다.

방어는 일본어로 '부리鰤, ブリ'라고 부르는데, 성어는 몸길이가 1~2m에 이른다. 붉은 실 생선의 대명사로, 카이세키會席나 초밥의 재료로 인기가 높다. 방어의 새끼를 일본에서는 '야즈ヤズ'라고 부르는

데, 우리나라에서는 야즈보다 '야도ヤド'라는 이름이 더 익숙하다. 통영 활어시장에서는 1kg이하 작은 방어를 '야도'라고 판매한다.

"야도는 우찌 잡았십니까?"

"방어가 알을 낳거든. 봄에서 여름으로 넘어가는 딱 이 시기네. 이맘 때 새끼가 손가락 한, 두 마디 크기로 자라. 그걸 방그물을 떠서 잡지."

"거문도 같은 섬 갯바위 근처에서 마이 납니까?"

"아이다. 갯바위 근처에는 아예 읎어없어. 야도가 바다 위를 떠다니는 몰모자반 같은 해초를 좋아해. 바람이 불고 파도가 치고 나모 해초가 여기저기에 둥둥 떠다니거든. 그 밑에 그늘이 지고, 방어 새끼들이 떼로 논다."

"물에 떠다니는 해초를 우찌 찾십니까?"

"멀리서 보모 갈매기 떼들이 몰리는 데가 있어. 가까이 가보모 해초가 떠다니는 기라. 그기에 방그물을 놓으모 직빵이제."

오늘날에는 양식기술이 발달해서 어린 물고기를 배양장에서 대량생산해서 가두리에서 키우지만, 당시에는 바다에서 어린 치어를 잡아 가두리에 넣어 키워냈다. 어린 물고기가 그대로 폐사하면 '본전도 못 건지기에' 당시로서는 모험적이고, 혁신적인 도전이었다.

통영 굴지의 수산업체인 금성수산은 통영 곤리도와 여수 거문도에 가두리 양식장을 설치하고, 어부들이 잡아오는 돔과 방어 새끼를 가두리 양식장에 넣어 적응시켰다가, 키워서 일본으로 수출했다. 당시로

젊은 시절, 제주도와 전남 바다를 누비신 김경조 어른.

서는 외화를 벌어들이는 큰 소득원이었다.

금성수산에서 근무한 양재관 전 해수어류수협 조합장은 "곤리도를 중심으로 외줄낚시 어업을 하던 통영 배들이 대거 참돔과 방어 치어를 잡으러 나섰다. 수십 척씩 줄지어 출정을 하면 대장관이었다"고 기억했다.

참돔과 방어 치어를 잡는 방식이 달랐다. 손바닥만한 참돔 치어는 외줄낚시 방식으로 잡고, 손가락 한두 마디 크기 방어 치어는 그물로 잡았다. 당시 정부로부터 '임시 치어 포획 허가'를 받은 금성수산에서 아예 그물을 제작해서 어부들에게 나눠주었다.

전라도에서 치어를 잡아, 곤리도로 돌아오면, 요즘 딸기를 담아 파는 바구니처럼 생긴 쪽자로 뜨면서 숫자를 셌다. 치어 한 바가지가 쌀 몇 바가지보다 가격 금이 높았다. 그때 큰돈을 만진 어부들이 제법 많았다.

하지만 어린 물고기를 포획하는 일은 수산자원을 고갈시키고, 먹이사슬의 교란을 가져온다는 지적을 받았다. 그리고 양식용 어류 치어의 대량생산이 가능해지면서 '치어 잡이'는 2000년대 들어서 자취를 감추게 되었다.

* 제주도에는 해녀海女, 곤리도에는 해남海男

"제주도에 해녀海女가 있으모, 곤리도에는 해남海男이 있었지."

통영의 여러 섬에도 돈이 되는 전복이며 미역이 난다. 그런데, 대부분 제주도 출신 해녀들이 들어와서 전복 등을 따준 덕분에 섬 사람들의 살림살이가 나아졌다. 대표적인 사례가 비진도와 매물도이다.

흔히 '섬 사람들은 잠수潛水를 잘한다'고 생각하기 쉽다. 그런데, 통영의 섬 출신 해녀들이 잠수를 시작한 것은 그리 오래 되지 않았다. 제주해녀들이 와서, 물질로 소득을 올리는 것을 보고 흉내를 내기 시작한 것이다.

10년을 넘게 통영의 섬을 다니면서, 오로지 곤리도에서만 '물질하는 남자' 해남海南 이야기를 접할 수 있었다.

"우리 할아부지, 아부지도 자무질을 했다 아이가."

김광곤 곤리마을 이장은 자신의 선대뿐만 아니라 곤리도 사람들의 선조 가운데 남자들은 대부분 바다 물속으로 들어가 전복을 따서 생계를 이었다고 설명했다. 일반적으로 전복 등을 따기 위해 머리가 물속으로 들어갔다 나왔다 하는 행동을 '자맥질'이라고 하는데, 곤리도에서는 이를 '자무질'이라고 부른다.

조선 시대에는 통제영과 왕실, 조정에 전복을 진상해야 했고, 일제강점기에 이어 1950년대 돛단배의 시대까지도 전복을 따서 가족들을 먹여 살렸다. 이곳 곤리도에서는 여자가 자무질을 하는 경우는 거의 없고, 전적으로 남자들이 그 역할을 도맡았다.

"남자들이 숨을 더 오래 참는다 쿠데. 우리 아부지도 한번 물 속에 들어가모 질게는길게는 3분 이상을 참고, 전복을 따셨다 카대."

"해녀하고 똑 같네요?"

"하모. 그라니까 제주도에 해녀가 있다쿠모, 우리 곤리도는 해남이 있던 기지."

"곤리도 주변으로 어장환경이 좋았십니까?"

"곤리도 해안신이 워낙에 들고 나는 생김새리아스시 해안를 하고 있으니, 전복이 마이 났어. 바다 물밑에는 돌도 많아서 전복이 붙기가 좋

곤리도 해남(海男)을 설명하는 김광곤 곤리마을 이장.

았던 기라."

"아, 그래예?"

"곤리도뿐만이 아니다. 연대도 옆에 안부지, 바깥부지내부지도, 외부지도까지 다 곤리도 소속이었다 쿠대. 욕지도까지 진출해서 그 물밭에서도 작업했었다."

김광곤 곤리마을 이장의 설명은 20년 남짓 연상인 염상근 전 연대도 노인회장의 설명과도 일치했다.

조선시대 공도정책空島政策에 따라 욕지도 등 먼바다의 섬 거주민들은 모두 육지로 강제 이주 당했다. 그 섬에 다시 사람들이 들어가 개척한 지 불과 130년밖에 되지 않았다. 사람들이 떠나고 빈 섬, 그 바다에는 전복이 지천이었다.

그 사이, 곤리도와 연대도, 학림도 등 가까운 섬 사람들은 욕지도와 노대도 등 먼 바다 섬으로 물질을 하러 나갔다.

염상근 전 연대도 노인회장에 따르면 조선시대에는 곤리도와 연대도, 학림도 남자들도 자무질을 했다. 그런데, 일제강점기 연대도와 학림도 남자들은 다른 일로 전업을 한데 비해, 곤리도 남자들은 1960년대까지도 자무질을 했다.

염상근 전 노인회장은 "곤리도에서 70대 이상은 그 아버지들이 자무질을 했으니까, 아버지한테 들은 거지."라면서 "연대도 사람들이 부지도에서 미역을 장대로 따고 있으면, 곤리도 남자들이 자무질을 해서 더 깊은 물속에서 미역을 따냈다. 수확량이 비교도 안돼서 혀를 내두르곤 했다"고 기억했다.

조선시대 자료들에서도 곤리도의 전복 진상과 전복을 따는 곤리도 남자들에 대한 기록을 찾을 수 있다.

통제영 당시 기록인 『통영지統營志』 토산土産과 진공進貢편에는 통영의 대표적인 특산물에 내구大口魚, 청어靑魚와 함께 전복生鰒이 기록되어 있다. 특히 생전복과 찐전복生熟鰒을 6개월 동안 진상하고, 반건조 전복인 연전복軟全鰒을 3월과 9월에 받쳤다.

2013년 발간한 『산양읍지』 '고문서로 보는 곤리도 생활문화사'는 이를 보다 상세하게 기록하고 있다. 이해준 공주대학교 교수는 1800년부터 1882년에 이르는 곤리도 문서 68종을 분석, 소개하였다.

가장 오래된 1800년정조 24년, 1818년 〈춘원면 당포경 곤리도 거민 등장春元面 唐浦境 昆里島 居民等狀〉과 〈당포진선 영건기唐浦津船 營建記〉에서는 "곤리도 주민들은 오로지 생숙복生熟鰒과 연전복軟全鰒의 진상만을 전담하고 있었으나, 갑자기 당포진의 전선戰船을 건조하는 역役이 분배되었다"면서 합당한 처분을 청원하였다.

1846년 한글로 작성된 〈동중전장기洞中傳掌記〉, 즉 동임洞任의 사무 인수문계에서도 '전복홍합문서 2장'이 포함되었다. 즉, 1800년대에도 곤리도에서 전복이 많이 생산됐으며, 곤리도 남자들이 전담하는 중요한 역役이 전복 진상임을 파악할 수 있다. 또한 전복을 채취하는 남자들을 해부海夫, 채복군採鰒軍, 진상군進上軍, 침수군沈水軍으로 표현하고 있다.

1845년 〈당포곤리거 침수군등장唐浦昆而居 沈水軍等狀〉에서는 침수군들이 전복 진상 물량을 맞추기 위해 죽음을 무릅쓰고 험한 바다로 들어가는데, 갑자기 매일 300~400개 혹은 400~500개를 바치라고 한다면서 어려움을 호소하였다.

조선후기 진상을 위해 남자들이 자무질한 곤리도. 이 섬에서 오늘날에는 물고기를 키우듯 가두리에서 전복 양식이 이뤄지고 있다.

* 왜 곤리도에서 전복 양식을 하냐고요?

전남 완도는 국내 전복 생산량의 80%를 생산하고 있다. 그래서 전복하면 당연히 전남을 생산지로 떠올린다. 그런데, 통영에서도 전복 양식이 이뤄지고 있다.

곤리도 현대수산 황정영 대표에게 "왜 전남 완도가 아니라 통영 곤리도에서 전복 양식을 하느냐?"고 물었다. "곤리도 전복이 충분히 경쟁력이 있다"는 대답이 돌아왔다.

황정영 대표는 곤리도와 인연이 깊다. 1998년 처음 어린 전복을 생산한 종묘배양장도 곤리도목개, 김수길 전 경남수산업경영인연합회장에게 전복 양식을 배운 곳도 곤리도가마섬 앞였다. 2010년 독립해서 가두리식 전복 양식장을 운영하고 있는 곳도 곤리도작은개이다.

황정영 대표가 곤리도를 선택한 이유는 무엇일까?

"영상 7.6℃가 전복 양식에서는 가장 중요한 온도입니다. 사람으로 치면 0℃입니다. 그러니까 수온이 6.6℃가 되면 -1℃인거죠. 그 아래로 수온이 떨어지면 전복이 성장을 멈춥니다. 전남 바다가 그렇거든요. 겨울철 수온이 확 떨어집니다. 그런데, 통영 곤리도 바다는 한겨울에도 영상 10℃ 이상을 유지합니다. 큰 장점이죠."

여름철에도 통영 곤리도가 유리하다.

"여름철에도 통영 곤리도가 유리해요. 수온이 급격히 올라가면 전

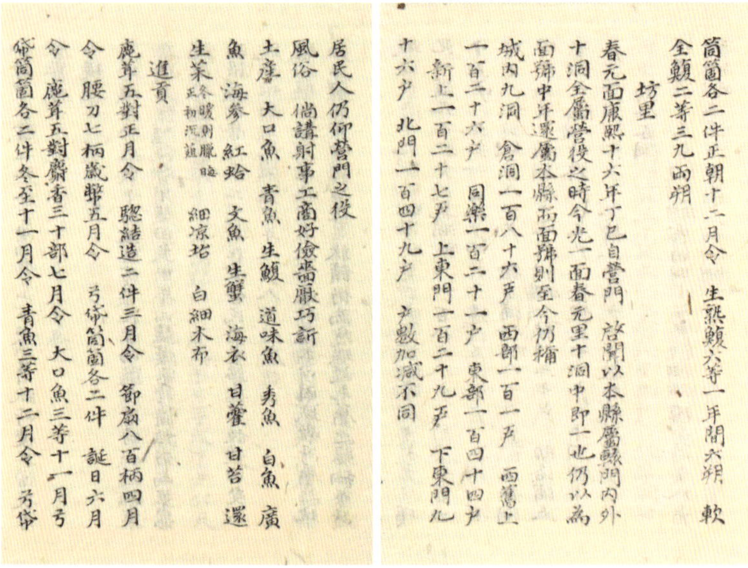

筒箇各二件正朝十二月令 生熟鰒六等一年間六朔 軟
全鰒二等三九兩朔
坊里
春元面康熙十六年丁巳自營門 啓聞以本縣屬縣門內外
十洞全屬營役之時今光一面春元里十洞中即一也仍以爲
面號中年還屬本縣而面號則至今仍稱
城內九洞 倉洞一百八十六戶 西部一百一戶 西舊上
一百二十六戶 同樂一百二十一戶 東部一百四十四戶
新上一百二十七戶 上東門一百二十九戶 下東門九
十六戶 北門一百四十九戶 戶數加減不同

居民人仍仰營門之役
風俗 尚講射事工商好儉嗇厭巧詐
土產 大口魚 青魚 生鰒 道味魚 秀魚 白魚 廣
魚 海參 紅蛤 文魚 生蟹 海衣 甘藿 甘苔 還
生菜 細涼笠 白細木布
進貢
鹿茸五對正月令 驄結造二件三月令 節扇八百柄四月
令 腰刀七柄歲幣五月令 弓俗筒箇各二件 誕日六月
令 鹿茸五對麝香三十部七月令 大口魚三等十一月弓
俗筒箇各二件冬至十一月令 青魚三等十二月令 弓俗

『통영지』 토산, 진공편. 전복(全鰒)은 통영의 대표적인 토산물이자 진상품이었다. ⓒ서울대학교 규장각한국학연구원.

복이 대량 폐사하기 쉽거든요. 그러니 완도에서는 울며 겨자먹기로 다 자라지 못한 전복을 저가 처분해요."

통영 곤리도는 전복 생산에서 가장 큰 시련기인 겨울과 여름철 수온이 일정하게 유지되면서 전복을 꾸준하게 키울 수 있는 장점을 갖고 있다. 그만큼 전복을 양식하는 기간을 줄일 수 있어서, 경비 부담을 줄일 수 있다. 반면, 완도는 수온의 변화가 잦다.

특히 전복은 1kg당 10미마리 정도 크기로 자라야 최고의 상품성을 인정받을 수 있는데 수온이 변화가 크면 이 보다 작은 전복을 출하할 수밖에 없다.

"상품성이 높은 1kg당 10미 크기로 키우려면 2년에서 2년 반을 양식해야 하거든요. 곤리도는 수온이 좋으니, 잘 자랍니다. 곤리도 바다를 믿고 자신 있게 전복을 양식하는 거죠."

전복은 미역과 다시마를 주로 먹는데, 식욕이 매우 왕성한 편이다. 그래서 전복 양식장 1ha를 운영하기 위해서는 3~5ha 크기의 해조류 양식장이 필요하다. 전복 양식장과 해조류 양식장이 가까우면 더욱 좋다. 곤리도 바다는 전복도 잘 자라고, 해조류도 잘 자란다.

여기에다 조류 소통도 원활하다. 곤리도 바다에는 사량도에서 학림도한산도 방향으로 조류가 빠르게 흐른다. 양식장에는 많은 수의 전복이 한꺼번에 자라니, 물의 소통이 매우 중요하다. 한여름 방안에 공기가 안 통하면 갑갑한데, 시원하게 통풍이 잘되는 셈이다.

통영의 양식업은 2003년 태풍 '매미' 이전과 이후로 나누어진다. 특히 통영의 어류양식장이 초토화되었다. 이때 어류양식장을 새로 건조하거나, 허가를 변경하는 과정에서 '물 바로 아래에는 물고기를 키우고, 바닥에는 전복을 키우는' 복합양식 방법이 새로운 대안으로 떠올랐다.

"태풍 매미 이전에는 전복을 채롱에 넣어 양식했습니다. 작은 화분에 키운 셈이죠. 2003년 이후에는 가두리 방식이 허가됐죠. 넓은 밭에서 키울 수 있게 된 거죠. 전화위복이라고, 태풍 매미 이후 통영 곤리도에서 전복양식은 큰 경쟁력을 확보하게 되었습니다."

1ha헥타르의 전복 양식장에는 몇 마리의 전복이 자라고 있을까? 1ha에는 2.5m×2.5m 크기 수조가 320칸 정도 있다. 수조마다 작은 전복은 2~3,000마리가, 큰 전복은 1,000마리쯤 들어 있다. 최소 32만 마리 이상의 전복이 자라는 셈이다.

* 전교생 2명, 창우, 지미가 알려주는 '슬기로운 곤리여행'

전교생 2명인 산양초등학교 곤리분교분교장 강동훈에서 '슬기로운 곤리여행' 안내 팜플렛을 만들었다는 소식을 듣고 너무나도 기뻤다.

곤리도 섬마을에서 6학년 김창우, 3학년 이지미 학생은 보석보다 더 귀한 아이들이다. 수십 곳에 달하던 통영의 섬 학교 가운데, 이제 분교는 산양초교 곤리분교와 원량초교 연화분교 2곳만 남았다.

전교생 2명, 교사도 2명이니, 학생과 교사가 맞춤 교육을 한다. 섬의 특징을 살려 '곤리도 쓰레기 줍기'와 '섬쓰레기 모니터링'을 해왔다. 덕분에 해양수산부 주최 '어린이 바다 퀴즈 대회'에서 수상하기도 했다.

'학교예술강사지원'을 통해 차진현 사진작가가 배를 타고 곤리도에 들어와 매주 3시간씩 사진 수업을 한다. 아이들이 사진 찍기를 좋아하고, 실력도 늘면서 곤리도의 풍경과 생활을 카메라에 담았다. 이번 곤리도 안내 팜플렛에 들어가는 사진도 아이들의 실력이다.

이지미 어린이.

'방과후 특기 적성' 수업 덕분에 외발 자전거를 자유자재로 타고, 우쿨렐레 연주 솜씨도 빼어나다. 섬의 언덕에 자리 잡은 학교에서 김창우, 이지미 학생의 활기찬 웃음소리가, 둘이 함께 연주하는 우쿨렐레 연주 소리가 섬마을과 바다에 울려 퍼진다.

김창우 어린이.

단점도 있다. 합창이나 합주가 어렵고, 축구나 농구처럼 여러 명이 함께 해야 하는 운동 경기를 할 수 없다. 그래서 배를 타고 본교인 산양초교로 가서 장기자랑과 운동회에 참여한다.

2020년 강동훈, 김정수 선생님과 김창우, 이지미 학생이 의기투합해서 수업 시간에 배운 곤리도의 유래와 곤리도에 있는 문화재, 문화, 환경 요소를 담아 안내 팜플렛을 제작했다.

김정수 선생님은 "곤리도는 육지와 너무도 가까운 섬인데, 의외로 시민들이나 관광객들에게 많이 알려지지 않았죠. 우리 아이들의 시각에서 곤리도를 관광객들에게 알리고 싶어서 당시 유행한 '슬기로운 의사생활'에서 이름을 딴 '슬기로운 곤리여행'을 만들었어요"라고 소개했다.

김창우, 이지미 학생이 추천하는 곤리도 여행지 5곳은 어디일까?

첫 번째, 당산과 팽나무. 곤리도 사람들이 마을의 안녕과 풍요를

곤리도 당산나무에서 마을을 내려다 본 풍경.

기원하는 곳이다. 두 번째, 솟대와 천하대장군. 솟대의 위에는 '고니새가 날아가는 형상'을 한 조형물이 설치되어 있다.

세 번째, 팔각정. 날씨가 무더운 날 쉬어가기 딱 좋은 곳이다.

네 번째, 드라마 촬영지. 배우 장나라와 장혁의 달콤한 코믹 로맨스가 돋보인 2014년 방영한 MBC 드라마 〈운명처럼 널 사랑해〉에서 극중 미영장나라의 집이다. 다섯 번째, 곤리분교. 마지막 스탬프를 찍고, 선물을 받는 곳. 두 학생이 직접 찍은 '곤리도 풍경' 등 사진 엽서 10장을 선물로 받을 수 있다.

김창우, 이지미 학생은 "우리가 만든 '슬기로운 곤리여행' 팜플렛을 보고 많은 분들이 우리가 사랑하는 섬 곤리도를 찾아 주셨으면 좋겠어요. 우리가 찍은 사진들이 전국에, 세계에 곤리도를 알리면 기쁘겠어요"라고 당차게 말했다.

다만 "사계절 낚시꾼이 많이 오셔서 낚시를 즐기시는데, 쓰레기를 버리고 가시는 분들이 많으세요"라면서 "꼭 쓰레기를 되가져 가시고, 환경에 관심을 가져 주세요"라고 부탁했다.

의협심이 강한 김창우 학생은 소방관이 꿈이다. 이지미 학생은 그림을 소재로 한 유튜버나 화가가 장래 희망이다.

아이들과 학교는 '섬의 미래'이다. 내년이면 김창우 학생이 졸업한다. 중학교로 진학을 하면, 배를 타고 육지로 통학하거나, 하숙집을 구해야 한다. 현재 3학년인 이지미 학생이 남아, 분교장의 문은 몇 년 동안은 닫히진 않을 것이다. 이지미 학생, 그 다음 학생이 있을까?

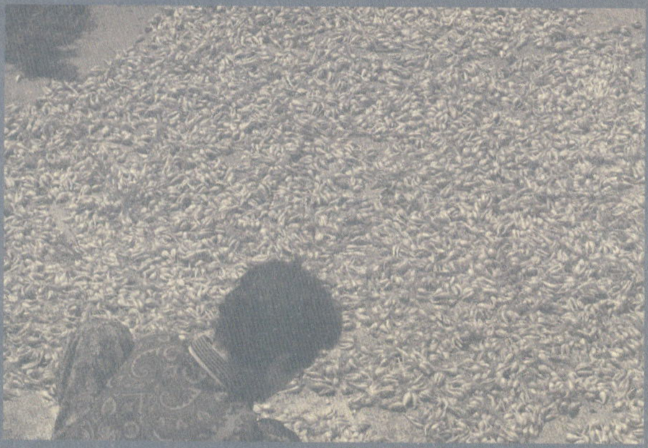

연대도

장수기 어선 한척이 한번 조업을 다녀와
홍합을 실으면 5톤 트럭에 한가득이었다.
집집마다 돈다발이 그득하게 쌓였다.
인근 고성이며 사천에 논밭도 사들였다.

연대도

* 태풍이 준 선물,
5,000년 전 발찌를 찬 사람

통영에 언제부터 사람이 살았을까? 이 의문에 대한 해답을 주는 곳이 바로 연대도이다.

5,000년 전 발찌를 찬 사람, 바다를 바라보고 있는 13구의 인골, 고대 한일관계의 비밀을 간직한 흑요석 등…. 연대도는 우리나라 신석기를 대표하는 유적지로 첫손에 꼽히고 있다.

1987년 태풍 '셀마'는 대한민국 신석기시대 연구에 새 지평을 열어준 고마운 태풍이었다. 1988년~1991년 4차례 연대도 유적 발굴에 참여하고 직접 보고서를 작성한 임학종 전 김해박물관장은 이를 '태풍이 주고 간 선물'이라고 부른다.

"1988년 3월이었죠. 연대도 서씨묘 언덕에 올라서서, 동쪽 땅을 바

연대도 7호 무덤 발찌 출토 당시 장면. ⓒ임학종 전 김해박물관장

라보는 순간, 신세계가 펼쳐지더군요. 그걸 기적이라고 표현할 수밖에 없어요."

연대도에서 발굴된 유물들은 고고학자들뿐만 아니라 언론과 세간의 큰 관심을 받았다. 첫 번째 주목받은 유물은 '5000년 전 발찌'였다. 운이 좋았다. 태풍으로 다른 무덤을 덮었던 자갈이 쓸려나가 엉망인데, 7호 무덤에만 자갈이 소복이 쌓여 있었다. 인골의 보존 상태가 너무 좋았다. 납작한 베개처럼 생긴 머리 받침돌까지 그대로 남아 있었다. 마지막 자갈돌을 들어내는데 예감이 이상했다.

"인골의 오른쪽 발목 주변에 동물 치아에 구멍이 뚫린 게 보이는 거에요."

하나, 둘, 셋. 세면 셀수록 늘어났다. 당시 학예사 시보였던 임학종 전 김해박물관장은 '이거 혹시 발찌일지도 모른다'는 생각이 들었다.

발찌라면 발목을 두르고 있어야 한다. 그래서 발을 살짝 들어보았다. 동물 치아가 발목을 빙 돌아가면서 수십 점이 있었다.

신석기 유적에서 발찌가 발견된 사례는 30년이 지난 지금까지 연대도가 유일무이하다. 이 발찌는 인간이 직접 발목에 착용한 점, 돌고래와 수달, 너구리 등 바다와 육지 동물의 치아가 사용된 점, 온전한 세트로 발굴된 점, 무엇보다 40대 남성이 주인공이라는 점에서 큰 주목을 받았다.

영화에서 보면 인디언들이 발목에 치렁치렁 발찌를 차고 춤을 추는 장면이 있다. 그와 비슷했을 것이다. 그런데 아직도 무속의식을 행하는 무당이 착용했는지, 정치력을 행사한 추장이 착용했는지는 미스터리다.

1990년 언론에서는 '통영 연대도에서 인골人骨 13구 출토' 기사를 대대적으로 보도했다. 당시 인골들이 주목받은 이유가 무엇일까?

한꺼번에 13구의 인골이 발굴되기는 처음이었다. 연대도에서는 무덤 15곳, 인골 13구가 발굴되었다. 2호 무덤에서는 가족으로 보이는 남자와 여자, 신생아의 뼈도 나왔다. 5호 무덤에서는 돌도끼와 사슴뼈로 만든 낚시바늘도 출토되어, 신석시 시대 수렵과 어로를 보여주는 중요한 단서가 되었다.

국립진주박물관과 통영군에서 1993년 발간한 〈연대도煙臺島〉 유적조사 보고서를 읽어보니, 상반신 이상이 출토된 인골들이 모두 '시선이 바다쪽으로 향하는' 공통점이 있었다.

임학종 전 관장은 "능선에 매장한 인골은 목을 인위적으로 틀어서 시선을 바다 쪽으로 향하게 했다. 삶의 터전이자, 주무대인 바다를 바라볼 수 있도록 한 것 같다"고 설명했다.

화살촉이나 작살 등 사냥에 사용한 도구의 원재료가 되는 '흑요석' 발굴 역시 한-일 교류와 관련되어 깊은 관심을 받았다. 연대도에서 발견한 너비 7.8cm에 달하는 흑요석 원석黑曜石 原石은 현재까지도 우리나라에서 가장 크다. 흑요석은 화산이 분출할 때 용암이 흘러내리면서 굳은 화산암으로 주로 검은색을 띠고 유리처럼 반짝여서 붙여진 이름이다. 칼날처럼 날카로운 특징을 가지고 있다. 통영 연대도는 우리나라 흑요석 원산지인 백두산 화산과 너무 멀리 떨어져 있었다. 그래서 성분을 분석해 보았더니, 놀라운 결과가 나왔다.

연대도에서 출토된 흑요석의 산지가 일본 규슈로 확인된 것이다. 특히 일본 규슈 사가현에 있는 '고시다케腰岳, 해발 487.7m'는 이후 우리나라 남해안에서 출토된 흑요석 상당수의 원산지로 밝혀진다. 고시다케는 화산 관광지로 유명한 규슈 아소산과 가깝다.

"통영을 비롯한 남해안에서 발견되는 흑요석은 대부분 일본 규슈가 원산지에요. 강원도 쪽은 백두산 화산과 연관이 있고요."

흑요석은 신석기 시대부터 한-일간의 교류가 있었음을 보여주는 중요한 유물이다. 처음에는 서로에게 필요한 원재료나 도구의 교환에서 시작하여 차츰 문화 교류로 이어졌다고 보고 있다.

* 신석기 패총이 가장 많은 도시 통영

2005년 창녕 비봉리에서 우리나라 최초의 통나무배가 발굴되었다. 일본에서 가장 오래된 배 도리하마鳥浜 1호보다 무려 2,000년 이상을 앞선, 8,000년 전 신석기시대 실물 배가 출토되면서 학계는 물론 전 국민의 관심을 받았다.

이 발굴을 주도한 인물이 임학종 전 김해박물관장이었다. 토기에 남은 문양이나 장식을 보면서 평생 실물 배를 찾고자 한 노력이 결실을 맺은 순간이기도 했다. 하지만, 그와 통영 연대도와의 인연이 없었다면, 그 같은 성과가 없을 수도 있었다.

그는 원래 가야사에 관심을 가진 청년 사학도였다. 1984년 국립진주박물관이 개관하면서, 영원한 캡틴 한영희 초대관장이 갓 대학을 졸업한 26살 청년을 일용직 연구원으로 채용했다. 4년 후인 1988년 연대도와의 인연은 청년 임학종의 인생을 극적으로 전환시킨다.

“상노대도를 발굴하던 동아대학교 심봉근 교수가 태풍 ‘셀마’로 연대도 동쪽 해안가에 패총이 드러나 있다’고 알려주었지요.”

캡틴이 “연대도에 가봐라”고 지시했다. 하필 모처럼 맞은 휴가 기간이었다. 하지만 캡틴의 엄명을 지켜야 했다. 그래서 신석기를 전공한 후배 신종환전 대가야박물관장과 함께 1988년 3월 21일 오후 2시30분 여객선으로 연대도에 들어갔다.

"밭에 귀한 토기, 흑요석이 그냥 나뒹굴고 있는 거라. 너무 좋아서 막 주우면서 해안가 끝까지 갔죠."

연대도의 동쪽 끝에 도착, 태풍으로 무너진 해안가 단층을 보곤, 너무 기뻐서 둘이서 '와', '와'하고 감탄을 하면서, 한참을 어쩔 줄 모른 채 서 있었다고 한다.

"한, 두 점을 발견해도 대박인 돌도끼도 몇 개씩 겹쳐 있고요. 해안가 단애에는 토기가 엄청 박혀서 버글버글하고요. 전날 비가 왔나봐. 햇살을 받으면서 흑요석들이 여기저기서 반짝반짝거리면서 '안녕하세요' 인사를 계속 하는 것 같았죠."

30년도 더 지난 일을 바로 어제 일처럼 또렷하게 기억하는 임학종 전 관장. 연대도 해안 끝에 선 순간부터, 당시 유물들을 이야기하는 그의 얼굴이 20대 청년처럼 환하게 빛난다.

일반적으로 신석기시대 토기하면 '빗살무늬토기'를 떠올린다. 이보다 앞선 초기 신석기를 대표하는 유물이 융기문덧무늬 토기이다. 흙을 불에 구운 후 바깥 면에 빗살무늬를 새긴 빗살무늬토기와는 달리, 토기의 표면에 점토 띠를 덧붙였다.

"덧무늬토기가 얼마나 귀하냐? 내륙에서는 유적인 줄 알고 찾아가도 하루에 한 점 만날까 말까해요. 그런데, 연대도에는 밑바닥부터 아가리까지 촘촘하게 박혀 있는 거예요."

이날을 계기로 1988~1991년 4차례 발굴을 통해 5호 무덤에서는 10여 점 이상 돌도끼를 수습하고, 완전한 토기 형태를 갖춘 덧무늬토기를 찾았다. 흑요석이 반짝거리던 7호 무덤에서는 발찌를 찬 사람까지 출토되었다. 연대도 패총은 신석기를 대표하는 사적 355호로 지정되었다.

얼마나 기분이 좋았던지, "통영에서 제일 비싼 데서 자자"며 통영 서호시장 맞은편 비치호텔에서 숙박했다. 박물관 학예연구사 시보여서 월급이 15만 원에 불과할 때였다.

"호텔 샤워실에서, 둘이서 배낭 가득히 넣어온 유물을 깨끗이 씻었죠. 종이신문을 방바닥에 깔아놓고, 유물을 진열했죠. 세상 누구도 부럽지 않더라고요."

임학종, 신종환. 두 젊은 연구자는 다음날 아침 7시 여객선을 타고 상노대도에 들어갔다. 동아대 심봉근 교수팀에서 한번 발굴한 현장이었지만, 여전히 신석기 유적이 많이 남아 있었다. 가공 흔적이 뚜렷한 석기며 흑요석까지. 흑요석 화살촉을 발견하는 행운도 누렸다.

"연대도하고 상노대도에서 주운 흑요석이 우리나라 보고서에 나온 흑요석보다 양이 더 많아요"라며 "그때 우리는 어려서 반짝거리는 거는 다 주웠으니까요"라며 웃는다.

1988년 여름 '한전 건물 신축 중 패총이 나왔다'는 신문 기사가 보도되었다. 캡틴 한영희 관장이 "여름 휴가 때 욕지도 현장을 다녀오라"고 지시했다. 어쩌겠는가? 가라면 가야지.

"한전에서 건물 공사를 하다가 흙을 한 군데 다 모아둔 거라. 제가 가보니 그 안에서 귀한 흑요석이 많이 나오는 거예요. 밀감 밭에서 돌도끼가 나오고요.”

욕지도에서 배낭 가득 흑요석과 돌도끼를 짊어지고 오자, 캡틴은 그를 아예 현장 책임자로 임명했다. 욕지도 패총에서도 인골이 남아 있는 무덤 4기基를 발굴하였고, 남해안 신석기 묘제 연구에 새로운 계기가 되었다는 평가를 받았다.

임학종 전 관장은 이렇게 30년 전부터 통영의 3대 신석기 유적인 연대도, 노대도, 욕지도와 인연을 맺었다.

연대도 패총을 발굴하면서도 '신석기'를 전공할 생각이 없었다. 청년 임학종의 관심은 미개척 분야인 가야사史에 있었다. 그런데, 캡틴이 자꾸만 권했다.

“저는 문헌 사학을 전공했기에, 고고학을 하면 안 된다는 자격지심이 있었어요. 그런데, 연대도 발굴 보고서를 작성하고, 학회에서 발표하면서 점점 흥미가 생기더라고요.”

연대도를 비롯한 통영의 패총 발굴은 가야사 연구자가 될 뻔한 그의 인생을 신석기시대 전문가로 바꾸어 놓았다.

만약 청년 임학종이 1988년 3월 21일 통영 연대도행 여객선을 타지 않았다면, 그가 평생 추적한 신석기시대 '실물 배'인 창녕 비봉리 '통나무배'를 발견하지 못했을 수도 있다.

그런데도, 아쉽다. 연대도 패총은 햇수로는 4차례 발굴이라고 하지만 1~3차를 합쳐서 77일, 4차가 85일에 불과했다. 연대도 유적지의 1/10도 발굴하지 못했다. 국가 사적으로 지정은 되었지만, 30년째 거대한 황무지로 남아 있다.

연대도는 정징원 전 부산대 교수와 '한국신석기연구회'를 만든 곳이기도 하다. 현재 한국신석기학회의 전신이다. 일본 규슈 '조몬繩文연구회'와 첫 교류를 시작한 뜻깊은 장소이다.

무엇보다 최소 30곳 이상 패총을 가진 도시 통영에서 본격적인 패총 연구가 되지 못한 것이 가장 아쉽다. 임학종 전 김해박물관장은 "통영 역사하면 누구나 '이순신 장군과 통제영'을 떠올릴 것입니다. 두 번째로 통영에서 중요한 역사가 바로 신석기시대"라고 강조한다.

가깝게는 비진도, 용호도 같은 섬, 멀리는 국도나 갈도 같은 섬을 비롯해 통영은 신석기 패총이 가장 많은 도시다. 그의 마지막 바람은 통영시나 경남도에서 예산을 마련해서 '신석기시대 패총 전수 조사'를 실시하고, 역사에 남을 '패총 집성 자료집'을 제대로 발간하는 것이다.

* 모구리 배가 20척이 넘었제

"광복되고 모구리 배가 우리 섬에만 스무 척이 넘었제. 경남 바다 돈을 싹 끌어모았다."

"스무 척이나요?"

1931년생으로, 2021년 만 90세인 염상근 전 연대도노인회장은 광복 전후의 모구리[潛水器, 잠수기] 산업 상황과 모구리 어선을 스무 척 이상 연대도 사람들이 보유하게 된 사연, 그리고 30년 이상 자신의 삶과 이어진 인연을 이야기했다.

"내가 죽고 나면 누가 이걸 말해주겄노" 하시면서 '마루세' 회사에 대한 설명부터 하신다. 일제강점기 통영 시내 동충東忠, 항남동 끝에 수산회사들이 성황을 이루었는데, 그 가운데에서도 가장 많은 잠수기 어선을 보유한 회사가 마루세였다.

"마루세 회사 상표가 '동그란 원' 안에 한자 '세世'를 일본어로 쓴 '세せ'자라. 연대도에 20척 이상 모구리를 보유하고 있었어. 다른 회사들은 몇 척씩이고. 왜정시대에는 마루세 오야붕이 연대도에 상주했어. 광복되면서 그걸 전부 물려주고 갔거든."

하지만, 상표만 기억할 뿐 정확한 회사명이나, 사업주의 이름은 기억하지 못했다.

"노인회장님도 잠수기를 물려받으셨습니까?"

"아니, 나는 그때 열여섯, 열일곱 정도로 에렸지어렸지. 우리 친형님

일제강점기 모구리(잠수기) 조업 장면. ©조선잠수기 어업연혁사

이 받았지."

잠수기어업에서 가장 중요한 역할은 '모구리잠수부'였다. 모구리는 '잠수潜水'를 의미하는 일본어 '潜り모구리'에서 유래했다. 그래서 통영 사람들은 잠수기라는 표현보다 '모구리' 일본식 표현이 더욱 익숙하다.

일제강점기 '모구리' 사진을 보면, 머리에 원형 투구를 쓰고, 잠수복을 입은 잠수부가 오늘날 우주복을 입은 우주인을 연상시킨다. 일반적으로 잠수부가 쓰는 헬멧을 '투구'라고 부르는데, 염상근 전 노인회장은 '갑투甲鬪'라고 부른다. 원형 투구는 잠수기 어선으로부터 호스를 통해 산소를 공급받고, 큰 유리창을 통해 바닷물 속에서도 시야를

광복 전후부터 1980년대까지 모구리(잠수기)어업의 산증인, 염상근 전 연대도 노인회장.

확보할 수 있다.

광복 직후 잠수기 어선 1척에는 보통 9명, 많게는 12명까지 승선했다. 핵심 기술자인 잠수부가 2명, 선장, 그리고 선원들이었다. 이는 오늘날 선장과 기관장, 잠수부 총 3명인 구성과 큰 차이가 난다.

우선 2명의 잠수부가 승선하여 오전에 1명, 오후에 1명씩 조업, 최대한 많은 어획량을 올리고자 했다. 최대 수심 50m까지 잠수할 수 있었는데, 수심 20m 이내에서는 약 2~3시간을 잠수하고, 20m 이상은 1시간 정도 작업했다.

선상에서는 4명의 선원이 2명씩 짝을 지어서 시소처럼 위 아래로 '폼푸질펌프질'을 해서, 길이 100~200m에 이르는 호스를 통해 잠수부에게 공기를 공급했다. 워낙 해산물의 생산량이 많으니, 해산물을 처리하는 보조 선원이 최대 5명에 이르렀다.

염상근 전 노인회장은 "광복 직후에는 해산물이 억수로 많았어. 선상에서 바로 해산물을 처리했지. 해삼이 올라오모 창자를 따로 빼고, 고동은 고동대로 물칸에 넣고, 전복도 배 옆에 별도로 넣어서 살라가지고 왔거든"이라고 당시 조업 상황을 설명했다.

왜 연대도에서 잠수기 어업이 발달했을까?

염상근 전 노인회장은 우선 연대도와 가까운 '부지도 물밭'에서 돈이 되는 전복이 대량 생산되면서 연대도 잠수기 어업의 근거지가 된 것이라고 보았다. 또 다른 전복 물밭인 한산면 '소지도' 역시 가까웠다. 게다가 조선시대 공도정책空島政策으로 사람이 살지 않았던 욕지면 욕지도와 연화도 역시 연대도의 연고권을 주장했다.

"욕지도, 연화도에 다시 사람들이 들어가서 산 기, 몇 년이나 된다꼬. 200년도 채 안 된다. 그 사이, 산양읍 일대 섬 사람들이 전복하고, 미역을 채취하러 댕깄지. 그런 연고로, 왜정시대에도 우리 아부지들이 욕지 바다에서도 모구리 작업을 마이 했지."

1887년 나가사키長崎縣 잠수기 업자들이 처음 진출했다는 욕지도 역시, 조선시대 연대도 등 산양읍 일대 섬에서 전복과 미역을 채취하기 위해 어로작업을 했으니, 연대도에 잠수기 어선을 배치한 일본인들이 연고권緣故權을 주장하며 욕지도 바다까지 조업에 나섰던 것이다.

연대도 잠수기 어선들은 통영뿐만 아니라 경남 바다 전체를 누볐다. 국섬국도, 알섬홍도 같은 통영의 먼바다는 당연하고, 거제 해금강을 너머 부산 근처 가덕도에서도 조업했다.

잠수기 어선 20척을 운영하는 모항母港 연대도는 그야말로 부자 동네 '돈섬'이었다.

"광복 직후에 우리나라에 큰 공장이 있나, 뭐시 있노? 잠수부는 큰 기술이 있어야 하지만 선원은 누구나 할 수 있잖아? 20척 배에 7~9명씩 선원이 필요하잖아. 전국에서 젊은 사람들이 몰리 들었지. 전부 연대도로 돈 벌러 왔지. 그래서 '돈섬'이라고 불렀어."

200명 이상의 선원들이 연대도로 몰려들면서, 선창에는 술을 파는 술집이 7~8개 생길 정도로 흥청거렸다. 혈기 넘치는 젊은 선원들은 색시집에서 밤늦게까지 술을 마셨고, 싸움질도 곧잘 일어났다. 보다 못한 연대도 사람들이 '자체 통금시간'을 정할 정도였다.

"그때 주로 뭘 잡았습니까?"

"홍합이지. 홍합. 참홍합."

광복 이후에도 전복과 해삼이 생산됐다. 하지만 곧 6.25전쟁이 터지면서, 귀한 전복을 사먹을 사람들이 없었다. 대신 홍합이 잠수기 어업의 주된 어획물이 되었다.

왜 홍합일까? 6.25전쟁통에 피난민들이 부산으로 몰리던 시절이었다. 값싸고 양 많은 '동래파전'이 부산의 명물이 되었다. 통영에서 어획한 홍합의 80~90%가 부산으로 팔려 나갔다.

연대도 잠수기 어선들은 통영 바다에서 작업한 후, 부산 다대포에 '생물 홍합'을 하역했다. 그러면, 다대포 아낙네들이 밤새 홍합을 까서 부산항으로 가져가서 팔았다.

'통영 현금 부자 1위' 천명주 전 멸치권현망 조합장 역시 6.25전쟁 직후 잠수기 어업을 시작해 수산업으로 통영 최고의 부를 이루었다. 천명주 전 조합장은 생전 "부산 동래파전에 들어가는 싱싱한 홍합을 통영 모구리배들이 공급했다"고 자주 언급했다.

1950년대 잠수기 어선 1척이 한달 조업을 하면 50~60만원의 어획고를 올렸다. 이 가운데 공동경비 15만원을 제외하고 선주와 선원잠수

서호전통시장에서 홍합 껍데기를 까는 모습

부 포함이 반반 소득을 나누었다. 선주 손에 매달 20만원 이상이 잡혔다. 경찰 월급이 2만 8천원이던 시절이었다.

잠수기 어선의 남자들만 돈을 버는 게 아니었다. 연대도 아낙네들은 말린 홍합오가재비을 만들어서 마산어시장 도매상에게 팔았다.

"잠수기 배가 한꺼번에 들어와서 연대도 선창에 쫙 도열을 하면 장관이라. 그때부터 온 동네 여자들이 바쁜 거라. 집집마다 밤에 초롱불 켜놓고 홍합을 삶았제. 그 다음에 짚으로 된 모태 위에서 한 번 더 굽었어. 그라모 홍합 색깔이 빨갛게, 참 보기 좋게 익는 기라."

연대도의 남자들은 선주나 잠수부 기술자로, 여자들은 오가재비 홍합을 만들어서 돈을 벌었다. 그야말로 부자 동네, 돈섬이었다.

잠수기 어선 1척이 한번 조업을 다녀와, 홍합을 실으면 5톤 트럭에 한 가득이었다. 집집마다 돈다발이 그득하게 쌓였다. 인근 고성이며, 사천에 논밭도 사들였다. 그러나 잠시였다. '수중보물 멸종 위기'라는 1965년 경남매일신문의 보도에서 알 수 있듯, 홍합 채취량이 급격히 감소했다.

염상근 전 노인회장과 연대도 사람들은 1960년대부터 자원이 풍부한 제주도 원정 잠수를 다니기 시작했다. 1980년대까지 30년 긴 인연이었다. 제주도에는 잠수기 어선이 3~4척에 불과했다. 잠수부 기술자도 드물었다. 그러니, 통영 연대도 잠수부들이 제주도 선주들에게 환영을 받았다.

"신기하네요. 제주도 해녀들이 통영 섬으로 원정 물질을 하러 오고, 반대로 통영 잠수기 기술자들은 제주도로 갔네요."

"그기, 해녀하고 잠수기하고 서로 조업하는 수심이 달라서 그런기라."

일반적으로 해녀들이 조업하는 수심은 5~10m 남짓이다. 잠수기들은 최대 50m, 보통 수심 20~30m에서 조업을 하니, 섬이나 갯바위 근처 자원은 부족해져도, 수심이 깊은 제주도 바다에서는 전복 등 해산물이 여전히 풍부했다.

"성산포하고 소섬우도 사이에 물살이 엄청 센 데가 있어, 그래서 '세도'라고 부르는 바다인데, 물밑에 전복이 썩을 정도로 전복이 많아. 우리가 20kg 넘는 무거운 납알을 차고도 물살에 떠밀려 가면서 조업을 했거든. 해녀들은 엄두도 못내는 바다라."

제주도 선주들로부터 "제주도에 정착하라"는 제안을 숱하게 받았다. 하지만 1980년대 국내 관광이 대중화되기 전까지 제주도는 그야말로 교통 오지에, 먹고 살기 힘든 가난한 섬이었다.

"매년 조업을 가니, 제주도가 우리한테는 제2의 고향이라. '땅을 사라'고 권유도 마이 받았다. 그때 평당 20원 할 때라, 그때 샀으면 성산포 일대 땅이 전부 연대도 사람들 땅이 됐을 끼라. 그리 관광지로 발전할 줄 누가 알았노."

제주도 원정 잠수를 가니, 수수와 보리를 섞은 차조밥을 내놓았다. '기술자'라는 자부심이 넘쳤던 잠수부들은 성산포 선주에게 요구해서, 목포에서 쌀을 주문해서 쌀밥을 먹었다.

불편한 잠자리도 큰 문제였다. 멍석이나 장판을 깔고 나무로 장작을 해서 온돌방을 데우는 통영과는 달리, 제주도에서는 한 데에서 밥을 해먹고, 말똥이나 소똥으로 군불을 뗐다.

"성산포 숙소 방안에서 말똥 냄새 바람에 잠을 설쳤던 그때가 지금도 기억난다." 그래도 제주도 원정 잠수는 소득도 좋고, 대우도 좋았기에, 근 30년을 가고 오길 반복했다.

결국 과도한 수확이 문제였다. 물때에 맞추어 가까운 바다에서 잠시 물질을 하는 해녀와는 달리, 물때와 상관없이 몇 시간씩 조업하는 잠수부들은 수확량에서 큰 차이가 났다. 1980년대 '잠수기 금지'를 요구하는 제주 해녀들의 목소리가 높아졌고, 제주도 원정 잠수도 끝이 났다.

소득이 높은 만큼 잠수부들이 위험에 처한 일도 많았다. 배와 모구리를 이어주는 공기 호스줄이 생명줄인데, 조류에 휩쓸리다 보면 몸을 휘감아 저승줄이 될 수도 있었다. 그런 위험이 있어도 워낙 벌이가 좋으니 그 시절에는 다들 모구리 기술자가 되고 싶어 했다.

* 모구리어선 '마루세' 깃발과 칸노상점神野商店

"마루세? 마루세라. 어디서 본 것 같은데?"

염상근 전 연대도노인회장으로부터 통영에서 가장 많은 잠수기 어선을 보유하고, 회사가 오늘날 항남동인 동충에 있었으며, 무엇보다 어선에 부착한 깃발 상표가 '마루세'였다는 설명을 듣는 순간, '번쩍' 하고 생각나는 일본인이 있었다.

그래서 일제강점기 통영 자료를 찾기 시작했다. 염상근 전 노인회장이 연대도에서 그려준 상표와 동일한 상표를 1915년 발간한 『경남 통영군 안내』에서 확인할 수 있었다. '동그란 원' 안에 일본어 '세セ' 상표. 바로 '칸노상점神野商店'이었다.

일제강점기 통영에는 양대 일본인 부자 가문이 있었다. 육상에서는 인근 고성 평야에서 생산되는 쌀을 중심으로 부를 쌓은 핫토리服部가문, 그리고 잠수기어업을 바탕으로 해운, 양조, 철공업까지 사업을 확장한 칸노神野 가문이었다.

칸노 가문은 통영 항남동 동충 '칸노상점神野商店'에서 엄청난 부의 기초를 쌓았다.

『경남 통영군 안내』에는 '마루세' 상표가 눈에 띄는 '칸노상점神野商店'이 소개되어 있다. 주요 취급 품목은 잠수기어업潛水器漁業, 해산물海産物, 각종 석탄石炭이다. 소재지는 오늘날 항남동인 길야정吉野町이다.

염상근 전 연대도 노인회장이 증언한 통영 최대 잠수기회사 '마루세'가 바로 '신야상점神野商店'이다. 가문이며 상점을 한자로는 '신야神野'라고 쓰고, 일본어로는 '칸노'라고 불렀다.

김세윤 전 통영문화원장은 생전 "항남동 조흥저축은행 옆 큰 저택이 '칸노저택'이고, 현재 한산대첩광장이 된 '장원수산' 자리가 칸노상점神野商店이었다"고 자주 설명하시곤 했다.

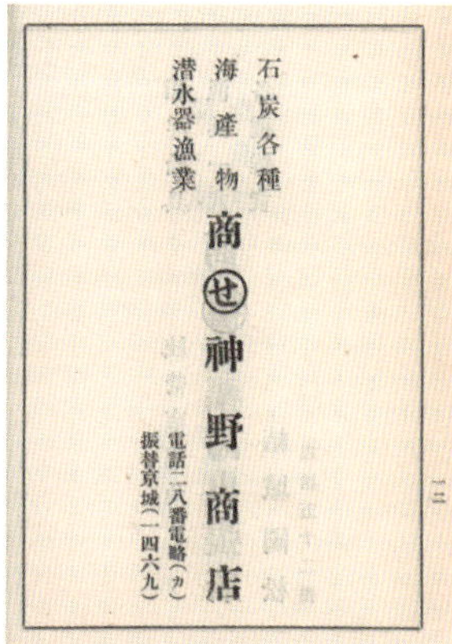

신야상점 '마루세' 상표『경남 통영군 안내』.

일본인들이 발간한 일본어판 〈부산일보〉에 등장하는 '3명의 칸노神野'를 통해 칸노 가문이 쌓은 부가 얼마나 대단하며, 아직도 그 흔적이 통영 곳곳에 남아 있음을 확인할 수 있다.

첫 번째 인물은 '칸노 칸고로神野勘五郎'이다. 1918년 12월 3일자 '통영기념호統營記念號'에서 칸노 칸고로를 '남선남조선 제일의 잠수어업가'로 소개하고 있다.

일본 시코쿠 도쿠시마현四國 德島縣 출신으로, 1918년 당시 이미 통영을 근거로 5척의 잠수기 어선을 운용하여, 남조선 잠수기의 패권을 장악하고, 시모노세키下關, 나가사키長崎, 고베神戶와 교토京都, 오사카大阪까지 상권을 확장하고 있었다.

두 번째 인물은 '칸노 이치오神野一男'이다. 1933년 2월 19일 '결혼식'

칸노상점(神野商店)은 동충 장원수산 자리에 있었다. 2011년 12월 3일 촬영한 사진으로 현재는 한산대첩광장이 조성되면서 철거되었다.

과 1936년 3월 26일 '여행에서 사망' 2번의 기사가 보인다. 얼마나 대단한 인물이었기에, 결혼식과 사망 기사가 신문에 보도되었을까? 부고에는 그가 맡고 있었던 직책들이 나열되어 있다.

통영해산회사統營海産會社, 대정운수大正運輸, 통영해운統營海運, 조선잠수기朝鮮潛水器, 통영회조점統營回漕店, 진주주조晋州酒造, 통영주조統營酒造 등에서 사장이나 중역을 맡았다. 잠수기어업을 기반으로 해운업, 양조업까지 사업을 확장한 것이다.

세 번째 인물은 '칸노 시게神野茂'이다. 태평양 전쟁1941~1945 시기 군수품을 생산한 통영 최대의 철공소를 개점한다. 통영 사람들에게는 남망산 아래 '삼성철공소'로 익숙한 '하마다 철공소浜田鐵工所'이다.

1941년 5월 22일에는 '개점 피로연' 소식이, 1941년 9월 1일에는 통영 철공업계 '3대 철공소'로 소개되어 있다. 당시 3대 철공소는 남망산 인근 마루토철공소丸統鐵工所, 토에이철공소統營鐵工所와 항남동 기타노철공소北野鐵工所였다.

특히 마루토철공소는 통영 재계의 중진이던 칸노 시게神野茂가 출자하고, 최고의 기술자인 하마다浜田萬三가 공장장을 맡으면서, 통영 최대의 철공소로 성장하였다. 동호동 철공소뿐만이 아니었다. 도천동과 도남동에 공장장 이름을 딴 하마다조선소까지 갖추고 있었다. 태평양전쟁 막바지 통영에서도 결사항전을 준비하면서, 군용 상륙정까지 건조했다.

1960년대 삼성철공소를 인수한 천명주 전 멸치권현망조합장은 "왜정시대 통영세무소에 공식 신고한 재산이 45만엔이었어. 당시 1만엔을 100석으로 보거든. 엄청난 규모야"라고 설명했다.

3명의 일본인 칸노神野에게는 공통점이 있다. 모두 '칸노상점神野商店'의 당주堂主이거나 지배인支配人이었다. 칸노가문神野家門은 칸노상점의 잠수기사업을 바탕으로 일제강점기 통영의 경제를 장악했다.

광복이 되면서, 일본인들이 경영하던 잠수기 어선은 결국 조선인들에게 넘어왔다. 일제나 대한민국 정부에서 잠수기 어선을 110~130척 정도로 규제한 가운데, 1960년대까지 통영을 중심으로 하는 부산·경남 잠수기 어선들의 어업량이 전국에서 최고의 성적을 거두었다.

* 출렁다리 열풍을 일으킨 연대도-만지도 보도교와 부녀회 포장마차

잠수기 어업이 쇠퇴하면서 부자섬 연대도의 명성 역시 잊혀갔다. 젊은 사람들은 자꾸만 도시로 떠났다. 통영의 여느 섬처럼 쇠락해갔다.

그런데, 어느 해부터 연간 10만 명에 달하는 관광객들이 찾고, 도시로 나갔던 젊은 사람들이 돌아오는 부자섬이 되었다. 바로 연대도 에코아일랜드생태섬 사업 덕분이었다. 2008년 지방의제인 푸른통영21은 '도시로 떠났던 사람들이 다시 돌아오고, 오순도순 함께 사는, 생태계가 건강하게 살아있는 섬'을 만들고자 했다. 2008년부터 2012년까지 연차적으로 연대도 다랑이꽃밭, 연대도 지겟길둘레길, 태양광발전소, 친환경 패시브 하우스에너지절약형 친환경건축물, 에코체험센터 등을 추진하면서, '화석 연료를 사용하지 않는' 에너지 자립섬에코아일랜드으로 탈바꿈하였다.

"고맙지요. 우릴 묵고 살게 해주니까요."

에코아일랜드 사업 초창기부터 함께 한 손선희 전 연대도부녀회장의 말이다. 연대도부녀회는 통영 달아항-연대도를 잇는 여객선 선착장 옆에서 '부녀회횟집포장마차'을 운영한다. 2000년대 물고기를 잡거나 양식장을 경영하는 남자들과 달리, 여자들은 마땅한 벌이 거리 없었다. 지금은 7명의 부녀회원들이 포장마차를 공동으로 경영하며, 이익을 공평하게 분배하고 있다. 그 벌이가 제법 쏠쏠하다.

지금은 너무도 당연한 출렁다리와 부녀회 포장마차가 여러 숨은 이야기를 안고 있다.

"우리 섬 사람들 첫 번째 소원이 다리 놓는 기라. 다리 좀 놓아주소."

"다리예?"

"이왕 섬을 발전시키는 거, 다리 놓으모 좋잖아."

2008년 연대도 에코아일랜드 조성 계획을 수립하면서, 섬 사람들과 푸른통영21 윤미숙 국장 사이에는 '동상이몽同床異夢'이 꾸어졌다. 차량 통행용 다리와 사람 통행용 다리였다. 이쪽에서 저쪽으로 건너가는 다리를 건설한다는 목적은 같았으나, 그 방법은 전혀 달랐다.

섬 사람들의 첫 번째 소원은 뭍과 섬이 연결되는 것이다. 아이가 아플 때 거센 바다와 파도로 인해 제때 병원 진료를 받지 못해 애를 태운다. 전복 같은 해산물을 채취해도 운반 차량이 못 들어오니 제값을 받지 못한다. 다리가 놓여 육지와 연결되는 일이 평생 소원이었다.

그러니, 연대도에서 출발하는 다리는 '육지 방향'으로 놓여야 했다. 연대도-학림도를 연결한 다리를 통영수산과학과이 있는 육지달아마을, 척포마을로 연결하길 희망했다. 그때는 당연히 언제든 승용차가 다닐 수

연대도와 만지도를 연결한 출렁다리. 경남에서 섬과 섬을 연결한 첫 사례다. 이후로 전국에 출렁다리 열풍을 일으켰다.

있는 차도車道를 원했다.

윤미숙 국장의 생각은 달랐다. 섬 사람들의 소득을 올리기 위해서는 관광객들이 체류하는 시간을 늘려야 한다는 신념이 있었다. 하룻밤 숙박하면 제일 좋고, 제법 많이 걸어서 배가 고프게 하고, 그러면 섬에서 밥 한 그릇 사 먹는다는 생각이었다. 그래서 연대도에서 출발하는 다리는 '이웃 섬' 만지도 방향이었다. 그것도 차는 못 다니고 사람만 다니는 인도人道였다.

한동안 의견 차이를 좁히지 못하는 평행선이 이어졌다.

그런데, 2010년 연대도 지겟길둘레길이 먼저 생기면서, 육지에서 배를 타고 들어온 관광객들이 두세 시간 걷고 나서 배가 출출해져 "밥을 좀 팔라"는 요구가 생기기 시작했다. 에코체험센터 체험, 숙박 손님도 늘어났다.

"윤 국장을 한번 믿어보자." 라는 기류가 생기기 시작했다. 어차피 연대도에서 육지로 차량이 운행하는 다리를 건설하려면 예산이 엄청나게 든다는 사실을 섬 사람들도 잘 알고 있었다.

2015년 1월 22일 연대도-만지도 보도교가 준공되었다. 13억원 예산으로 길이 98m, 폭 2m 현수교 형식으로 '사람만이 건널 수 있는' 출렁다리가 놓였다. 경남에서 섬과 섬을 잇는 출렁다리로 연결시킨 첫 사례이었다. 이후에는 전국에 출렁다리 열풍을 불러 일으켰다.

여기서 윤미숙 국장이 털어놓는 이야기 하나.

"겨우 섬 주민들과 합의해서 '연대도-만지도 다리'를 놓기로 했죠.

출렁다리가 놓이고, 연대도 부녀회 포장마차에서는 출출한 여행객을 상대로 장사를 하기 시작했다.

엄청난 바람과 파도를 동반한 태풍이 문제라, 튼튼한 '시멘트 다리'를 놓을 뻔 했죠. 우여곡절 끝에 첫 번째 출렁다리를 건설하는 데 태풍이 몰아친 거라, 케이블이 꼬이고 무너졌죠. 지금 보시는 게 두 번째 출렁다리에요."

연간 방문객이 1~2만명도 안되던 연대도와 만지도에, 출렁다리로 연결한 이듬해인 2016년부터 갑자기 방문객이 10만 명을 넘어섰다.

"출렁다리가 놓이니, 주말에 관광객이 천 명 이천 명씩 몰리는 거라. 다들 먼길을 오고, 출렁다리까지 건너니 배가 고픈 모양이대. 갑자기 '라면을 팔아달라', '회을 좀 떠달라', '식사는 안 되느냐?'는 주문이 늘어났어요."

연대도어촌계가 관리하고 부녀회가 운영하는 포장마차가 이렇게 생겨났다.

보통 섬이 개발되면 온갖 세월을 견디며 섬을 지켜온 섬 사람들보다 육지에서 들어온 개인 사업자가 돈을 버는 모습을 흔히 본다. 연대도 부녀회 포장마차는 섬 아낙들이 합심해서, 함께 운영하고, 함께 배분하는 미덕을 보이고 있다. 사진을 촬영한 날에는 이정연 부녀회장, 손선희, 손재희빛나네, 박성자, 김혜원혜원이네, 하향섭키다리네 어무이가 하하호호 웃으며 장사를 하고 있었다. 그리고 이중이 어무이까지 모두 7명의 부녀회원들이 함께 하고 있다.

* 섬 어무이들 삶을 담아낸 연극, 〈섬 집, 엄마〉

"섬마을 어무이들 이야기를 듣고, 연극으로 맹글고 싶십니다. 좀 도와 주이소."

"연대도는 이분을 만나보고, 한산도는 저분을 만나 보이소."

서울 억양에, 경상도 사투리를 쓰려고 노력하는 김정아 달다방프로젝트 대표. 2018년 봄, '통영 섬 20곳을 돌며, 어무이들의 삶과 애환을 담아, 연극을 만들고 싶다'고 찾아왔다. 그 섬에서 어무이들 이야기를 채록하고 저녁에는 함께 뒤풀이도 한다고 했다. 게다가 그 연극을 다시 섬에 들어가서 어무이들 앞에서 공연하겠다고.

통영 극단 벅수골에서 30년 가까이 연극 외길을 걷고 있는 친구 이규성 배우와 통영오광대 이수자인 유용문 형님의 소개를 받아 찾아왔다. 거절하기 어려웠다. '한 곳도 어려운데, 20곳이라니 어림도 없을 낀데…'라는 걱정이 들었지만, 섬 마다 인연 닿는 연락처를 소개했다.

4월 예비 답사에 이어, 그해 5월과 6월에는 23박 24일 빡센 일정으로, 20개 섬을 돌아, 채록해온 이야기들은 놀라웠다.

당장 자식을 먹여 살리는 게 급해 '개만도 못하게 키웠다'고 미안해하시는 어무이, 치매가 심해 딸래미가 전화번호를 적어놓은 '치매팔찌'를 찬 어무이, '시집간 섬의 텃세가 너무 심해 눈물 콧물 쏟은' 사연, 배 사고로 남편을 일찍 잃고 과부가 된 어무이가 자식 키운 이야기….

그 사연들을 모으고 모아 〈섬 집, 엄마〉라는 제목의 연극 한편을 만들어, 그해 8월과 9월 섬마을 20곳을 다시 돌며, 어무이들을 100번 활짝 웃기고, 1번 진하게 울렸다.

연극 스토리는 대략 다음과 같다.

어느 날 편지 한 장을 써놓고 사라진 어머니, 아들과 딸들은 그제야 어머니를 찾아 나선다. 어머니를 찾아간 섬마을에서 자식들은 너무도 지난했던 어머니의 삶과 만난다. 한편으론 자식들에게 모든 것을 쏟아버린 어머니는 고향 섬을 찾아, 고달팠지만 가슴 깊숙이 남은 옛 추억을 찾고자 하는데….

섬 어무이들의 삶을 바탕으로 연극으로 만든 〈섬 집, 엄마〉.

2018년 8월 여름 저녁, 연대도 공연을 직접 보았다. 너무 무거워질 만한 내용이지만, 섬마을 어무이들의 해학과 지혜가 녹아든 대사와 한편의 뮤지컬을 보는 듯한 배우들의 동작과 노래에 포복절도가 이어졌다. 섬마을 사람들은 "딱 우리가 살아온 그대로네"하고 반기고, 관광객들은 "섬에서 연극도 보네"하며 즐겼다.

사량도 윗섬부터 연화도, 노대도, 두미도, 욕지도, 연대도, 학림도, 수우도, 한산도 같은 섬마을을 돌면서 마을회관이나 아름드리 나무 아래, 공터에서 섬마을 어무이들과 웃고 울었다.

2018년 통영 섬 20곳, 2019년 통영과 거제 섬 10곳, 2020년에는 거제 섬 10곳에서 공연을 했다. 2020년 10월에는 배우들이 어무이들의 사연을 낭독하는 시간을 갖기도 했다.

소녀처럼 첫 뽀뽀 이야기에 수줍어하는 어무이, 딸을 낳아놓고 당신처럼 힘들게 살까봐 맘껏 좋아하지 못했다는 어무이, 21살 어린 나이에 시댁 식구 아홉 명 밥을 해대느라 세월 다 보낸 어무이, 기다리던 손주 전화에 아픈 무릎은 잊고 한달음에 부산으로 달려간 어무이, 10년 만에 친정을 갔더니 '어머니가 처녀적 사이즈로 노란 예쁜 원피스를 사놨더라'는 어무이….

달다방 프로젝트는 섬마을 어무이들에게 "인생에서 가장 행복한 순간은 언제였습니까?", "인생에서 가장 슬펐던 순간은 언제였습니까?" 두 가지를 물어보았다고 한다. 그걸 어무이들의 봄, 여름, 가을, 겨울 이야기로 연극에 담아냈다.

"연대도에서는 젤 기억나는 기 뭡니까?"

"섬에 들어갔다가 나올 때마다 '어무이, 다음에 뵐 수 있으면 좋겠어요'라고 인사를 해요. 저희가 한 섬에 3번을 들어가잖아요. 첫 답사, 채록, 연극 공연 이렇게요. 첫 번째 답사 때 뵌 어무이를 공연 때 다시 뵙는 게 어렵다는 걸, 섬에서 처음 알았어요."

연대도에서는 자그마한, 말문이 트이면서 소녀처럼 재미있게 이야기해 주시던 어무이를 만났다. 그런데, 섬 공연을 갔는데 어무이 얼굴이 잿빛보다 어두웠다. 불과 2달 만에, 무슨 일이 있었던 걸까? 이웃 어무이가 "그새 큰 아들이 먼저 갔다"고 귀띔을 해주었다.

연대도 젊은 이장이상동이 분위기를 띄우고, 부녀회에서 수박을 낸다, 회를 낸다면서 잔치 분위기를 만들었다. 선착장 큰 나무 아래에서 연극 공연이 열렸다.

"공연 내내 그 어무이가 마음에 걸리는 거에요. 어느 순간, 맨 앞자리에 앉으시대요. 우리 이야기가 섬마을 어무이들이 살아온 이야기, 자식들 이야기잖아요? 제일 마지막에 잿빛이던 얼굴에 웃음이 조금이라도 피시더라고요. 기뻤죠. 저희 연극이 작은 위로라도 된다는 게."

한국문화예술위원회 '신나는 예술기행'의 일환으로 평소 연극을 접하기 어려운 섬마을을 찾아 공연을 펼친 〈섬 집, 엄마〉. 하지만 도서지역에 대한 예산 항목이 사라지면서, 경남에서는 서울 소재 단체라는 이유로 지원이 끊기는 바람에, 2021년에는 섬 어무이들을 찾아뵙지 못했다.

섬을 지켜온 어무이들이 한 분이라도 더 살아계실 때, 사계절 살아온 이야기를 채록하고, 이를 연극 공연 스토리로 삼아, 다시 섬에서 어무이들을 웃고 울릴 수 있게 되길 바란다.

노대도 ⌒⌒

완도에서 청산도까지 난바다를 건넌다.
이때가 가장 위험한데 작지만 든든한 동무인 이 돛배가 있어서
청산도 문어 잡이는 해마다 풍작을 거두었다고 하셨다.

노대도

* 돛대를 올리라. 청산도 조업가자

통영항에서 노대도로 가는 뱃길은 '통영의 하롱베이'라 부를 만큼 수많은 섬들이 점점이 떠 있다. 납작한 납도, 모자처럼 생긴 모자도, 긴 뱀이나 날아가는 새를 닮은 비생이 등등.

섬들은 톳·미역·우뭇가사리와 같은 해초를 품었고, 해초밭으로 문어와 볼락, 우럭, 붕장어, 갯장어가 몰려들었다. 지금도 삼천포에 장이 서는 4일과 9일에는 노대도를 들른 여객선이 삼천포항으로 운항할 만큼 삼천포와 남해, 전남 여수 방향으로 진출하기도 좋았다.

상노대도와 하노대도가 다정한 형제처럼 서로 지켜주는 덕분에 여름철 태풍과 겨울철 북서계절풍을 막아, 사람이 살기에도 좋았다. 상노대도에 상리, 탄항, 산등 3개 마을이, 하노대에 하리마을까지 모두 4개 마을이 자리 잡고 있다.

돛을 올리고 바람을 타는 최삼열 어르신의 돛배. 통영의 마지막 돛배다.

2009년 4월 17일. 그날도 노대도 이곳저곳을 찾아다니고 있었다. 그러다가 탄항마을 선착장에서 좀처럼 보기 힘든 배를 발견했다.

통영 시내의 어선들은 이미 발동선으로 바뀐 지 오래다. 아주 가끔 노가 하나인 '외노어선'은 있어도, 2개의 노를 배의 옆면과 뒷면에 거는 '쌍노어선'은 좀처럼 보기 힘들다. 보물선이라도 발견한 양 반가웠다. 그런데 자세히 보니, 그게 다가 아니었다.

배의 주인을 수소문했더니 당시 77세인 최삼열 어른이 무슨 일이냐며 나오셨다.

"돛배 아입니까? 돛 한번 올리고 시원하게 함 달리주이소."

이 쌍노어선의 정체는 바로 현존하는 통영의 마지막 '돛배돛단배'였다. 돛배를 알아봐 준 눈썰미에 기분이 좋아진 최삼열 어른이 선착장에 매어둔 배에 성큼 올랐다.

최삼열 어른이 돛을 세우기 시작했다. 우선 기다란 돛대를 갑판의 대굽에 박아 넣고, 구레짝으로 빈틈없이 고정해, 꼿꼿이 세워 올렸다. 다음으로 둘둘 말아둔 돛을 모리줄중심줄과 연결해서, 팽팽하게 펼쳤다. 돛대 제일 위에는 도르레가 있어서, 줄을 당기기가 한결 수월했다. 크기가 작은 돛배지만, 갖추어야 할 것은 다 갖추었다.

"한번, 바다로 나가보자."

일정 구간은 노를 저어서 바다로 나가야했다. 노를 배 옆과 뒤 노좃에 길있다. 최삼열 어른이 노를 밀면, 한산도 출신 조종태 전 시의원이 노를 당겼다. 마치 한 사람이 "어기야" 선창을 하면, 다른 사람

작지만 든든한 돛배와 함께 전라도 여수며, 청산도로 문어잡이 조업을 나가셨던 최삼열 어른.

이 "디여차" 후렴을 하듯 호흡을 맞추어 앞으로, 앞으로 나아갔다.

어느 순간, 돛배의 돛이 팽팽하게 부풀어 올랐다. 바람을 제대로 탄 돛배는 쏜살처럼 빨랐다. 최삼열 어른은 돛배의 방향을 자유자재로 바꾸어서 탄항마을 앞바다를 몇 바퀴나 신나게 돌고 도셨다.

"이 배가 어디까지 조업을 하러 갔는가, 아나?"

최삼열 어른은 여름 장어철이면 전남 여수 금오도 바다로, 가을부터 겨울까지 문어철에는 완도 청산도 바다로 이 돛배를 타고 조업을 나가셨다고 한다. 길이가 불과 2~3m 남짓한 이 작은 배로, 그리 멀리까지 조업을 하러 나갔다는 말인가? 상상하기조차 어렵다.

"일직선으로는 몬 간다."

통영 노대도에서 출발하면 남해군과 여수시, 고흥군 연안으로 배를 바짝 붙여서, 물길을 따라 완도까지 가신다. 물길은 들고나니, 그 흐름을 잘 타면, 완도까지 가는 뱃길은 그리 어렵지 않다고 하신다.〔물론 최삼열 어른의 이야기다. 결코 쉬운 바닷길이 아니다.〕

그리고 완도에서 청산도까지 난바다를 건넌다. 이때가 가장 위험한데, 작지만 든든한 동무인 이 돛배가 있어서, 청산도 문어 잡이는 해마다 풍작을 거두었다고 하셨다.

구리빛 피부에 단단한 통영 어부의 풍채, 작지만 든든하게 평생을 함께 한 돛배. 하지만 그날이 마지막이었다. 다음 찾아뵈었을 때는 어른도, 돛배도 그 자리에 없었다.

＊ 옹기 문어단지 한번 볼라요?

"저기가 여수 돌산도라."

"와, 돌산도가 저리 가깝게 보입니까?"

2021년 봄, 노대도를 다시 찾았다. 돛배를 타고 전남 여수로 조업 다녔던 이야기를 꺼내자, 조용규 어른께서 여수 방향으로 눈에 보이는 섬 이름을 착착 짚어주셨다.

"안쪽부터 남해 미조목, 길쭉하게 잘 보이는 게 여수 돌산도, 시꺼먼 금오도, 그라고 안도라. 소리도는 연도라고 부리대. 제일 끝에 보이는 건 까치섬이라꼬 작도라. 바로 눈앞에 보이는 게 〔남해 상주면〕 구돌여라."

전남 여수 돌산부터 소리도 일대가 전부 문어어장과 장어어장이라, 노대도 배들이 그곳까지 가서 문어와 장어를 많이 잡았다. 자연히 바닷물 속사정도, 섬 이름도 잘 알게 되었다.

조용규 어른도 10~20대에는 돛배를 타고, 남해도를 넘어 전남 여수 일대로 조업을 많이 나갔다. 30~40대가 되면서, 엔진을 단 어선들을 타고 여수와 통영 바다를 넘나 드셨다.

"노대도에도 문어가 억수로 많았지. 에릴 때어릴 때 갯가에서 수영을 하모, 다리에 문어발 빨판이 쩍쩍 달라붙는 기라. 보이는 족족 장대로 낚아채서 잡아올렸지."

긴 장대를 꺼내 문어를 잡는 시범을 보여주셨다. 대나무 장대 끝

지금은 너무도 귀한 문어낚시바늘과 옹기 문어단지.

갈고리에 헝겊이나 나일론 원단을 잘라 붙여, 물밑에서 홀랑거리면, 문어가 먹잇감인 줄 알고 발로 잡아당기는데, 그때 낚아챈다고 한다. 20~30마리쯤은 순식간에 잡았다.

배를 타고 바다에 나가서 문어단지로 조업을 할 때는 노 젓는 사람 1명, 물레를 돌려 줄을 끌어올리는 사람, 문어를 끄집어내는 사람도 필요해서 3~4명의 선원이 필요했다.

"우리 집으로 갑시다. 문어낚시바늘을 함 보여줄게. 옹기로 만든 문어단지도 있소."

조용규 어른께서 자신의 일생이 담긴 문어잡이 이야기에 귀 기울여

주는 이를 만난 덕분에 기분이 좋아지셨나 보다. 집으로 들어가서, 문어낚시바늘과 문어단지를 꺼내 오셨다.

"인자는 이게 귀해. 골동품이요. 집에 딱 모시 놓은 긴데, 한번 보소."

"처음 봅니다. 고맙십니다."

"낚시바늘하고 장대하고 원리가 같애. 낚시바늘에 헝겊을 달아 놓으모, 문어가 덥석 물거든. 이 바늘 함 봐라. 얼마나 날카롭노. 이걸로 문어를 잡는 기라."

문어낚시바늘은 빠른 시간 내 여러 개를 만들 수 있도록 간단한 재료들의 조합이지만, 꼭 필요한 기능은 다 들어 있었다. 먼저 낚시바늘을 물속으로 가라앉도록 하는 무거운 납추, 이 납추와 나무로 만든 몸체는 고정되지 않아 마치 문어가 좋아하는 먹잇감처럼 팔랑팔랑 거릴 수 있다. 여기에 낚시줄과 연결하는 철사줄과 고리. 무엇보다 갈고리처럼 생긴 바늘은 한번 잡힌 문어가 빠져나가지 못하도록 날카롭고 단단하다.

무명을 꼬아 만든 낚시줄은 물속으로 들어가는 특성상 젖기 쉽고, 빨리 상하기 마련이다. 그럴 때는 겨울철 연 날리는 연실을 백사 먹이듯, 이른 가을 감나무에 달린 풋감으로 백사를 먹이면 방수 기능을 갖게 된다. 닥나무 뿌리를 삶아 '갈칠'을 하면 낚시줄이 차랑차랑해져서 움직임 조절도 한결 쉽고 귀도 밝아진다문어가 입질을 했을 때 특유의 감각을 잘 느낄 수 있다. 우리 선조들, 섬 사람들의 지혜가 놀랍다.

"요즘에는 전부 플라스틱 문어단지제? 요거는 옹기로 만든 문어단지라."

"아주 에릴 때 보고. 우와, 참말로 오랜만에 보네요."

"옹기로 만드는 거는 조업을 할 때도 깨진 께나, 지금은 아예 남아있는 기 읎제?"

"네. 귀하지요. 요거를 노대도에서 만듭니까? 어디서 사옵니까?"

"고성에 신월리라꼬, 그기에서 쪼매 더 가모 청석기미에 옹구골이 있어. 문어단지를 만드는 옹기집이 있었어. 옛날부터 전해지는 큰 가마에 불을 떼서 옹기로 만든 기라."

처음에는 돛배를 타고 노를 저어서, 노대도에서 사량도를 지나, 고성읍내 근처의 청석기미 바닷가까지 가서 옹기 문어단지를 100~200개씩 사왔다. 옹기 문어단지를 새끼 꼰 줄에 묶어서 문어를 잡았다. 새끼 재료로는 물에 잘 젖는 짚보다는 가볍고 질긴 마麻가 좋았다.

"문어단지하고 장대하고 비교를 하겠나? 문어가 엄청 마이 잽히는 기지."

"아, 그렇컸네요."

"딱 한 가지 단점이 잘 깨지는 거라. 노대도 바닷가에 깨진 문어단지가 가득했지."

어두운 곳에 잘 숨는 문어의 습성을 이용한 문어단지는 작은 항아리처럼 생겼는데 문어가 들어가는 입구는 넓고, 반대편에는 좁은 구멍이 나있다. 물 위로 끌어올리면 좁은 구멍으로 바닷물이 빠져 나가

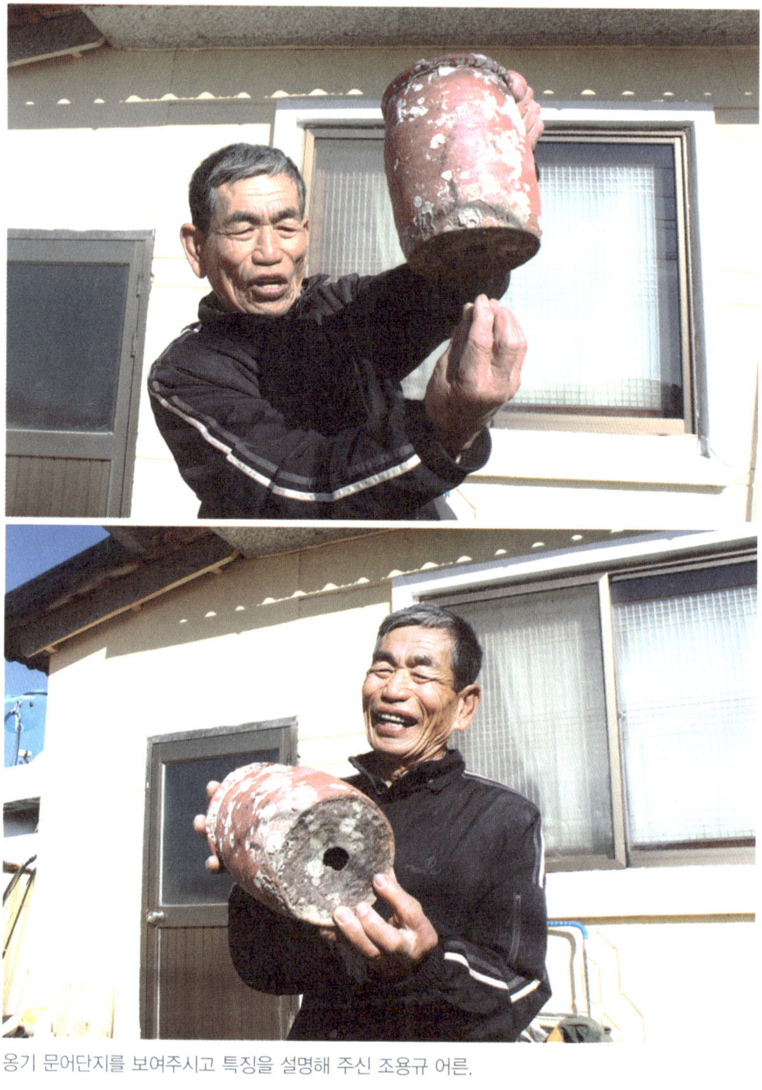

옹기 문어단지를 보여주시고 특징을 설명해 주신 조용규 어른.

서 건져 올리기 수월하다.

"저 구멍으로 문어가 빠져나가모 우짭니까?"

"문어가 단지에 들러붙어서 안 나오는 기, 더 문제라."

문어단지로 한번 들어간 문어는, 물 밖으로 끌어올려도 잘 나오려고 하지 않았다. 피리처럼 긴 대롱을 준비해서 작은 구멍에 대고 '훅' 하고 불어서 문어를 끄집어냈다. 그래도 안 나오면 재나 소금을 뿌려 넣기도 했다. 조용규 어른께서 직접 문어단지를 들고 좁은 구멍 사이로 물이 빠지는 과정이나 대롱을 불어서 문어를 꺼내는 모습을 재현해 주셨다.

"문어를 을매나 잡았십니까?"

"문어잡이 배가 돌아오모, 사람들이 지게를 지고 기다릴 정도라."

노대도 인근은 물론 여수 바다까지 가서 잡아온 문어는 가을철 수확이 끝난 고구마 밭에서 빨랫줄의 빨랫감처럼 널어 말렸다. 강원도 덕장에 오징어 말리듯, 노대도 건조장에서 문어가 말라갔다.

＊ 정봉성 선장의 문어단지 어선 조업 현장

하루 10시간 이상 1,000개가 넘는 문어단지를 바다에 던지고 올리기를 반복하는 힘든 작업, 좁은 선상에서 빠른 속도로 회전하는 밧줄. 문어단지 어선 조업 현장은 위험천만한 사투의 연속이다. 그래서 어선 위의 조업 현장은 보기 힘들다.

"내일이 조업 마지막 날이다. 올래?" 2020년 정봉성 선장으로부터 '문어잡이 조업 현장' 동행 허락이 떨어졌다. 고교 시절, 반장과 부반장으로 만나, 오랫동안 인연을 맺은 사이다.

산양읍 곤리도 앞바다. 밧줄을 끌어올리자 줄줄이 달린 문어단지가 올라온다. 2중 롤러는 강한 회전을 하면서 문어단지와 2번 부딪친다. '텅', '텅' 큰 소리가 울린다. '문어단지가 깨지지 않을까?' 싶은 우려도 잠시. 갑자기 선원들이 문어단지를 손으로 때리고, 발로 찬다.

편안한 집문어단지에서 졸지에 봉변을 당한 문어가 "어떤 놈이 우리집을 건드리노?"하고, 화가 나서 밖으로 나왔다가 '획' 하고 선원의 손에 잡힌다.

노대도 최삼열 어른으로부터 이야기 들은 1970년대로부터 50년이란 긴 세월이 흘렀음에도 '문어단지'로 문어를 유인해서 잡는 어획 방법은 동일했다. 하지만 옹기 재질이 플라스틱 재질로 바뀌었듯 조업 현장의 모습은 크게 달라졌다.

선원들이 밧줄을 손으로 끌어올리던 나무 물레는 이미 스테인리스

통영 연안 문어조업은 안바다인 고성 자란만에서 시작해서 통영 곤리도를 거쳐 노대도와 욕지도, 연화도, 국도 같은 먼바다로 이동한다.

재질의 자동 양망기로 바뀌었다. 2중 롤러는 배의 옆 부분에서 문어단지를 끌어올려, '90도' 각도로 방향을 바꾸어서 뱃머리 방향으로 옮긴다. 이때 문어를 놀라게 하기 위해 2번이나 문어단지에 강한 충격을 준다. '옹기' 재질이라면 어림도 없다. '플라스틱' 재질이기에 가능하다.

플라스틱 재질은 무게가 가벼워 바다 밑으로 가라앉기 힘들다. 그러니, 문어단지 안쪽 한쪽에 시멘트를 발라, 바닥에 가라앉도록 변화시켰다.

그때나 지금이나 '미끼'는 쓰지 않는다. 문어가 문어단지를 자신의

통영의 차례상과 제사상에 빠지지 않는 문어 요리.

집으로 착각해서, 스스로 들어가 주는 덕분이다. 대신, 어부에게는 인내심이 필요하다.

"사흘에 한번 조업을 나온다. 수요일에 문어단지를 바다에 넣고, 토요일쯤 올리는 기지. 아파트단지 분양하고 마찬가지라. 마음이 조급해서 하루나 이틀만에 올리모, 미분양이라. 사흘 동안 문어가 집처럼 편안하게 느끼라고 놔둔다. 그라다가, 한방에 훅 댕기지는 기지."

그런데 정봉성 선장의 문어단지 어선은 그의 고향인 욕지면 노대도가 아니라, 산양읍 곤리도 일대 바다에서 조업을 하고 있었다.

"문어가 얕은 바다에서 들기 시작해서 점점 깊은 바다에서 잡히는 기라. 그란깨 조업지가 달라지는 기지. 내일부터는 다시 노대도 근처로 갈끼다."

문어 조업은 여름철 안바다에서 시작해 겨울철 먼바다로 이동한다. 문어금어기가 끝나는 양력 7월부터 10월까지 고성 자란만, 10~11월엔 곤리도, 정봉성 선장의 고향인 노대도와 욕지도, 연화도는 11~12월이다. 가장 먼 어장인 국도일대는 이듬해 봄까지 문어가 든다.

"문어가 언제 젤 맛있느냐? 곰이 겨울잠을 잘라꼬, 살을 찌우제? 문어도 똑같다. 겨울 찬바람이 불모 살이 오린다."

음력 설을 전후한 겨울이 문어가 가장 맛있는 시기다. 몸통뿐만 아니라 다리 끝까지도 통통하게 살이 차오른다. 그래서, 통영에서는 설 차례상이나 겨울철 제사상에 꼭 문어를 삶아 올린다.

문어가 서식하기 좋은 환경은 무엇일까? 문어는 갯벌도 좋아하고, 작은 돌이 깔린 돌밭도 좋아한다고 한다. 갯벌에는 조개가 나고, 돌밭에서는 고동이나 꽃게가 많이 사는데, 문어가 잘 먹는 먹이생물이다.

하루 10번 조업을 해서, 200~300마리 남짓 어획한다. 여름철에는 문어 무게가 대부분 1kg 이하라 제값을 받기 어렵고, 겨울철엔 2kg짜리 큰 문어도 많이 잡혀서, 소득이 쏠쏠하다.

1회 조업에 노대도 먼바다 어장은 문어단지를 1,000개 정도 넣는다. 거친 파도가 치는 바다에서 하루 10번, 10,000개의 문어단지를 끌어올리고, 다시 놓는 고된 작업이 반복된다.

해가 갈수록 바다 환경이 더 어렵고, 조업 경쟁도 치열해진다. 그래도, 10년 경력의 정봉성 선장은 '바닷물 속 사정'을 보는 눈이 늘면서, 조금씩 조업 성과가 좋아지고 있단다.

* 3가지 보물 해초, 톳·미역·우뭇가사리

강효원 노대도 하리 이장을 만나는 일은 마치 숨바꼭질 같았다. 노대도에 들어가려고 마음 먹고 전화를 드리면 진주에 있는 병원, 1~2주 뒤에 전화 드리면 아예 병원에 입원해 계셨다.

2021년 봄, "내일 들어온나"하는 전화가 먼저 왔다. 수차례 다리 수술로 몸을 가누기는 힘들지만 노대도 알리는 이야기엔 기꺼이 나서겠다고 하셨다. 아버지고 강정수와 강효원 부자가 해초 채취를 생업으로 삼았기에, 노대도 주변 해초에 대해 해박하시다.

"톳을 쌓아 놓으모 침대처럼 푹신해. 방방 뛰고 놀았지."

강효원 이장은 수술 후 침대에 누워, 어린 시절 산더미처럼 쌓아 놓은 톳 위에서 뛰고 논 이야기로 노대도의 3가지 해초에 대한 이야기를 꺼내셨다. 3가지 보물 해초는 톳과 미역, 우뭇가사리다.

첫 번째 톳. 아버지 때에도 톳을 채취했으니, 노대도에서 톳을 생산하고, 유통한 시기는 일제강점기나 그 이전까지 거슬러 올라간다고 했다.

"톳은 생톳하고, 마른건조톳이 있다. 한국 사람들은 생톳을 쓰고, 일본 사람들은 마른톳을 사간다. 마른톳은 아버지 때에도 일본 수출을 했다대. 돛단배에 싣고, 통영 시내까지 가. 그라모 유통상들이 일본으로 수출을 했다더라."

통영 사람들은 설 차례상에 꼭 '나물비빔밥'을 올린다. 이때 생톳을 살짝 데쳐서 으깬 두부와 함께 조물조물 무쳐 만든 톳나물을 꼭 올린다. 겨울에서 봄까지, 특히 설 명절은 생톳 생산의 최고 성수기이다.

일본에는 국민반찬이라 불리는 '히지키니모노ひじき煮物'라는 톳조림이 있다. 마른톳을 물에 불려서 볶은 야채와 함께 졸여 곤약이나 유부 등과 함께 먹는다.

일본 규슈 등지에 광산 개발 붐이 일어났었는데, 탄가루를 많이 마시는 탄광 광부들에게 가래를 제거하고 기침을 멎게 하는 '거담제'로도 많이 쓰였다고 한다.

"미역은 노대도 사람들은 물 위에 걸 뜯고, 해녀들이 물 아래 걸 뜯지."

두 번째 미역. 조선시대 통제영의 물산을 기록한 『통영지統營志』에도 등장하는 미역은 김, 파래와 함께 당당하게 통영의 대표적인 토산물土産物 목록에 올라있다. 하지만, 제주 해녀가 통영의 섬으로 원정 물질 오기 전까진 채취량이 그리 많지 않았다.

우뭇가사리를 말리고 있는 노대도, 여울목에서 바라본 비생이섬.

"노대도가 섬이라도 해녀가 없었어. 우리는 갯바위 위에 드러난 미역만 낫으로 비어서 채취했지. 김이나 파래도 마찬가지고. 제주도 해녀들이 오면서 물 아래 2~3m 깊은 곳에서도 미역을 채취한 거라. 그때부터 미역 생산량이 엄청나게 늘었지."

오늘날이야 전복이나 해삼을 미역보다 훨씬 귀하게 여기지만 1960~70년대에만 해도 상황이 전혀 달랐다.

"전복이나 해삼이 몸에 좋은 줄이야 그때도 알았지. 문제는 유통이 안 되는 기라. 그라고 1950년 6.25전쟁 전후에 그걸 사묵을 여유가 어디 있노? 그때는 유통이 잘 되는 미역이 더 돈이 되는 기라. 해녀들도 전복, 해삼보다 미역 따는 데 더 열심이었지."

세 번째 우뭇가사리. 잘 말린 우뭇가사리 한 가마니는 쌀 한 가마니와 맞바꿀 수 있었다. 그야말로 귀하신 몸, 그래서 '하늘이 내린 풀'이라는 의미에서 '천초天草'라고 불리었다. 노랗고 기다란 소털처럼 생겼다고 해서 '우모초牛毛草'라는 별칭도 있다.

다산 정약용이 순조 14년1814년 집필한 『자산어보玆山魚譜』에는 삶아서 식히면 얼음처럼 굳는다고 해서 '해동초海凍草'라며 맑고 매끄럽고 부드러워 씹을 만한 음식물이라고 소개하고 있다. 우뭇가사리 역시 그 역사가 최소 200년은 거슬러 올라간다.

"톳하고, 미역, 우뭇가사리가 우리 노대도 3가지 보물 해초라. 보물이제 보물."

보물을 그냥 둘리 없다. 일제강점기 '해초 채취권'을 둘러싼 전쟁이

곳곳에서 벌어졌다. 〈부산일보〉는 노대도에 이웃한 쑥섬봉도과 본섬인 욕지도 사이에 벌어진 해초 채취 전쟁을 사회면 톱기사*로 보도했다.

관행적으로 본섬 욕지도 동항리 관할이었던 해조海藻 채취권을 쑥섬 등 주변 섬 주민들이 "가까운 섬에 달라"며 수산당국에 진정을 낸 것이다. 봉도뿐만 아니라 인근 비상도, 적도, 초도, 좌사리도, 국도 일대에 채취권이 달린 문제라 당국도 골머리를 앓았다.

1959년 〈동아일보〉 보도에 따르면 전남 목포에서 해초 채취권 쟁탈로 3일 동안 해상 육탄전이 벌어져, 무장경관이 출동 발포하는 사건도 일어났다. 그만큼 해초 채취는 섬 사람들의 생계와 직결된 중요한 사안이었다.

"네구냉이, 비생이, 모자도가 채취권이 각기 다른 데 있다."

모두 노대도 주변에 있는 섬이다. 십자가 모양 네구냉이四耳道, 긴뱀이나 날아가는 새의 형상을 닮은 비생이飛翔島, 모자 모양이나 솥뚜껑처럼 생겨 '소두뱅이'라는 이름도 가진 모자도帽子島는 각각 노대도 상리와 탄항, 욕지도 대송어촌계로 관할권이 다르다.

"노대국민학교 학교운영회인 사친회에서 노대도 주변 섬 해초 채취권을 의논했어."

정상군 전 상리 이장은 학교 운영을 협의하는 사친회가 노대도 위, 아래 4개 마을을 하나의 공동체로 연결시켰으며, 해초 채취권을 비롯

* 1931년 9월 10일 〈부산일보〉 '봉도 대 동항리의 해조 채취 분규 문제' 기사

한 대소사를 협의하는 중요한 기능을 했다고 설명했다. 강효원 하리 이장도 동감을 표시했다.

당장 오늘 나의 먹을 거리도 중요하지만 자식들의 앞날이 더 중요했다. 자식들을 공부시킬 학교를 운영하는 데에는 비용이 필요했다. 마을의 대소사가 학교 운영을 협의하는 사친회를 중심으로 돌아가던 시절이었다.

* 우뭇국 한 사발 들이키모
더위가 싹 가시제

"공무원 월급 4,000원 할 때, 톳 사는 대금이 한번에 2~3,000만 원이라. 돈을 가마니에 넣어서 현찰로 사는 기라. 돈이 얼매나 무겁다꼬."

1970~80년대 파마머리에 하얀 저고리, 까만 한복 치마를 입고 통영 섬 일대를 누비며 톳이며 해초를 구입하여, 유통한 여객수 일명 '피마쟁이고 최귀연'가 있었다. 그 아들이 김근용 통영문화원 부원장이다.

김근용 부원장은 10대 후반부터 어머니의 한복 치마 끝을 잡고, 통영의 섬으로 따라갔고, 20내 무렵부터는 어머니의 돈지기 역할을 하다, 직접 유통 일선에서 활약했다.

"지금이야 노대도 가기 쉽지. 예전에는 통영에서 여객선을 타고 욕지도에 가면 저녁이라. 하룻밤 자고 다음 날 작은 여객선을 갈아타야 노대도에 들어갔지."

통영항에서 오후 2시 신성호를 타면 새섬학림도, 딱섬저도, 연대도, 오곡도를 돌아 연화도와 우도를 거쳐 욕지도에 배가 닿았다. 다시 고개를 걸어서 넘어가야 톳 같은 해초를 구입할 수 있는 몽돌개유동, 대구지도동 마을에 도착할 수 있었다.

"밤에 사람을 사서 호롱불을 앞세우고 걸어서 고개를 넘는 기라. 울 어무이가 아무리 간이 커도, 전대에 돈이 들어 있으니 겉으론 태연해도 속으론 떨렸을 거라. 그러니, 에리도어려도 나를 데리고 가모 마이 든든했을기라."

노대도 역시 마찬가지였다. 상리마을에서 산등까지 고개를 수도 없이 왕복했다. 그때마다 어린 아들이 어머니와 함께 그 고갯길을 걸어 넘어갔다.

"에릴 때는 몰랐지. 어무이가 왜 치마를 입고 다녔는지. 속이 넓은 한복 치마라야 돈을 넣은 전대를 둘둘 말아서 허리에 차도 표시가 덜 났으니까. 화장실 갈 때도, 잠을 잘 때도 전대는 절대 안 풀어."

섬 사람들한테 톳이며 미역, 우뭇가사리를 사고, 가격을 흥정하기 위해서는 밥도 같이 먹고, 술도 같이 마셔야 했다. 그러면서도 전대에는 큰돈이 들었으니, 안심할 수 없었다.

"처음에는 어떤 톳이 좋은 지도, 얼매나 가격을 믹이야 할지도 몰랐지. 차츰 차츰 어떤 물건이 좋은지, 어떤 물건은 사모 안 되는 지를 경험으로 알게 됐지."

김근용 부원장은 20대 중반이 되면서부터 어머니와 함께, 혹은 독자적으로 객주 역할을 했다. 노대도는 물론 저 멀리 국도, 갈도까지 욕지면 일대의 섬은 안 가본 곳이 없다. 남해 창선, 이동면 설리까지도 톳 구입에 나섰다. 한산도 인근 용호도, 비진도는 당연하고 매물도, 죽도, 가왕도, 그리고 그 너머 거제 장승포 앞 지심도, 해금강에도 갔다.

"안바다 개구석에도 톳이 나는데, 넉저구라고 잡풀이 마이 붙는 기라. 먼바다 파도가 센 섬에서 자란 톳이라야 품질이 좋아서, 가격을 더 쳐줬지."

생톳은 설 명절 전후로 주로 구입을 하는데, 통영나물비빔밥 재료로 많이 쓰니 아예 '나물톳'이라고 불렀다. 일본으로 수출한 마른톳은 6월 장마가 끝날 무렵까지 사들였다.

"육지 풀이랑 매 마찬가지라. 장마가 들면, 톳이 얼마나 잘 자라는지, 하루가 다른 기라. 아이 키를 넘어 어른 키 만큼 자란 톳은 말려도 무게가 마이많이 나갔지."

"일본에 수출하는 톳은 우찌 가지고 옵니까?"

"하동에서 모래 운반하는 모랫배를 빌리는 기라. 그 큰 모랫배에 한가득, 산디미처럼 톳을 싣는 기라. 그래 갖고 여수 국동항에서 수출 공장 업주들한테 넘기지."

빨랫방망이로 마른 우뭇가사리를 두드리면 잡물들이 튀어 나온다.

마른톳을 가공하는 공장들은 주로 전남 여수나 장흥, 완도에 있었다. 그 공장에서는 1차 세척을 하고 다시 말려서 일본에 수출했다.

섬 사람들에게는 전도금을 미리 주어서, 톳을 미리 구입하기로 약속했다. 실제 톳을 모랫배에 싣고 나면, 대금을 완제했다. 종이 지폐가 100원이던 시절, 2천만 원은 큰 가마니 2자루, 3천만 원은 3자루였다. 요즘처럼 은행에서 송금하는 시절이 아니라, 가마니 째 돈을 받고 주던 시절이었다. 지게에 짊어져도, 그 돈 가마니가 그리 무거웠다.

"3월 우뭇가사리는 꽃송이처럼 피어나. 그기 신호라."

3월에 '우뭇가사리가 꽃처럼 피었다'는 소식을 섬 사람들로부터 들으면, 꽃송이가 떨어지는 양력 4월 5, 6일부터 채취하는 '초사리' 우뭇가사리를 구입할 준비를 한다.

우뭇가사리를 일번초초사리, 이번초중사리, 삼번초끝물로 구분한다. 4~5월 수확한 초사리는 쩍잡물이 적고, 결이 고와서 최고로 친다. 6~7월 중사리는 몸도 실하고 무게도 많이 나가서 수율이 좋다. 8~9월의 삼번초는 쩍도 붙고, 금방 냄새가 난다.

"처음 바다에서 수확한 우뭇가사리는 붉은색이라. 그걸 5~6번 씻으면 보통 사람들이 보는 하얀 백초가 되는 기라. 문제는 쩍이 붙으모, 일일이 떼내는 작업을 해야 하거든. 인건비를 우찌 감당할 끼고. 그러니, 초사리하고 중사리까지만 사지."

우뭇가사리 600g, 1근을 씻을 때미다 무게가 줄어드는데, 6번을 씻고 나면 겨우 100g이 남는다. 그러니, 한번이라도 덜 씻고, 잡물이 안 붙은 초사리를 최고의 물건으로 쳐주었다.

“우뭇가사리로 제일 많이 만든 거는 ‘한천’이라. 그기 소비량은 1등이지. 한천을 원료로 해서 팥하고 설탕을 넣고 쪄서 만든 과자가 ‘양갱’이고, 탱글탱글한 젤리도 되지.”

우뭇가사리는 최소 3번, 5~6번을 민물에 씻은 후 삶고 말려야 양갱, 젤리의 원재료인 한천을 만들 수 있다. 그러니, 물이 풍부하고, 밤낮의 온도 차이가 큰 경남 밀양과 양산에 가공공장들이 자리 잡고 있다. 통영의 섬에서 자라, 내륙의 덕장을 거쳐 소비자들과 만난다.

“한여름에는 시원한 우무국가 최고지예. 한 사발 들이키모 더위가 싸악 가실 낍니다.”

통영의 전통시장인 서호시장에는 ‘우뭇국’을 파시는 이금렬 어무이가 수십 년째, 자리를 지키고 계신다. 통영 사람들은 여름철 콩국을 넣은 음식 ‘우뭇국냉콩국’을 제일 좋아하니, 우뭇가사리와 연결지어서 기억하는 것은 역시 ‘우무’다.

잘 말린 우뭇가사리를 끓는 물에 푹 삶으면 흐물흐물해지는데, 면포로 걸러 진득한 진액을 받아낸다. 시원한 그늘에서 굳히면, 투명하고 탄력 있는 우무포가 만들어진다. 시장에서 판매할 때, 구멍이 굵은 채에 올려 누르면 국수 면발처럼 가닥이 나온다. 이걸 콩을 삶은 콩물두유에 먹으면, 여름철 별미 ‘우무냉콩국’가 된다.

먹고 싶은 취향대로 소금간을 하고, 얼음을 동동 띄우니, 한여름 더위가 싹 물러난다. 식이섬유가 풍부하고 칼로리는 낮으니 통영 시

통영전통시장에서 팔고 있는 우무포를 넣은 냉콩국(우뭇국)이다. 더운 여름날 한잔 들이키면 더위가 싹 가신다.

민은 물론 인근 통영항여객선터미널에서 섬으로 향하는 관광객들도 일부러 찾아올 정도로 인기가 높다.

이금렬 어무이는 평소에는 '콩'을 재료로 하는 콩나물과 두부를 만들어 판매해서, 콩물이나 우무포를 만드는 재주가 더 뛰어났다. 한여름에만 우무를 팔았는데, 최근에는 찾는 사람들이 늘어나면서 5월부터 개시하고 있다.

대부분의 향토음식이 사라지거나 대가 끊기는 상황에서, 주말이면 손자와 손녀들이 "우리가 대를 잇겠디"며 바쁜 일손을 돕고 있다.

* 사슴뿔을 문 앞에 걸어 놨대요

"사슴뿔을 문 앞에 걸어 놨대요. 귀신 오지 말라꼬."

아랫섬 하리에는 5~6월 한창 마늘을 수확하는 시기다. 그래서 해안가 도로가 마늘을 햇볕에 말리는 건조장으로 변한다. 이곳에서 만난 강호래 전 이장·최계희 부부는 '사슴과 모밀잣밤나무 이야기'를 해 주셨다.

"우리 할아버지 말씀이 산에 가면 큰 사슴뿔이 떨어져 있대요. 서로 싸움을 해서. 그 뿔을 가져와서 집 문 앞에 걸어 놨대요. 그러면 귀신이 몬 온다 카대요."

"광복이 되고, 우리 에릴 때도 사슴이 있었어."

사슴의 세계는 일부다처제라 봄철 발정기가 되면 숫사슴들이 더 많은 암사슴을 거느리기 위해 서로 뿔을 들이받으면서 싸운다고 한다. 이때 사슴뿔이 떨어진다.

이웃섬 욕지도가 조정에 진상할 사슴을 키운 곳으로 유명한데, 노대도 역시 궁중에 진상할 사슴고기와 녹용을 장만하기 위해 사슴을 방목했다. 사냥막 터도 남아있다. 혹자는 고종황제의 명으로 포수가 왔다고 하고 그보다 후에 일본인 포수가 사용했다고도 한다.

1986년 발간된 『통영군사』는 연세대학교 손보기 교수팀이 발굴하고 기록한 '상노대도의 선사시대 살림'을 인용하여,. 신석기 패총에서 보통 사슴보다 큰 대륙사슴과 우수리사슴, 고라니 뼈가 발견되었다고 밝혔다. 방목하기도 전에 자연 상태에서 사슴이 산 것이다.

"사슴이 모밀잣밤나무를 묵거든. 욕지도 모밀잣밤나무숲천연기념물이 제일 크고, 그 다음이 우리 섬일끼라."

강호래 전 이장의 말씀을 듣고 보니, 욕지도나 노대도가 공통적으로 모밀잣밤나무숲이 울창하다. 울창한 숲은 사슴뿐만 아니라 물고기들도 불러 모은다. 바닷가 숲은 그늘을 만들고, 물고기들이 몰려들어 산란을 하고, 어린 물고기들이 자라는 치어 육성장이 된다.

"사슴이 골라 먹을 정도니, 사람 몸에 잣밤나무가 얼마나 좋겠노?"

지금도 노대도 사람들은 잣밤나무 도토리를 '달큰하고 꼬시다'면서 즐겨 먹는다.

"잣밤이 당뇨에 좋거든. 욕지도 사람들이 노대도에 와서, 잣밤나무 껍질이나 도토리를 사간다. 그걸 끓여 먹으모 당뇨가 재발 안 한다 쿠대."

"다시 사슴뿔을 보모, 그때는 문에 안 걸고, 푹푹 삶아 줄낀데. 우리 아저씨 몸에 좋커로."

초도 풀섬

"저기에서부터 여기까지가 내 땅입니다."

주인의 말만 믿고 덜렁 돈을 지불해 버렸다.

이불 한 채, 옷가지 보따리 하나, 숟가락,

젓가락 밥그릇 몇 개만을 챙겨 초도에 들어왔지.

고생의 시작이었다.

초도 풀섬

* 홀빡 초도 바다 덕분에 묵고 살았지요

"욕지도 사람들이 홀빡 초도 바다 덕분에 묵고 살았지요."

김흥국 욕지면지편찬위원회 상임위원은 욕지면을 대표하는 향토사학자다. 2008년 욕지면 내 섬과 바다, 문물을 기록한 『욕지면지欲知面誌』를 발간했다. 그 이후에도 큰섬 욕지도와 연화도, 노대도 뿐만 아니라 무인도가 된 납도, 적도, 좌사리도까지 사람들이 산 흔적을 찾고 있다.

"초도 사람들이 뭘 해묵고 살았습니까?"라는 질문에, "초도 사람들뿐만 아니라 욕지도 사람들이 홀빡 초도 바다 덕분에 묵고 살았지요"라는 답이 돌아왔다.

초도하고 연화도 사이 바다에는 물고기들이 다니는 통로인 '물꼴물

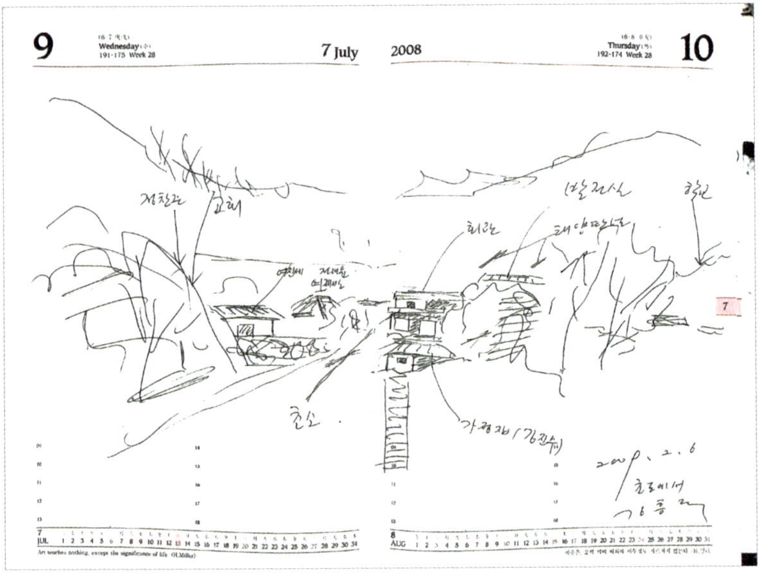

지금은 사라진 초도 풍경. ©김홍국.

골'이 있다. 그 바다에 봄이면 볼락이 모여들고, 여름이면 고등어 떼가 다니고, 가을이면 삼치 떼가 검은 물결을 이루고, 겨울이면 물메기가 알을 품는다.

이 물골에서 외해 쪽은 장띠장떡, 안장떡, 바깥장떡이라 부르는 '여礖'로 연결된다. 물속에 잠긴 바위인 여는 물고기들의 산란장이자 어린 물고기들이 자라는 성어장이 된다. 그 끝에 오늘날 낚시객들에게 참돔, 돌돔 등 '대물 낚시터'로 사랑받는 좌사리도가 있다.

"초도부터 장띠, 좌사리도를 연결하는 바다가 최고의 황금어장입니다. 욕지도 일대 바다라면 사시사철 물고기들이 모여드는 좋은 어장으로 유명한데, 그 중에 최고가 그 바다입니다.”

초도 해안 자체도 갯바위들이 삐죽빼죽, 들고나는 복잡한 지형, 즉 리아스식 해안으로 이루어져 있다. 그러니 자연산 전복이며 소라, 해삼이 많이 생산되었다. 덕분에 초도 출신 중에서 해녀배를 운영해서 큰 부자가 된 사람들도 여럿 나왔다.

초도 출신 전덕생 욕지농협장이 대표적인 인물이다. 욕지도로 이주했어도 연고권이 있으니, 해녀배로 초도 지선해안에서 해산물을 채취할 수 있었다. 전복이며, 해삼, 미역 등 풍부한 해산물 덕분에 작은 섬 초도 사람들이 큰 섬 욕지도에서도 큰소리칠 수 있었다.

오늘날에는 ‘초도草島’라는 한자 지명이 더 익숙하지만, 어부들은 ‘푸리섬’이라고 불러왔다. 풀이 무성해 토박이 지명이 ‘푸리섬’이며 요즘에는 푸리섬을 줄여 ‘풀섬’이라고 부른다. 20여 세대 120명이 살았던 ‘안푸리’와 4세대 20명의 인구가 살았던 ‘바깥푸리’가 있다.

바깥푸리는 1973년 반잠수정 침투와 1974년 채수정 간첩사건 등 무장공비의 침투가 우려되면서 정부 당국에서 ‘10가구 미만 철수, 무인도 정책’을 실시함에 따라 강제로 섬을 떠나게 되었다. 안푸리 역시 도시로 떠나는 추세를 버티지 못하고 1994년 무인도가 되었다.

김홍국 상임위원은 2009년 2월 6일, 초도 앞바다에서 옛 학교옥동국민학교 초도분교장와 마을을 바라보면서 ‘초도 전경’을 노트에 그려, 설명해 주었다.

"저기 교회 뒤로 집 한 채 보이지요? 그기가 정찬준씨 집이고요, 초도분교를 관리하던 여진세씨 집은 그 옆이고, 교회하고 학교 사이에 통영시청 다닌 전재윤씨 집이 있죠. 지금 부부 한집이 들어와서 사는 이 동네가 관청이 있는 큰 마을이죠. 학교에 경찰초소까지 있었죠."

김흥국 상임위원의 소개로 욕지도에 살고 있는 오상철 전 초도이장이 답사에 동행했다. 1994년 섬을 떠났으니, 15년 만의 고향 방문이었다.

* 섬을 떠난 남자의 망향가望鄕歌

그때나 지금이나 초도에는 여객선이 운항하지 않는다. 통영항에서 욕지도로 여객선을 타고 가서, 다시 배를 빌려 가야한다. 그러니, 큰 마음을 내지 않으면 가기 힘든 섬이다.

배를 대절해서, 학교가 있던 큰 마을부터 찾아갔다. 태풍이 불면 깨지고 사라지기 일쑤인 선착장. 그래서 갯바위 사이로 낸, 겨우 한발씩 디딜 수 있는 아슬아슬한 암벽길을 통과해야 했다. 바람과 파도가 거세니, 마을은 언덕 위로 한참 올라가야 보였다.

"요가 관청이 있던 큰 마을이라. 마을회관에다 경찰초소도 있었지. 학교에는 아이들도 많이 다녔지." 모처럼 찾은 고향. 옛 동무들과의 추억이 떠오르는 듯, 얼굴에 웃음이 퍼진다.

내무부 『도서지島嶼誌』에 따르면 1973년 초도 인구는 117명으로 100명이 넘었고, 1985년에는 74명으로 작은 섬치고는 제법 많은 사람들이 살았다. 학력도 대졸 이상이 11명, 고졸 7명, 중졸 15명으로 당시 기준으로 고학력자들도 많은 섬이었다.

하지만 외따로 떨어진 섬이니, 간첩사건의 여파로 강제 이주가 실시되었고, 청년들은 큰 섬 욕지도나 도시로 떠나갔다. 1968년 욕지도 옥동국민학교 초도분교장으로 설립된 학교 역시 1995년 폐교됐다.

폐교에는 선생님들과 아이들이 함께 바닷가에서 몽돌을 가져다가 만든 몽돌화단, '독서하는 어린이', '명랑한 어린이'처럼 환경 미화의 흔적이 남아 있다. 운동장에는 염소가 뛰어 논다. 십자가가 기울어진 교회 옆 동백숲에는 지금도 붉디붉은 동백꽃이 연신 피어난다.

"풀섬 살 때가 봄날이었지. 타향에 나가니, 고생이 말도 못해."

고향을 찾은 오상철 전 초도이장은 애써 숨겨왔던 타향살이의 설움을 이야기했다. 초도에서는 밭도, 바다 어장도 자신들의 소유였는데, 큰섬 욕지도로 건너가니, 얼마 안 되는 밑천은 금방 떨어지고, 남밑에서 일하는 고용살이를 10년 넘게 했다. 눈칫밥을 먹고 산 세월이었다.

오상철 이장이 살던 마을까지는 언덕을 하나 더 넘어가야 한다. 고향 집들이 하나둘씩 보이기 시작했다.

"불러 볼게. 김복만, 김또복만이, 김영애, 김옥철, 박주생, 강상연,

강복연 집 아이가. 김옥철이 집앞에 우물이 얼마나 깨끗하고 시원했다꼬."

오상철 어른은 그때 섬 사람들의 이름과 섬의 전경을 또렷하게 기억해 내었다. 마을 사람들이 정성 들여 돌을 층층이 쌓아올린 우물을 들여다보니, 지금도 푸른 하늘과 하얀 구름이 비칠 정도로 맑디맑다.

섬에는 땅이 제법 넓어서 어업도 하고 밭농사도 짓는 반농반어의 생활을 했다. 가을철 붉은 황토밭에서 수확한 고구마를 한겨울 내내 저장했던 '고메 저장고', 섬 사람들의 생명줄인 우물물을 길어다 모아 두었던 '수항물탱크'도 그대로 남아 있다.

"저 너른 타작마당에서 마을 사람들이 모이가 보리타작을 할 때는 진짜 북적북적했지. 힘들어도 그때가 좋았다. 고향 사람들이 다 같이 모여서 웃고, 떠들던 날들이…."

"아, 아. 동네 사람들 이장입니다. 오늘 마을 대청소가 있으니 모두들…"

이장의 목소리를 마을 전체에 알렸던 스피커. 빵빵하게 울리던 그 소리는 멈추고, 이제는 밭두렁에 누워있다. 하나둘씩 사람들이 돌아와, 이 스피커가 다시 울리는 날이 있을까?

어릴 적 이문열 작가의 『그대 다시는 고향에 가지 못하리』라는 소설을 감명 깊게 읽었다. 그런데, 그 내용보다 제목에 강하게 이끌렸다. "내가 만약 학업이나 취업을 위해 고향을 떠난다면 다시 돌아올 수 있을까?" 고민하게 만들었다. 그가 무너진 옛집 담장에 앉아, 담배한 대를 피어 문다. 옛 마을을, 마을 앞바다를 바라보는 눈길에 초점이 없다. 가만히 눈을 감는다. 그날들이, 그 사람들이 전부 떠오르는 듯하다. 남자는 말이 없는 데 속으로는 망향가望鄕歌를 부른다.

* 부부, 두 사람만 사는 행복의 섬

무인도가 된 초도. 어느 해부터 사람의 온기가 퍼지기 시작했다.

김대규·조종임 부부, 두 사람이 초도에 정착하면서, 무인도는 다시 유인도가 되었다. 부부의 무인도 개척은 결코 쉽지 않았다. 인적이 끊긴 섬길을 다시 내고, 쑥대밭이 된 마을에서 살 집도 마련했다. 그래도 둘이 함께 하니 그저 좋았다.

부부의 집은 옛 마을회관과 경찰초소다. 조종임 어무이는 마을 사람들이 버리고 간 세간들로 아기자기한 미니 박물관을 꾸몄다. 호롱불이며 참기름병, 손풍구에 녹슨 석유곤로까지. 이제는 다른 섬에선 보기 드문, 손때 묻은 물건들이다.

온돌방도 다시 만들었다. 장작을 넣어 지핀 방이 뜨뜻하다 못해 뜨겁다. 5분에 한 번씩 몸을 뒤집어야 한다. 땀이 온몸을 타고 흘러 내린다. 옛날 구들시 방, 아랫목 그대로다.

창문으로 바라보는 풍경이 너무도 아름답다. 봄이면 안개가 자욱하게 밀려왔다가, 순식간에 흩어진다. 바로 눈앞에 있던 외초도가 사라졌다가, 꼭대기만 보였다가, 갑자기 나타난다.

김대규 조종임 행복의 섬.

보통 이 부부가 뭍에서 이사를 온 줄 안다. 그런데, 제주도에서 왔다.

흔히 제주도에 살면 늘 바다를 보고 사는 줄 안다. 하지만 부부는 제주 시내에서 살아 푸른 제주 바다를 볼 기회가 드물었다. 관광버스 기사인 남편은 늘 바빴다. 그러다가 덜컥 당뇨병에 걸렸다. 아프니, 새로운 삶을 살아보고 싶어졌다.

어느 날, TV에 통영 욕지도에서 어머니가 몸이 불편한 딸을 보살피며 둘만의 천국을 꾸미고 사는 '새에덴동산'을 보게 되었다. 참 행복해 보였다.

"한번 가보고 싶네요."

아내의 말에 남편은 덜컥, 제주도에서 부산 가는 첫 비행기 표를 끊었다. 욕지도가 정확히 어디에 있는 지도 몰랐다. 묻고 물어 욕지도를 찾아갔다. 그런데, 욕지도는 이미 땅값이 너무 비쌌다. 이대로 제주도로 돌아갈 순 없는 일. 낚시배를 빌려 주변 섬을 맴돌았다.

인연이 되려고 그랬을까? 당시 무인도였던 초도가 마음에 쏙 들었다.

"저기에서부터 여기까지가 내 땅입니다."

주인의 말만 믿고 덜렁 돈을 지불해 버렸다. 이불 한 채, 옷가지 보따리 하나, 숟가락 젓가락 밥그릇 몇 개만을 챙겨, 초도에 들어왔다. 고생의 시작이었다.

전기가 안 들어왔다. TV며, 냉장고 사용은 엄두도 못 냈다. 몇 해 동안 호롱불을 켜고 살았다. 우물의 물을 물동이에 떠서 머리에 이고 집까지 날랐다. 마을은 쑥대밭, 밭에는 소나무가 부부의 키 보다 웃자라 있었다.

"묵은 길을 다시 내느라 고물이 돼버린 톱만 해도 1천 개가 넘는다."

김대규 어른의 말 속에 초창기 섬을 개척하면서 부부가 겪었을 고난이 눈앞에 훤히 보이는 듯 하다. 전화위복轉禍爲福이랄까? 섬을 오르내리면서 땀 흘려 일하고, 즐겁게 생활하다보니, 남편을 괴롭히던 고질병, 당뇨가 호전되었다.

아내는 노래를 즐겨 부른다. 가수 이미자 '동백 아가씨'와 '섬마을 선생님'이 18번이다. 요즘에는 미스터트롯에서 임영웅이 불러 화제가 된 노사연 '비램'을 즐겨 부른다. "지친 나를 안아주면서 '사랑한다. 정말 사랑한다'는 그 말 해준다면 나는 사막을 걷는다 해도 꽃길이라

초도의 유일한 주민, 김대규 조종임 부부.

생각할 겁니다." 노래를 부르며 남편을 바라보는 눈이 사랑스럽다.

통영 남자들에게는 로망이 하나 있다. 외딴 섬을 사고, 멋진 요트를 사서, 아름다운 아내와 살고 싶다는. 조종임 어무이가 손사래를 치며, 2003년 태풍 '매미' 때 이야기를 해주신다.

"기상청에서 '태풍이 올라온다'는 거라. 허연 파도가 저 아래 갯바위에서 '펑'하고 수십m 솟아오르는데 장관이더라. 우리 부부가 언덕에 앉아서 구경을 했지. 오후 4시나 됐나? 하늘이 갑자기 컴컴해지더니, 밤새 무언가 계속 날아와서 '퍽퍽' 집을 치는 거라."

처음에는 너무도 장관인 태풍 구경을 했지만, 그날처럼 무섭고 두려운 밤은 없었다. 다음날 아침에 보니 어장 부이였다. 근처 어장에서 밤새도록 부이가 날아온 것이다.

'제주도 사람들이 태풍 무서운 줄 모르나?'라고 생각하기 쉽지만, 제주 시내에 사는 사람들은 한라산 덕분에 태풍 무서운 줄 알지 못한다. 대신 무지의 대가를 치러야 했다. 그날 밤 큰섬 욕지도와 작은 섬 초도를 이어주던 부부의 40마력 보트는 흔적도 없이 사라졌다.

아내는 제주라면 자연스럽게 연상되는 제주 해녀 같은 바다 물질도 하지 못한다. '봇돌무거운 낚시 추'이라는 말처럼, 수영조차 제대로 못한다.

부부의 생계수단은 방목해서 키우는 염소다. 처음 섬에 들어올 때 몇 마리 신구 심아 데리고 온 염소들이 새끼를 낳고 또 낳아, 제법 소득이 된다.

부부의 하루 일과는 아침 6시 밥을 먹고 염소막 청소로 시작된다. 오전이면 일은 끝난다. 점심 무렵이면 낚시대를 들고 갯바위로 향한다. 그날 먹을 만큼만 잡으면 미련 없이 낚싯대를 접는다. 간혹 통발에 걸려든 문어나 고동은 덤이다.

초도에는 '초도 패션'이 있다. 낡고 헐은 바지나 남방 조각을 바지의 엉덩이 부분에 덧대고 또 덧댄다. 톱으로 나무를 자르고 잠시 앉아 쉴 때나, 갯바위에서 낚시를 할 때, 몇 번을 덧 댄 바지는 엉덩이를 포근하게 감싸준다. 한겨울엔 냉기도 막아준다.

"옷에 구멍이 나도 천 조가리를 바지에 덧대 입어도 누가 뭐라고 하나? 아무도 간섭하는 사람이 없제. 섬에 사니 그게 젤로 편해." 초도는 살기 조금 불편해도 알콩달콩 두 사람만 사는 지상낙원이다.

* 초도 염소길과 개섬

"봄이 되면 연애를 하러가, 지금 염소길이 염소들 데이트 코스지."

부부는 처음 초도에 들어올 때, 심심풀이 동무 삼아 염소 몇 마리를 함께 데려와 방목했다. 지금은 가장 큰 생계 수단이 되었다.

"몇 마리나 되나요?"

"한 70마리 쯤 되려나? 정확히는 몰러."

부부의 중요한 생계수단임에도 염소의 수를 정확히 모르는 이유는 숫염소와 암염소가 연애를 하러 가서, 섬 어디에선가 낳은 새끼 염소의 수를 알지 못하기 때문이다.

봄날 데이트를 하느라 영 돌아오지 않는 염소들과 길 잃은 염소들을 찾으러 다니다 보니, 나무와 나무 사이로 길이 나기 시작했다. 염소들은 봄이 되면 자신들의 머리 높이로 돋아난 어린 나뭇잎을 맛있게 뜯어 먹는다. 그 사이로 톱질을 조금 더하니, 숲길이 열렸다.

어느새 부부가 살고 있는 관청마을부터 시작해서 오상철 어른이 살았던 옛 마을까지 다시 길로 연결되었다. 두 마을 사이 길을 걷다보면 욕지도 노적마을과 동섬이 바로 코앞에 있는 듯하다. 사람들은 떠났어도, 봄날 동백은 붉디붉게 핀다.

1994년으로 시간이 멈춰버린 마을에서, 허물어진 돌담이며, 고구마 저장고를 바라보면서 어린 시절 지붕 위에 말라가던 고구마 빼떼기며, 돈부와 차조를 넣고 푹 끓인 맛있는 빼떼기죽의 추억에 젖어도 본다.

마을 뒤편 언덕으로 오르는 길, 한 무리의 염소 떼를 만났다. 우두머리 염소가 경계를 하는 듯 스윽 바라보더니 "우릴 해칠 사람들은 아닌 것 같네"라는 표정을 짓고는 숲 사이로 유유히 사라진다.

언덕에 올라서니, 시야가 훤하게 열린다. 내내 숲길을 걸어오다가 갑자기 바다와 하늘 풍경이 열리니, 무언가 막혀 있던 가슴도 환하게 열린다.

초도 앞바다와 개섬. 염소들이 다니는 길이 초도 염소길이 되었다.

오래 묵은 동백숲. 오래도록 마을 사람들을 바람과 파도로부터 지켜주었겠지? 그 길 끝에 옛 교회가 있고, 옛 마을회관이 있고, 옛 경찰초소가 있다. 사람들의 인적이 끊겼던 마을, 그리고 길. 부부가 들어오면서 따뜻한 온기가 돌고, 염소길로 다시 이어졌다.

염소를 돌보던, 염소길을 만들던 부부가 하루에도 몇 번씩 바라보는 풍경이 있다. '개섬 풍경'이다. 초도 바로 앞 무인도 '개섬'은 부부가 기르고 있는 개 '초남이'처럼 바다를 향해 내민 앞발과 뒤꼬리까지 영락없이 개의 형상이다.

토박이 지명 '개섬'을 한자로 옮기다 보니, 늙은개를 뜻하는 '노구여老拘礇'로 변천되었다. 현재 공식 지명은 '녹운도綠雲島'로, 노구여와 발음이 비슷하다.

부부는 '녹운도'라는 이름이 좋다고 한다. '푸른 바다에 흰 구름이 떠 있는 것처럼 생긴 섬'이라는 의미처럼, 부부의 마당에 앉아, 푸른 바다 사이로 하얀 안개가 밀려와 녹운도에서 노는, 그림 같은 풍경을 바라보면 시간 가는 줄 모른다. 세상 시름도 저절로 잊는다.

죽도

사람들이 반대쪽까지 큰 소리를 지르며 내달렸다.

절벽 잘 타기로 유명한 염소들이지만 놀라 바다에 떨어졌다.

노 젓는 배가 대기해 있다가 붙잡았다.

염소 잡는 날은 큰 수입을 올리는 날이자,

영양가 있는 음식을 포식하는 날이었다.

섬 사람들의 축제날이었다.

국도

* 보랏빛 수국이 필 때면 생각나는 섬

보랏빛 수국이 필 때마다 생각나는 섬이 있다. 하지만 가고 싶다고 해서 마음대로 들어갈 수 있는 섬이 아니다.

통영의 최남단 섬 국도. 하늘과 바다, 사람이 허락해야 갈 수 있는 섬이다. 하늘과 바다는 날씨가 좌우한다. 통영 삼덕항에서 배를 타고, 연화도까지는 바람도 살랑거리고 파도도 잔잔한 편이다. 이제부터가 문제다. 그야말로 먼 바다, 파도가 급격히 거칠어진다.

4번 입도할 기회를 얻었으나, 심한 파도 때문에 국도를 바로 눈앞에 두고 뱃머리를 돌려야 했다. 5번째 도전. 이번에도 강한 바람과 높은 파도에 뱃길이 묶여, 일주일 연기한 터였다. 무엇보다 국도는 재단법인 청우일신회의 사유지이기에 종단에서 허락을 해야 들어갈 수 있다.

2013년 드디어, 국도에 배를 접안할 수 있었다. 청우일신회에서 두 분이 마중 나와 안내를 해주신다. 배를 댄 갯바위에서 옛마을을 연결하는 다리능파교는 까마득할 만큼 높다. 청우일신회 건물도 마찬가지다. 높고 거센 파도를 피해 절벽 위에 자리 잡고 있다.

5~6월 국도는 수국 천국이다. 선착장에서 능파교를 거쳐 청우일신회 건물까지 주변 길가에 수국이 흐드러지게 피어난다. 진홍빛, 하얀빛 수국 꽃이, 파란 바다빛, 하늘빛과 어울려, 천상의 화원을 이룬다. 그저, 수국의 향연을 즐기면 된다.

섬에는 짙은 안개가 몰려오곤 한다. 안개가 걷히면, 마치 무대의 장막이 열리듯, 국도 앞바다 풍경이 한꺼번에 펼쳐진다. 오늘은 하늘과 바다가 선물을 주시나 보다. 여기에 수국 꽃까지 활짝 피었으니, "와!", "엄청나다"하는 감탄사가 저절로 터져 나온다.

청우일신회 건물 자리가 국도의 옛 마을이 있던 곳이다. 남해 가천 마을의 다랭이논이 연상될 만큼 작은 밭이 층층이 있다. 바라보는 풍경은 아름답지만, 살기에는 얼마나 척박했을까!

국도에는 사람들이 얼마나 살았을까? 내무부가 1985년 발행한 『도서지島嶼誌』에 따르면 1973년 103명남 56명, 여 47명으로 100명이 넘었지만, 1985년에는 41명남 22명, 여 19명으로 절반 이상 줄었다.

인구 연령은 61세 이상 3명, 41~60세 13명, 20~40세 11명, 12세 이하 14명. 상대적으로 젊은 사람들도 많았다. 하지만 늘 거친 바람

통영의 최남단 섬 국도는 하늘과 바다, 사람이 허락해야 들어갈 수 있는 섬이다. 파도 너머로 소지도가 보이면 절반쯤 간 셈이다.

과 높은 파도가 문제였다.

통영항에서 곧바로 국도로 가는 여객선이 없었다. 제대로 된 방파제도 없었다. 통영에서 욕지항까지 여객선을 타고 들어가서, 하룻밤을 자고 다음날 새벽, 작은 여객선으로 국도로 들어갔다. 이 여객선조차 접안을 못해, 섬에서 노 젓는 배를 붙여서 사람과 짐을 내렸다.

파마쟁이 객주 아들, 김근용 통영문화원 부원장은 "욕지도에서 5일에 1번, 국도로 들어가는 동해호가 운행했다. 제때 못 들어가면 미리 사놓은 톳이며 미역을 썩혀야 했다. 선원들한테 술을 받아주고, 선물도 해봤지만 퇴짜를 놓았다. 목숨이 제일 중요하니까"라고 기억했다.

1970년대, 국도 사람들도 '살기 좋은 마을'을 만들자고 힘을 모았을 것이다. '경남 통영시 욕지면 동항리 국도' 표지석 옆에는 '국도새마을' 표지석이 남아, 주민들의 흔적을 전한다. 새마을 표지석을 바라보는 정상기 통영시새마을지회장의 감회가 남달랐다.

소문과는 달리, 청우일신회에서는 아무런 종교적 의식을 강요하지 않았다. 오히려 동행한 분들이 궁금해서 물으면, 간략히 대답을 해주는 식이다. 신성한 곳인 영대靈臺 안쪽을 보고 싶으면, 예의를 차려 목례를 올리면 된다.

강증산을 도조로 모시는 청우일신회는 종교단체다. 그들의 설명으로는 혼탁한 난세를 만나, 하늘과 땅의 공사를, 그리고 사람의 몸과 마음을 바꾸는 공사를 행하고 있다. 공사를 한다니, 이상하게 생각할 수 있지만, 몸과 마음을 바르게 닦는 일종의 의식인 셈이다.

특히 1988~89년 종전宗典께서 이곳, 국도에서 큰 깨달음을 얻으면서, 새로운 시대를 열 성지로 선택하였다. 당시에도 주민 대부분이 떠난 섬에서 교인들은 벽돌이며 시멘트를 손에 손으로 날라, 오늘날 국도 도장을 만들었다.

도장 건설에, 종교 행사에 많은 신도들이 한꺼번에 국도를 찾았고, 한때는 '한번 들어가면 마음대로 나오지 못하는 섬'이란 소문도 돌았다. 최근 청우일신회는 인식 개선을 위해 사전 방문 협의를 하면 대부분 받아들이고, 통영시 주요 단체를 초청하기도 하였다.

옛 흔적들을 모조리 없애는 개발이 난무하는 오늘날, 옛 국도 주민들의 신앙 터전을 그대로 보존한 점에 감사한 마음이 든다. 국도 사람들이 신으로 모시던 할머니 벅수, 한마음으로 마을의 무사안녕을 빌었던 당산, 무병장수를 기원한 장수당까지 그대로 남아있다.

아열대 기후에 동백나무와 모밀잣밤나무 같은 사철 푸르른 나무가 산허리를 둘러, 국도에는 숲이 울창했다. 파란 하늘과 바다에 이어, 녹색의 숲으로 들어서니, 눈이 시원해진다.

꼬불꼬불 난 길을 따라 숲속으로 들어서니, '당산堂山'이 그대로 남아 있었다. 작은 당집 안에는 '돌' 2개가 나란히 서 있었다. 국도뿐만 아니라, 이곳으로 오는 뱃길, 연화도에서도 섬 사람들은 '돌'을 신앙의 대상으로 모셨다.

국도 사람들은 한해 2번 큰 제사를 올렸다. 오늘날 청우일신회 건물이 있는 마을과 옛 학교가 있는 마을, 두 마을에서 한번은 같이 '무사안녕'을 기원하는 당제를 올리고, 한번은 각성받이들이 따로 올렸다. 마을 아낙들은 남편이 뱃일에서 무사히 돌아오길, 다친 아이가 빨리 낳기를 바라면서 수시로 당산에 올라와 손을 빌었다.

다시 숲길을 오른다. 오르막이 꽤 심하다. 숨이 턱하니, 막힐 듯하다. 그때 마침 숲길이 끝나고 빛이 보인다. '장수당長壽堂'이다. 섬 사람

국도의 깎아내지르는 듯한 절벽에 자리잡은 장군바위.

들이 무병장수를 기원했던 곳이다. 이곳에도 빗자루가 있어서, 평소 깨끗이 쓸고 닦은 흔적이 보인다.

장수당 옆 언덕에 올라선다. 그야말로 일망무제다. 바다가 끝도 없이 펼쳐진다. 바다와 하늘이 어디에서 만나는 지, 그 지점마저 희미해진다. 그냥 바다와 하늘이 맞닿아 있는 듯, 온통 푸른색이다.

갑자기 구름이 일어나, 천길 암벽을 넘어가기도 하고, 바람결에 수국을 흔들기도 한다. 그 풍경이 좋아, 한참을 앉아서 넋 놓고 바라본다.

몇몇은 장수당에서 쉬고, 몇몇은 청우일신회 종전이 100일 기도 끝에 깨달음을 얻었다는 토굴로 내려간다. 절벽 아래 낭떠러지에 있어, 옛 주민들은 이곳을 알지 못했다.

종전께서 100일 기도를 한 토굴. 이곳에서 음식을 일절 먹지 않고 100일 동안 기도만을 했다. 마침내 100일 기도를 마치니, 세상 모든 이치가 훤하게 보였다고 한다.

100일 기도 터 앞 바위. 일명 '장군바위將軍巖'다. 이토록 커다란 바위가 지켜주는 덕분에 바람과 비를 피할 수 있었다. 천길 낭떠러지 아래, 토굴 앞을 지키는 장군바위. 속인들은 그저 바라보는 각도에 따라 달라지는 바위의 풍광에 놀라움을 감추지 못한다.

아무리 재미있는 일이라도 배가 부르고 난 뒤에야 흥이 난다고 했던가? 뱃속에서 '꼬르륵' 소리가 들린다. 청우일신회에서는 섬에 온 손님에게 꼭 식사를 대접한다. 섬 생활에 부족해지기 쉬운 비타민을 보충하는 돼지고기 두루치기와 함께, 이른 봄에 가면 마늘 굵기 만한 달래가, 여름이면 싱싱한 부추와 상추가 밥상에 오른다.

코로나19 확산으로 2020년과 2021년, 두 해 동안 수국의 계절이 지나도록 국도에 들어가지 못했다. 내년, 수국이 필 때면 다시 그 섬을 찾아가, 마음껏 수국을, 바다를 바라보고 싶다.

* 옛 학교와 서쪽마을을 찾아가는 길

원래 국도에는 2곳의 마을이 있었다. 동쪽마을과 서쪽마을로, 동쪽마을에는 오늘날 청우일신회의 건물이 들어섰고, 서쪽마을에는 옛 학교가 있었다. 옛 학교와 서쪽마을을 향해 길을 되짚어간다.

청우일신회가 있는 곳의 지형이 '봉황이 알을 품는 형국'이라면, 학교가 있는 곳의 지형은 '용이 물을 마시기 위해 바다로 치닫는 형국'이라 한다. 전설 속의 상서로운 동물 봉황과 용이 등장하니, 마치 봉황새의 깃털처럼, 용의 비늘처럼, 깎아지는 듯 절벽이 수시로 나타난다.

악산嶽山인 만큼 사방이 트여, 바다와 하늘을 바라보는 경치를 말로는 이루 설명할 수 없을 만큼 대장관이다.

옛길은 섬 사람들이 무병장수를 기원했던 장수당에서 시작한다.

첫 번째 산봉우리를 지난다. 낭떠러지 사이로 낸 길에서 다리가 후들거린다. 얼마나 바람이 세게 부는 지, 능선 위 나무들 가운데 곧게 자란 나무가 없었다. 모두 바람결을 따라 굽어 있었다.

잘 보존된 장군당將軍堂을 만난다. 통정대부 김장군 송덕비通政大夫金將軍 頌德碑. 소화 12년1937년 국도 주민 대표 김창조가 세웠다. 통정대부通政大夫는 국가의 중요한 정책을 결정하는 데 참가하는 정3품 당상관의 품계이다. 그런데, 이름이 없다. 왜일까?

『통영군사』와 『욕지면지』에는 '김장군金將軍'이 사량도와 수우도, 욕지도 일대 남해안에 전해지는 설운장군이라고 소개하고 있다.

반인반어半人半漁인 설운 장군은 남해안 일대 섬과 바다에서 노략질을 일삼던 왜구를 도술로 혼내주고 물건을 원래 주인들에게 돌려주니, 백성들이 구세주처럼 추앙하기에 이르렀다. 하지만 '백성을 괴롭히는 괴인'이라는 모함을 당해 관군에 붙잡혔다.

아무리 베고 베어도 목이 베이지 않는 게 아닌가! 겨우 목을 베니, 저절로 다시 붙었다. 이때 밀고로 잘린 목에 메밀가루를 뿌림으로써 죽어갔다. 설운장군이 죽자, 왜구는 다시 활개를 치고 백성들은 도탄에 빠지게 되었다. 이에 섬 사람들은 억울한 죽음을 달래고, 섬과 남해 바다를 지켜달라는 의미에서 송덕비를 세우고, 제사를 지냈던 것이다.

국도의 우리말 이름이 '나랏섬나릿섬'인데, 설운 장군이 남쪽 바다 한가운데 나라를 세운 곳이라는 해석도 전해진다.

어느새 중간쯤 왔다. 옛 학교가 보이는 마을, 그리고 우뚝 솟은 바위산, 그 사이로 구불구불 난 오솔길. 이를 뭐라고 표현해야 할까? 차마고도, 백두산, 금강산?

학교 마을 위, 산봉우리로 올라선다. 오른쪽, 왼쪽이 모두 바다다. 바람과 파도가 얼마나 거친지 태평양 방향으로 열린 쪽에는 아예 나무 하나 없다. 일망무제一望無際. 눈을 가리는 것 하나 없으니, 하늘과 바다가 끝이 없다.

옛 학교가 있던 마을로 내려선다. 이쪽은 동백숲이 무성하다. 숲이 바람을 막아주니, 사람들도, 학교도 자리 잡을 수 있었겠지. 점점 밭둑이며, 돌담집의 흔적들이 늘어난다. 예전에는 아이들이 이쪽, 저쪽으로 뛰어놀았겠지. 어떤 가족은 알콩달콩 살아갈 꿈도 꾸었겠지…….

아니나 다를까. 오후가 되면서 파도가 갑자기 높아졌다. 옛 국도 분교를 잠시 돌아보고, 곧바로 배를 타야했다. 국도에서 돌아오는 뱃길. 오늘 걸었던 그 길이, 마을의 흔적이 자꾸만 아른거린다.

* 31년만의 방문
"추억을 찾아주어 고맙습니다."

"정확히 31년 만에 입도합니다. 30대 청춘을 바친 국도의 추억을 찾아주어 고맙습니다."

2015년 6월. 활짝 핀 수국을 보러 간 국도행에는 특별한 동행이 한 분 있었다. 바로 1981년 3월부터 1984년 2월까지 원량국민학교 국도분교장을 지낸 조진규 선생님이었다.

인생의 한창 나이인 30대. 아내와 아이 둘을 데리고 절해고도 국도로 들어갔다. 바람도, 물길도 거세, 툭 하면 여객선이 끊겨 외부와 차단되는 곳. 일부에선 "국도 사람들은 거칠어서 걸핏하면 주먹질이니, 선생님도 아내나 아이들도 해코지를 당할 수 있다"고 말렸다.

통영교육청은 오지 섬 학교에서 근무하면 평점을 높게 주고, 승진에서 유리한 '벽지 특지僻地 特地' 2곳을 지정했다. 그곳이 국도와 갈도였다. 그래도 지원자가 드물었다.

오히려 그는 국도에서 3년 동안 아이들에게 공부와 음악 과목을 가르치고, 주민들과 잘 어울렸다. "우리 아이들을 가르치는 선생님 오셨다"며 귀한 대접을 받았다고 한다.

"꿈에서라도 가고 싶었어요. 그동안은 여객선도 끊겼고, 사유지라 허락을 받지 않으면 못가니까, 늘 희망만 가지고 있었지요. 이번에 방문할 기회를 주셔서 감사합니다."

꿈에서 조차 가고 싶었던 국도, 그 섬에 마침내 31년 만에 다시 발을 디딘 것이다. 방문이 허락된 하루, 그는 조금 더 국도를 느끼고 싶어 했고, 눈가에 촉촉이 이슬이 맺혔다.

국도 방문일은 원래 일주일 전이었다. 하지만 이번에도 거센 바람과 높은 파도는 섬으로 향하는 뱃길을 끊어버렸다. '이제 갈 수 있다'고 희망에 부풀어 올랐던 조진규 선생님의 가슴도 타들어갔다. 일주일 후, 마침내 뱃길이 다시 열렸다.

국도는 원래 그런 섬이다. 하늘과 바다, 그리고 사람이 허락해야 입도할 수 있는 섬. 통영항에서 뱃길로 35km, 통영에서 먼 섬으로 인식되는 욕지도와 연화도에서 다시 19km, 10km를 더 가야 도착할 수 있는 섬이다. 부산에서 대마도까지가 49.5km이다.

31년 전, 국도를 처음 들어가는 그날도, 파도가 몹시 몰아쳤다.

"국도는 태풍을 피해 북서쪽으로 마을이 자리 잡았어요. 학교도 그렇고요. 그런데, 갈바람이라고 부르는 북서풍이 불면, 태풍이 휘몰아치는 것과 똑같아요. 그날도 끝내 학교 아래 배를 접안하지 못해, 겨우 반대편 좁은 몽돌밭에 대었어요. 절벽을 넘어 겨우 입도했지요."

당시 통영에서 국도로 바로 직항하는 여객선이 없었다. 통영항에서 욕지 동항까지 여객선을 타고 들어가서, 다시 다음날 새벽 4~5시 출항하는 동해호나 새마을호를 타야 했다. 욕지 동항-국도를 오가는 여객선은 5일에 한번 운항했다.

"배를 한번 놓치면 5일 뒤에야 다시 학교로 돌아갈 수 있잖아요?

욕지도 여관방에서 자다가 늦잠을 자기라도 할까봐, 아예 저녁부터 국도행 여객선을 타고 있는 거죠. 배가 출렁거려서 몸은 불편하지만, 마음은 그게 편하니까요."

태풍이며, 갈바람이 몰아치는 섬이니, 동력선을 정박할 방파제나 선착장을 설치할 수도 없었다. 그래서, 여객선이 근처에 오면 국도에서 노 젓는 배가 마중을 나왔다. 그러니, 1980년대 이미 보편화된 연료인 '연탄'을 땔 수 없었다.

"연탄을 싣고 들어갈 엄두를 못 냈어요. 배는 출렁거리지, 여객선하고 뗀마는 배의 높이가 다르잖아요? 사람도 겨우 내리는데, 수백 장 연탄을 싣고 내릴 겨를 자체가 없었죠. 그 시절 나무 장작으로 난방을 했죠. 밥이나 국은 석유곤로로 하고요."

선생님이라도, 산에 가서 나무를 해다가 장작을 만들었다. 그래야 가족들이 따뜻하게 겨울을 날 수 있었다. 이런 상황이니, 아무리 특진을 시켜준다 해도 자원하는 교사들이 적을 수밖에. 섬 사람들은 땔감을 져다 주거나, 잡은 (물)고기를 가져오는 등 나름 선생님을 대우했다.

아이들도 순박했다. 당시 섬의 분교로 가는 선생님을 혼자 보낼 수 없으니, 고졸 이상의 학력을 가진 배우자를 '보조교사'로 인정해 동행할 수 있도록 했다. 자신은 판소리를 좋아해서 아이들에게 별주부가 토끼를 꾀는 '수궁가'를 가르치고, 주일학교 교사를 했던 아내는 오르간으로 음악 과목을 가르쳤다. "아이들이 선생님이라고 참 잘 따르데

절벽 위에 자리한 국도 마을의 흔적들.

요. 정말 착했어요."

조진규 분교장이 가르친 '판소리' 수업은 씨앗이 되어, 1988년 김종갑 선생님의 지도 아래 5학년 주영준 학생이 전국 남녀 시조 경창대회 학생부 장원을 수상하는 열매를 맺었다.

섬 사람들의 온정, 순박한 아이들의 배움은 그의 인생 진로를 바꾸어 놓았다.

"솔직히 말하자면, 그때 국립 창극단으로 갈까? 학교 선생을 계속할까? 고민하던 시기였어요. 절해고도, 최악의 상황에 처하면 어떤 식으로든 최종 결정을 내리지 않을까? 하는 심정으로 국도로 갔지요. 섬 사람들과 아이들을 대하면서, 교사가 천직이구나 하고 깨달았어요."

남인수 '추억의 소야곡', 나훈아 '가슴 아프게' 등등 어릴 때부터 유행가를 즐겨 부르곤 했던 그는 진주 개천예술제에서 수상하면서, 음악의 길을 걷고 싶은 유혹이 더 커졌다. 1980년 들어 국악방송을 보면서, 판소리의 사설과 단가에 빠졌다.

국도 분교에서의 3년은 '아이들을 가르치는' 교사의 길을 선택하고, 평생 그 길을 걷는 계기가 되었다. 그런 만큼, 31년만의 국도 방문은 각별한 마음을 들게 했다. 국도 섬 사람들의 생활에서 가장 기억에 남은 일은 무엇일까?

"산에 방목한 염소를 잡는 날이죠. 어른들뿐만 아니라, 고학년 아이들도 함께 갔지요."

국도 주민들의 큰 수입원은 염소였다. 일년에 몇 번 염소 몰이를 하는 데, 여자는 물론 아이들까지도 다 동원되었다. 어른들이 꽹과리를 치고 큰 소리를 지르면서 염소를 섬의 한쪽 방향으로 몰고, 여자와 아이들은 요소마다 지키고 섰다.

사람들이 반대쪽까지 큰 소리를 지르며 내달렸다. 절벽 잘 타기로 유명한 염소들이지만 놀라 바다에 떨어졌다. 노 젓는 배가 대기해 있다가 붙잡았다. 염소 잡는 날은 큰 수입을 올리는 날이자 영양가 있는 음식을 포식하는 날이었다. 그래서 섬 사람의 축제날이었다.

청우일신회 건물이 있는 마을에서 한참을 걸어, 마지막 언덕. 저 멀리, 학교 그리고 마을의 흔적이 보이기 시작한다. 그 언덕에 앉아, 조진규 선생님은 핸드폰을 꺼내 사진으로 담는다. 다른 사람들이 저 아래 굽이까지 내려설 때까지도 좀처럼 일어설 줄 모른다.

"저 곳은 마을 동사洞舍가 있던 곳, 저 곳은 옛 학교가 있던 곳, 서학도씨의 집, 천일구씨의 집…." 그리운 곳, 그리운 이름들이 하나, 둘씩 떠오른다.

동백숲 터널을 지나, 학교가 있던 마을로 들어선다. 바다를 향해 열린 집들. 이제 건물은 무너지고 바람과 파도를 막아두던 돌담만 남았다.

"아, 저기 저집. 저 어른 말씀은 없으셔도 늘 젊은 선생님을 묵묵히 격려해 주셨는데…", "아, 저집. 젊은 내외와 저녁이면 술잔을 기울이기도 했던 집인데. 큰 도시에서 온 사연 있는 아이도 있었는데…." 30

여 년 전 추억이 자꾸만 파도처럼 밀려든다.

서학도씨, 서로 사돈지간이었던 천일구씨와 김도세씨, 그리고 저쪽 마을의 이상모씨 등등. 그동안 잊고 있었던 주민들의 이름도 떠오른다.

1973년 103명으로 100명을 넘던 인구가 도시로 떠나면서, 10년만인 1983년에는 42명으로 절반 이상 줄었다. 주택 수 12가구에 TV가 9대칼라 2대, 라디오가 11대 있던 시절이었다. 어선은 8척이 있었는데, 모두 무동력선無動力船이었다.

"동력선이 없으니까 큰 어업이 없더라고요. 제주해녀들이 와서 미역을 따서 말렸어요. 섬 사람들이라고 해도, 일부만 잠수를 할 줄 알더라고요. 전복도 따고 소라도 따곤 했지요. 미역은 말려서 팔 수 있으니 제일 돈이 되었던 것 같아요."

자리돔 하면 곧바로 제주도를 떠올리지만, 1980년대 국도에서도 자리돔을 제법 많이 어획했다. 섬 바로 옆 여礇나 갯바위 주변에 자리돔이 몰려, 바글바글했다. 그물을 바닷물 속에 펼쳐놓고, 자리돔이 그물 위에 몰리면 들어 올려 잡는 들망어업도 꽤 번성했다.

조진규 선생님의 발걸음이 이제는 허물어진 마을의 담장을 지나, 학교로 들어선다. 이 학교는 1964년 연화국민학교 국도분교장으로 개교, 1977년 원량국민학교 국도분교장으로 개편되어, 1993년 폐교될 때까지 모두 12번, 45명의 학생이 졸업했다.

학생은 모두 9명이던 시절이었다. 아이들 중에는 자신의 딸인 조혜

아이들이 뛰놀던 작은 운동장에는 염소만이 남았다.

원 현 통영시노인통합지원센터장도 있었다. 1·3·5학년 한 반, 2·4·6학년 한 반. 작은 학교 안에 두 개의 교실이 있었다. 선생님의 집무실은 작은 칸막이로 만들어져 있었다.

30여 년이 지났다. 그때의 흔적이 혹시 남아있을까?

이용석 교장 공로비李鎔奭 敎長 功勞碑가 아직 서 있다. 1963년 연화국민학교장 이용석이 국도에 분교를 세웠고, 이를 기념한 비석이다. 학교 부지는 섬 주민 김상갑이 기증했다.

아이들이 뛰어 놀았던 작은 운동장. 아이들한테는 엄청나게 컸을 테지. '섬에서 축구공을 차면 바로 바다로 빠진다'는 상상이 딱 그대로인 곳이다. 운동회 때는 고구마 수확이 끝난 주민의 밭을 빌려서 했다.

“바람이 워낙 부니까요. 욕지도 본교에 모여서 운동회를 할 엄두조차 못 냈어요. 그래서 서학도씨 밭에서 운동회를 했지요. 학교 운동장보다 그 밭이 더 넓었어요. 아이들뿐만 아니라 어른들도 함께 청군, 백군 나뉘어서 박 터트리기, 과자 먹기, 줄다리기도 했지요.”

급수대와 화단을 지나, 교실 안으로 들어선다. 30여 년 전 자신이 직접 쓴 ‘분교장 주임교사의 경영 역점’이 그대로 교실 뒤편에 부착되어 있다. ‘아, 내 흔적이 남아 있구나…….’

조진규 선생님은 한동안 말을 잇지 못했다.

국도분교의 사택. 창문 밖으로 바로 바다가 보인다. 연탄을 실어올 수 없어, 나무로 땔감을 해서 불을 때던 집. 단칸방에서 아내, 아이들과 살았었다. 30대, 인생에서 가장 역동적인 시절을 보냈던 곳.

국도에서 3년 교편 생활. 바깥의 시선과는 달리 섬 사람들은 젊은 선생을 스승으로 우대했고, 섬 사람들과 함께 한 삶이 너무도 행복했었다고 회상한다.

* 긴 풀에 산딸기 주렁주렁
끼워 먹던 기억이 나요

“여름이 다가올 무렵이면 산딸기가 지천이었어요. 긴 풀을 뽑아서 산딸기를 주렁주렁 끼워 들고 다니면서 먹었던 기억이 나요.”

아버지 조진규 전 분교장의 국도 방문 사진과 본교인 원량초교에 이강우 전 교장이 남긴 국도분교 자료를 보면서, 조혜원 통영시노인통합지원센터장은 반가움을 감추지 못했다. 그 시절 추억이 떠오르는 듯 때때로 눈시울이 붉어지기도 했다.

아버지 조진규 국도분교장을 따라 엄마와 남동생까지, 네 식구가 국도에 들어가서 살았다. 그리고 3학년 봄 개학 직전까지, 선생님의 딸이자, 학생으로 국도분교를 다녔다.

그녀에게 국도는 가장 인상 깊은 추억이 있는 곳이자, 특별한 기억들로 남아 있는 곳이다. 무엇보다 공부보다는 자연과 가까운 생활이 좋았다.

보통의 학생은 학기 중보다 방학을 더 좋아하기 마련이지만 그녀는 아니었다. 그녀가 방학일 때 아버지도 방학이었기 때문이다. 아버지는 방학이면 평소보다 공부를 두세 배씩 가르치곤 했다.

개학이 좋았다. 학교 가는 날이 더 좋았다. 초등학교 1~2학년 국도 시절만큼은 그야말로 자연과 함께 하는 시간이었기 때문이다. 친구와 아이들과 섬 곳곳을 자유롭게 뛰어 놀았다.

"봄에서 여름으로 계절이 바뀔 무렵이면 국도 온 섬에 풍란 향기랑 찔레꽃 향기가 가득했었죠. 산이며 언덕으로 언니들과 뛰어다니면서 산딸기도 먹고, 뱀딸기도 따먹었죠. 찔레꽃 하얀 꽃잎을 먹던 기억도 나요."

염소를 잡던 날도 기억했다.

"섬에 정말 흑염소가 많았어요. 섬에서 잔치를 하면 염소를 잡아요. 굽고 지지고 온갖 요리를 해서 먹지요. 그런데 몸에 좋다고 염소 피를 생으로 마시더라고요. 생간을 씹기도 하고요. '선생님 딸'이라고 특별히 생간을 챙겨주셨는데, 비릿한 맛에 못 먹었던 생각도 나요."

한참 옛 시절을 이야기 하며 웃는다. 국도에서 찍은 국도분교의 사진을 보여주었다. 어릴 적 추억이 가득한 학교 사진을 보면서, 한참 동안 말을 잇지 못한다.

"지금 보니, 운동장이 정말 작네요. 그때는 엄청나게 컸었는데요. 언니들이랑 술래잡기, 고무줄 놀이를 하다보면 해가 금방 져요. 아쉬워하면서 집으로 돌아가고, 다음날 또 운동장에서 뛰어놀고……."

한 장의 사진 덕분에, 마을 주민들의 밭에서 한 운동회 역시 기억해냈다.

"청군 백군 나눠, 오자미도 던지고 줄다리기도 했죠. 도둑잡기도 하고요. 자상하던 어른들도 그날만큼은 '꼭 이기겠다'면서 승부에 목숨을 거시더라고요. 승부욕에 불타던 그 얼굴들이 기억이 나요. 아이들뿐만 아니라 온 동네 마을잔치였죠."

방학 때는 엄하지만, 학교에서 판소리를 즐겁게 가르치던 아버지가 좋았다.

"아마 〈수궁가〉일 거예요. 별주부가 토끼를 보고는 '한 곳을 바라보니, 묘한 짐승이 있었다'라고 하는 대목이 생각나요. 저도, 아이들도 진도를 제대로 못 따라 가서, 그 부분만 도돌이표 마냥 계속 불렀네요. 두 해가 지나니, 제법 소리꾼 흉내를 내기도 했던 기억이 납니다."

그녀의 추억은 주로 학교 운동장과 언덕, 산과 연관되어 있다. 바다 쪽은 '절대 금지 구역'이었다.

"국도분교 밑에 조그만 몽돌밭이 있었어요. 그기에 작은 배를 대기도 했죠. 국도 아이들은 정말 수영을 잘해서 물개 수준이었죠. 그런데, 언니 하나가 수영을 하다가 죽은 거예요. 그때부터 수영금지였죠. 특히 저는요."

낙도, 섬 생활이 쉽지 않았다. 1980년대인데도, 어머니는 매일 새벽 우물에 물을 기르러 갔다. 나무 장작으로 불을 때고, 밤에도 멀리 떨어진 화장실을 이용해야 했다. 통영 시내 살 때에는 상상도 못했던 일이다.

그래도 섬 사람들이 나무 하고 온 김에 땔감을 조금씩 분교 사택에 두고 가거나, 큰 돔 같은 귀한 생선을 잡으면 맛보시라며 가져다주곤 했나. 순박하고 인심 좋은 사람들이었다.

"어머니께서 생선을 잘 못 다루시는 편이라. '맛있게 먹겠습니다'라고 인사를 하시곤, 정작 생선을 보면서 난감해 하시던 기억도 나네요. 회를 잘 못 뜨시니, 맨날 굽기만 하셨죠."

가장 힘든 것은 그때도 거센 바람과 높은 파도였다.

한번은 외할머니까지 동행해서 국도로 여객선을 타고 들어왔다. '딸 고생시킨다'고 못 마땅하시다가 '우찌 사는 지나 보자'고 같이 오신 날이었다. 하필 그날 욕지도를 출발하면서부터 배가 흔들리는데, 다들 토하고, 또 걷잡을 수 없이 흔들렸다. 그 와중에 외할머니 눈치는 보이고. 겨우 국도에 도착하니 '아, 살았다'는 안도감이 들었다.

5일에 한번 욕지도에서 국도로 들어오는 여객선. 아버지가 노 젓는 작은 배로 여객선을 향해서 나아가면, 사택 담장 위로 빼꼼이 바라보았다. '언제 돌아오실까?' 어린 마음에도 가슴이 조려왔다. 실제 파도가 심하게 쳐서, 19일 만에 아버지가 돌아오신 날도 있었다.

어느 때보다, 어머니가 아파서 통영 시내로 나가셨을 때는 '우리 엄마 못 보는 게 아닐까' 하염없이 걱정도 했었다. "제가 그런데, 맨날 작은 배를 타고 넓은 바다로 조업을 나가는 섬 아이들은 어떤 심정이었을까요?"하고 되묻는다.

그녀에게 특별한 추억으로 남은 곳 국도와 국도분교. 남겨진 사진을 보니, 더더욱 국도가 그리워졌다. 그리도 엄하셨던 아버지는 이제 딸과 함께 '한글 교실'을 열고 계신다.

"코로나19가 언젠가는 종식되겠죠. 그때는 아버지랑 꼭 같이 국도에 가보고 싶어요"라는 희망을 남겼다.

남은 이야기 ⌒⌒

1 "반나절이라도 좋다" 비진도 산호길

"반나절이라도 통영 섬에 가서 쉬고 싶어요."

비진도는 반복되는 일상에, 일에 지친 통영 사람들이, 그리고 통영 시내 관광을 마치고 통영의 섬에서 잠시라도 쉬고 싶은 여행객에게 '반나절의 시간' 동안 가볼 섬으로 적합하다.

통영항에서 40분이면 도착해서 접근성도 좋고, 풍광도 아름답다. 여객선을 따라오는 갈매기도, 어부들의 조업 장면도 반갑다. 한려해상국립공원에서 붙인 '비진도 산호길'이라는 이름처럼 에메랄드빛 물빛은 저절로 감탄을 불러일으킨다.

보통 해수욕장을 생각하고 여름에 찾아가는데, 인적이 드문 봄과 가을, 겨울 물빛은 더욱 아름답다. 그렇다면, 비진도를 가장 제대로 즐기는 방법은 무엇일까?

'그냥 아무것도 하지 말기.'

'아무 것도 하지 말기'라는 말은 작은 식당이나 간이카페에서 '맛난걸 먹으면서 바다만 쳐다 보아도 행복해진다'는 의미이다. 얼마 전까지, 이 방법이 불가능했다. 그런데, 최근 비진도에 작은 식당과 간이 카페가 생기면서 '아무 것도 하지 않는 것'이 가능해졌다. 외항마을에 횟집이 생기면서, 점심 식사가 가능해졌다. 도시에서 온 관광객들은 '심야 우등버스처럼 언제라도 배편이 있는 줄', '24시간 편의점처럼 도시락을 먹을 수 있는 줄' 안다. 그래서 충무김밥조차 미리 사들고 가지 않아서 '쫄쫄' 굶는 관광객도 많았다.

'해동회맛집'에서는 정치망에서 어획된 싱싱한 자연산 횟감을 내놓는다. 작은 포장마차에서는 전복이나 소라 같은 간단한 해물 요리나 라면을 끓여 낸다.

내항마을에도 간이 카페가 생겼다. 홍합이나 문어 다리가 큼직하게 들어간 해물파전에 막걸리 한잔도 가능하다. 커피 한잔을 마실 수 있는 여유도 생겼다.

그래도 무언가 하고 싶다면 비진도 백사장을 걸어본다. 기껏 비진도까지 와서, 의외로 맨발로 모래밭을 걷지 않는 사람들이 많다. 모래가 너무 곱다. 발목까지 만이라도 깨끗한 바닷물에 담가 본다. 그러면 머릿속까지 투명하게 반짝거린다.

그래도 시간이 남는다면 외항－물개-비진암-설핑이치를 왕복으로 걸어본다. 사시사철 푸른 동백나무숲, 후박나무숲을 걷다보면 힘들거나 화가 났던 마음까지 초록초록해진다. 숲과 숲 사이, 조망이 확 트이면서 산호빛 바다가 보인다. 어느새 마음이 환하게 빛이 난다.

비진암에서 흔들리는 '풍경' 소리에 귀 기울인다.

그래도 답답하다면 설핑이치에서 마음껏 소리를 질러본다. 외해로 탁 트인 망망대해, 엄청나게 밀려드는 파도. 힘껏 소리를 질러본다. '임금님 귀는 당나귀 귀' 우화와는 달리, 바람과 파도에 묻힌다.

내항마을에서는 해녀들이 운영하는 민박집에서 해녀밥상을 청해보는 방법도 있다. 해녀민박 옆 간이카페에서 커피 한잔 마시면서, 그저 바다와 섬들, 푸른 하늘을 바라보기만 해도 좋다.

도산
법송탁주

내항에 가면 꼭 큰 소나무님을 뵙는다. 큰 소나무님을 올려다보면서, 가만히 손을 대고 '간절히 소원을 말하면' 이뤄질 것만 같다. 예전 비진도 사람들이 그랬던 것처럼.

내항마을-외항마을, 두 마을 사이를 걸을 수도 있다. 길은 두 갈래다. 하나는 '포장도로'다. 도시와는 달리, 차가 거의 다니지 않아 호젓하다. 혼자서 혹은 연인, 가족끼리 걷기에 좋다. 간간이 이름 모를 새소리가 들린다. 푸른 바다를 배경으로 소당여며, 춘복도를 바라보면서 걷다 보면 30~40분이 금방이다.

다른 하나는 '안골길'이다. 겨울철에 바람이 심하게 불면, 바람을 피해서 오가던 샛길이다. '스기목'이라고 부르는 삼나무 숲이 있어서, "수구밭으로 가자" 하면 아이들이 쪼르르 달려갔다고 한다. 샛길이어서 조용히 걷기에 참 좋다. 다만 여름철에는 풀이 길어서 접근이 어렵다.

외항-비진암 길을 걷든, 내항-외항 길을 걷든, 숲길에 들어서 가만히 눈을 감는다. 그 순간, 다양한 새소리가 귓가에 들린다. 시원한 바람결이 손끝을 스치고 지나간다. 마음속이 잠잠해진다. 세상의 모든 시끄러운 소리가 고요해진다.

2 진달래꽃이 피면 걷고 싶은 봄길, 와다리거님길

울긋불긋 진달래꽃이 피면 걷고 싶은 봄길이 있다. 추봉도 와다리거님길이다. 추봉도에는 대봉산큰봉과 망산 2개의 산이 서로 마주보고 있다. 추봉도 사람들은 두 산의 허리를 돌며, 천천히 여유롭게 거닐 수 있는 길을 만들었다.

원래 와다리거님길은 봉암마을에서 한산사를 지나, 추원 만날목에 이르는 길이다. 한산사에 조금 못 미쳐 예전에 와다리와달마을이 있어서, 이름을 그리 붙였다. 봉암마을－한산사－추원 만날목－등너머길-예곡마을-곡룡포 언덕까지 2.8km 남짓을 걸을 수 있다.

추봉도 봉암마을에서 한산사와 추원 방향으로 천천히 걸어 올라가면 된다. 초록 잎 반짝이는 나무 그늘 사이사이 들꽃들이 피어있다. 제비꽃에서부터 별꽃, 바람꽃이 반긴다. 여름이 다가올 무렵이면 아카시아꽃과 칡꽃 향이 코끝을 간지럽힌다.

바다쪽을 바라보면, 바로 눈앞에 용호도－죽도-장사도 섬이 무리지어 은빛물결에 반짝인다. 조금 더 멀리 바라보면 연화도－소지도－매물도가 푸른 물빛에 일렁거린다.

와다리거님길을 갈 때면 늘 '예곡 망산'에 오른다. 푸른 소나무 숲 사이에 붉은 진달래가 군락을 이루며 피어있다. 진달래 꽃잎을 따서 씹어본다. '달큰 쌉싸름'하다. 진달래의 꽃말이 '사랑의 기쁨'이란다. 힘든 시간은 잠시 잊고, 사랑의 기쁨에 잠시 빠져본다.

망산 정상에 올라서면 포로수용소가 있던 추원과 예곡마을이 한눈

에 들어온다. 포로수용소의 사령부가 있던 길다란 '목너머' 언덕에는 섬의 주된 작물인 보리와 마늘, 그리고 유채가 한창 자라고 있다. 보리와 마늘이 초록 물결로, 유채가 노란 물결로 파도처럼 일렁거린다.

운이 좋은 날이면 매물도와 홍도 너머로 대마도도 보인다. 추봉도는 조선 세종 원년, 1419년 이종무장군이 대마도 정벌에 나선 '주원방포周原防浦'이기도 하다.

봉암마을이나 다른 마을까지 한산도 공영버스나 승용차로 갈 수 있다. 한산도와 추봉도를 연결하는 추봉교가 2007년 개통했다.

와다리거님길에도 아픈 역사가 있다. 와다리마을은 소나무숲이 우거지고 새소리가 맑게 울리던 곳이었으나, 1975년 남파간첩에 협조할 수 있다는 이유로 10호 미만 독립가구 이주 정책이 실시되면서, 철거되었다. 이제 바람결에 흔들리는 대나무 숲만이 옛 흔적을 말해준다.

와다리거님길에서도 최고의 '쉼터'가 되는 곳이 한산사이다. 한산사 주변 의자에 앉아, 잠시 한숨을 돌리면서 바다 풍경을 바라보기만 해도 휴식이 된다.

우연히 석천 노스님을 뵈었다. 차 한 잔을 건네시면서 "전생이 있다고 믿느냐?"고 물어보신다. 머리를 굴렸다. 있다고 하면 이리 말씀 하실테고, 없다고 하면 저리 말씀하실텐데……. "잘 모르겠습니다."라는 답을 드렸다.

노스님께서 말씀하셨다.

"어제는 무엇을 했나요? 그저께는요? 어제와 그제가 바로 전생前生이고, 내일과 모레가 바로 내생來生입니다. 지금 바로 이 순간이 현생現生입니다. 지금 이 순간을 잘 살면 내생이 행복해집니다. 그러니 지금 행복하세요."

3 느릿느릿 걸어야 참맛인 연대도 지겟길

섬에서 마을과 마을을, 혹은 섬을 한바퀴 도는 둘레길이 가장 아름다운 조건이 무엇일까? 첫 번째는 구불구불져서 '다음엔 무엇이 나올까?'하는 궁금증을 불러일으키는 길이다. 두 번째는 폭 약 1.5m 이내, 한 사람이나 두 사람이 나란히 걷기 좋은 길이다. 세 번째는 그러다가 '와' 감탄사가 저절로 나오는 열린 풍경이 곳곳에 보이는 곳이다.

연대도 지겟길은 이 3가지 요소를 두루 갖춘 곳이다. 여기에 살아있는 생태계와 사람들이 살아온 이야기라는 재미를 더했다.

둘레길은 마을 안 골목길에서 시작해서 몽돌해변, 북바위전망대, 샘, 오곡도전망대, 에코체험센터, 마을로 돌아온다. 그 시작이나 끝에 출렁다리를 건너보면 된다.

우선 연대도 마을 골목길로 들어서 보자. 섬 사람들의 사연을 담은 재미있는 문패들부터 만난다. 춤사위가 아름다운 염상근 노인회장댁, 노총각 어부가 혼자 사는 집, 잘생긴 감장 강아지 진이가 있는 집, 오래된 팽나무가 있는 집, 도구통절구과 아름다운 우물이 있는 집 등.

등너머 작은 언덕을 넘으면 '몽돌밭'이다. 30~40년 전, 연대도 몽돌밭은 비진도 해수욕장이나 소매물도 등대섬을 찾는 외지 관광객이 넘쳐날 때, 통영 사람들만 살짝 오던 비밀스런 해수욕장이었다.

내가 한창 사춘기 소년이던 시절, 칠흑 같은 밤하늘에서 숱하게 반짝이는 별빛을 본 곳이 바로 이 연대도 몽돌해수욕장이었다. 오랜 시간이 지났어도, 그때 보았던 은하수와 북두칠성, 오리온사냥꾼 자리, 큰곰자리 같은 별자리가 생생하게 기억난다.

그때는 몽돌해수욕장에 텐트를 칠 수 있었는데, 어딘가 빈틈이 있었던지 '산 모기보다 무섭다'는 섬 모기에게 200방을 쏘여서, 머리끝부터 발끝까지 온몸이 벌겋게 부어올라. 연신 따가운 물파스를 바르던 추억도 함께 한다.

본격적인 길은 '태양광 발전소'에서 시작한다. 구불구불한 길가에는 봄이면 산자고가, 여름이면 큰까치수영이, 가을이면 구절초가 피어올라온다. 길을 걷다 자꾸 뒤를 돌아보게 된다. 해수욕장 방향, 우뚝 솟은 언덕 너머로 오후 햇살을 받은 바다가 은빛으로, 다시 금빛으로 반짝거린다. 이 풍경을 보기 위해, 연대도에서 하룻밤을 묵은 적도 있다.

'땀이 제법 나네', '평소 운동 좀 할 걸' 싶을 때면, 북바위전망대에 오른다. 큰북처럼 생긴 바위 위 전망대에서는 전복이며 미역이 넘쳐났던 부지도로부터 연화도, 우도, 욕지도가 한눈에 들어온다. 오른쪽은 남해 금산, 왼쪽으로는 국도가 보인다.

연대도 지겟길은 사시사철 초록초록하다. 그 사이 사이마다 꽃이 피어 있으니, 천천히 걸으면서 꽃들과 인사를 나눈다. 작은 샘도 있다. 사람들은 마시지 않지만, 섬의 숱한 생명들에게는 지금도 귀한 존재일 것이다. 걷던 이들도, 이곳에서 잠시 숨을 돌린다.

오곡도가 보이는 전망대. 오랜 세월 태풍을 맞아 높다랗게 깎아지는 절벽들이 병풍처럼 늘어선 오곡도. 그 너머로 하얀 모래밭을 자랑하는

비진도가 있다. 왼쪽으로는 학림도. 길고 넓은 갯벌을 갖고 있어서 조개잡기 같은 갯벌 체험으로 인기가 있는 곳이다.

초록 숲 사이로 난 길을 제법 오르락, 내리락 하면, 다시 시야가 확 트인다. 5천년 전 발찌를 찬 사람이 발굴된 연대도패총사적 제335호과 조양분교가 있던 구.에코체험센터가 보인다. 에코체험센터를 매입한 통영에코파크에서 한국관광공사와 함께 '탄소 없는 여행'이라는 체험 상품을 선보였는데, 탄소 없는 여행의 3가지 원칙이 화석연료 사용 안 하기, 일회용품 사용 안 하기, 재활용불가 쓰레기 배출 안 하기였다. 마침, 여행을 마치고 나오는 체험단과 이야기를 나눌 기회가 있었는데 '불편했는데, 재밌었다'는 반응이었다. 계속 진행되면 좋겠다.

이제 다시 마을이다. 여유있게 걸으면 2시간 남짓 걸린다. 제법 출출해 졌을 테니, 연대도 부녀회 포장마차에서 싱싱한 회나 해물라면을 드시길 추천한다.

'아쉽다, 만지도도 가볼까' 하는 마음이 생기면, 잠시 쉬거나 요기를 하고, 연대도-만지도 출렁다리를 건너면 된다. 저 멀리, 욕지도와 삼각형 모양의 섬 두미도가 눈에 들어온다. 아래를 내려다보면, 파란 물빛에 해초들로 둘러싸인 초록빛 바위들이 햇살을 받아 반짝거린다. 때때로 출렁다리 아래를 가로지르는 무수한 학꽁치떼나 멸치떼를 보고, 신기하고 반가워서 감탄한 적도 있다.

해발 99.9m 만지봉을 중심으로 섬을 한 바퀴 도는 '만지도 몬당길'은 200년 된 해송을 만날 수 있고, 그림 같이 펼쳐진 한려수도 풍경을 감상할 수도 있다. 울울창창해서 낮에도 어두컴컴한 동백숲을 지나기도 한다.

원래 만지도晩地島는 '사람이 가장 늦게 들어와 산 섬'이라는 이름 뜻풀이를 갖고 있었으나, 최근에는 '마음을 만지는 섬' 만지도라는 수식어로 더 많이 불린다. 바다와 숲이 어우러진 섬 둘레길을 걸으면서, 때론 힘들고 아픈, 상처받은 마음을 어루만지시길 바란다.

4 "그 길을 다시 걷고 싶어라" 멧등개산등 가는 길

"그 길, 다시 걷고 싶어요."

"저도요. 또 가입시다."

지금도 전화가 온다. 웃노대에서 멧등개로 넘어가는 그 길을 걷고 싶다고. 노대도는 상도와 하도, 2개의 섬으로 이루어져 있다. 마치 인근 사량도에 상도와 하도가 있는 것처럼.

노대도 사람들은 이를 웃노대와 아랫노대라 부른다. 사량도 사람들은 웃섬과 아랫섬이라고 부른다. 육지와 가까운 쪽이 웃노대나 웃섬이 된다.

웃섬에는 3개의 마을이 있다. 웃노대상리, 여울목탄항, 그리고 멧등개산등. 아랫섬에는 아랫노대하리, 마을이 하나다.

오늘날 행정지명인 탄항, 산등은 이름을 들어도 마을의 유래를 알기 어렵다. 웃노대, 아랫노대는 들으면 바로 구분이 되고, 큰 여울이 있는 여울목, 멧등산 너머 개포구 같은 원래 이름은 마을의 위치나 특징을 그대로 담았다. 부르기에도 한결 정겹다.

지금 걸어서 넘어갈 수 있는 길은 웃노대에서 멧등개 구간이다. 조금 더 걷고 싶으면 여울목탄항에서 출발해 부드러운 해안길을 따라 웃노대상리를 거쳐서, 산길을 넘어 멧등개산등로 넘어갈 수 있다.

이 길은 학생들이 책보를 메고 산을 넘어오는 길이었다. 어른들이 노대국민학교를 운영하고, 해초밭을 협의하는 사친회를 열기 위해 넘어오던 길이기도 하다. 객주들이 미역을 사기 위해 넘나들던 길이기도 하다. 옛 사연들을 알고 걸으면 좋겠지만, 그냥 걸어도 좋은 길이다.

우리나라 섬의 길은 '학교'로 통한다. 1960~80년대 어른들이 "나는 가난해도 자식들에게 대물림 시키지 않겠다"면서 학교 부지를 기꺼이 내놓거나, 공동기금을 마련해 구입한 덕분에, 작은 섬에도 학교가 다 있었다. 아쉽게도, 웃노대-멧등개 산책길은 늦봄부터 가을까지는 풀이 우거져 걸을 수가 없다. 매일같이 산길을 넘어오고 넘어가던 학생의 발걸음이 끊겼기 때문이다. 그래서 겨울부터 초봄에 맞추어, 일부러 이 길을 걷곤 한다.

길은 옛 노대분교에서 시작한다. 2009년 전교생 한명인 노대분교에서 유일한 학생, 혜진이를 만나기도 했다. 혜진이는 화단에 물을 주고 있었는데, 2012년 그곳에 가보니 콩이 쑥쑥 자라고 있었다. 아이도 콩처럼 잘 자랐을까?

멧등개로 가는 길은 그 이름처럼 산과 산 사이를 구불구불 돌아간다. 봄길에는 겨울을 잘 견뎌낸 꽃들이 연신 꽃망울을 피어 올렸다. 노란 양지꽃, 보랏빛 금창초, 하얗고 앙증맞은 애기동글레가 올망졸망 피어 인사를 건넨다. 꽃들과 인사를 나누다 보니, 세상 걱정이 저절로 잊힌다. 마지막 구비를 돌며 잠시 쉬고, 호흡을 가다듬는다. 갑자기 풍경이 확 열린다.

바람결에 초록빛 보리밭이 물결을 일렁이고, 노란 유채꽃들도 함께 춤을 춘다. 파란 바다 건너편에는 두미도가 우뚝하다. 안과 밖, 2개의 거칠리도가 마을을 감싸고 있다.

거친 물결 덕분에 자연산 돌미역은 더 부드럽고, 씨알 굵은 참돔, 감성돔, 볼락도 풍부한 곳이다. 그래서 신석기인들이 일찌감치 자리잡았고, 그 흔적이 패총으로 남았다.

마침 오전 조업을 나갔던 해녀배가 들어왔다. 귀한 문어와 해삼, 멍게를 저렴하게 살 수 있었다. '거칠리'라는 이름처럼 바람과 파도가 거친 곳, 그곳에서의 조업이 쉽지 않았을 것이다. 빨랫줄을 거는 자리에 '오늘도 무사히'라는 글귀가 쓰여 있었다. 바다로 나가 조업을 하는 배가, 남편과 아내가 무사히 돌아오길 바라는 간절한 마음이 담겨 있었다.

웃노대로 돌아오는 길, 보리밭 물결의 유혹을 참지 못하고, 사진을 찍느라 시끌벅적하다. 쌀밥보다 보리밥을 더 자주 먹던 시절, 그마저 귀해 톳을 넣어 양을 늘인 톳밥 먹던 시절이 있었다. 빼떼기죽이 지겹던 시절. 그래도 그 시절이 그리운 가 보다.

늦은 점심을 먹는다. 정상군 전 이장·조덕남 부부는 원래 손님을 받지는 않지만, 노대도가 좋아서 산길을 걷거나 낚시객들이 부탁하면 식사를 챙겨주신다. 멧등개에서 사온 문어와 해삼, 멍게에 미리 준비하신 참돔 구이, 감성돔 매운탕이 더해졌다.

멧등개 넘어가는 길에서 바라보는 아름다운 풍경에, 해산물로 차려진 풍성한 식탁, 그리고 넉넉한 섬 인심을 보여준 부부 덕분에, 노대도 방문이 더 없이 행복했나. 그러니, 또 전화가 온다. "언제 그 섬길을 다시 걷느냐고?"

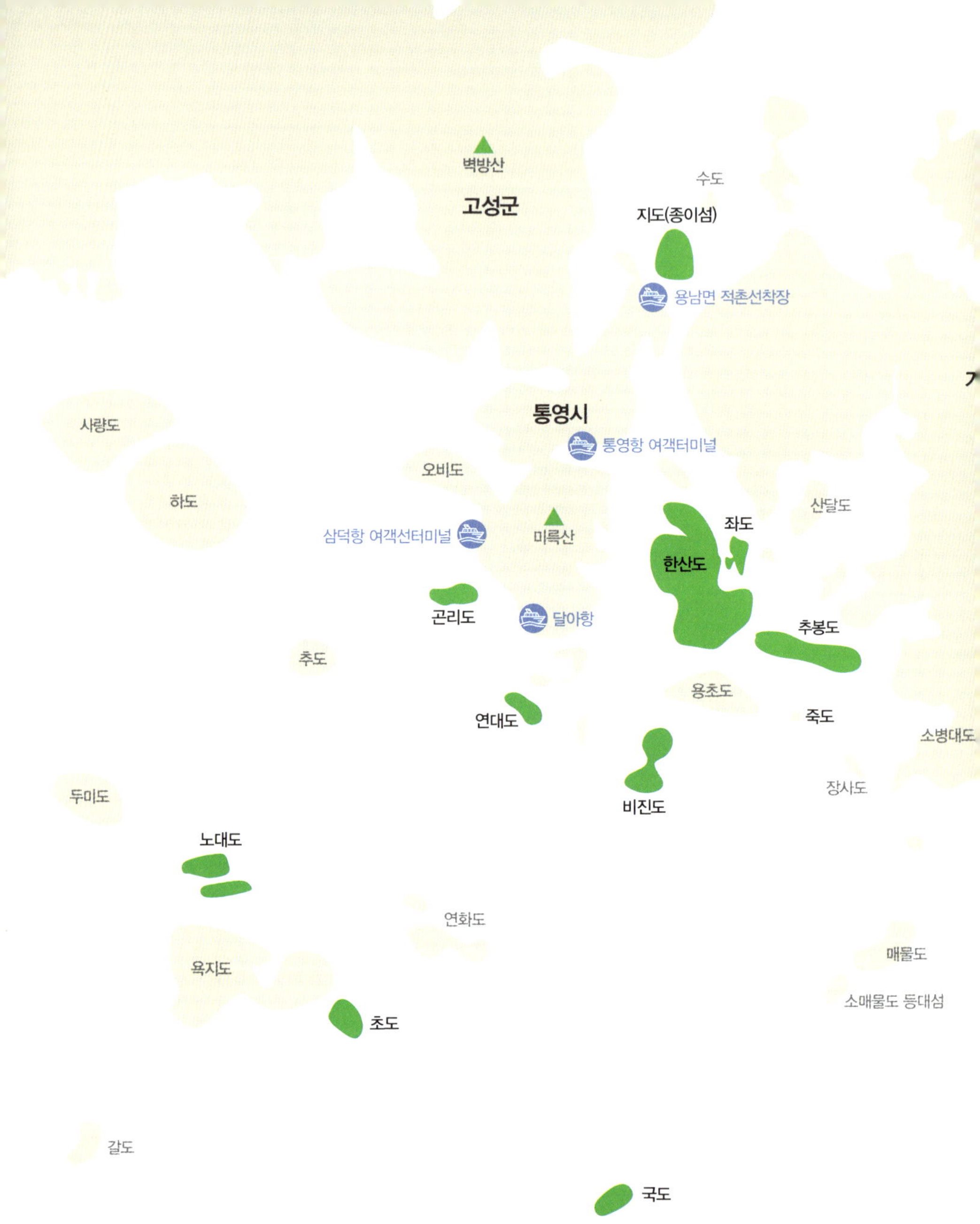
벽방산
고성군
수도
지도(종이섬)
용남면 적촌선착장
통영시
사량도
통영항 여객터미널
오비도
하도
산달도
좌도
삼덕항 여객선터미널
미륵산
한산도
곤리도
달아항
추봉도
추도
용초도
연대도
죽도
소병대도
비진도
장사도
두미도
노대도
연화도
매물도
욕지도
소매물도 등대섬
초도
갈도
국도

섬으로 가는 길

한산도

통영항여객선터미널 → 한산도 제승당 또는 의항승선장

좌도

통영항여객선터미널 → 좌도 동좌 또는 서좌선착장

비진도

통영항여객선터미널 → 비진도 내항 또는 외항선착장

추봉도

통영항여객선터미널 → 한산도 제승당선착장 이후 버스 또는 승용차 이동

지도(종이섬)

통영시 용남면 적촌선착장 → 지도 서부마을

곤리도

통영시 산양읍 삼덕항 곤리도선장 → 곤리도마을

연대도

통영시 산양읍 달아항 → 연대도마을

노대도

통영항여객선터미널 → 노대도 상리마을 또는 하노대도선착장

초도

통영항여객선터미널 또는 삼덕항 → 욕지항 이후 낚시배 이동

국도

통영시 산양읍 삼덕항(부정기 여객선) → 국도마을

도움주신 분들

한산도

이정임 님
백웅식 님
강홍순 님
이부윤 님
이세우 님
김태준 님
이양희 님
박장한 님
김기순 님
김만수 님
김두송 님
강석수 님
김문호 님
이중호 님
이충남 님
박상일 님

좌도

조명윤·손화자 님
신태근·이둘순(이둘악) 님
한재영 님
김진욱·정삼연 님
공달수 님
구연학 님
이다선 님
박정모 님
백윤일 님
이을봉 님
진유현 님
김용은 님
류민화 님
최국남 님
강해룡 님
윤동석 님
소인경 님

비진도

오석진 님
황원남·주판금 님
추형윤 님
박평진·이은자 님
신연치 님
임태화 님
홍문자 님
이성애 님
박형균 님
김만옥 님
정영만 님
황영숙 님
오창현 님
설종국 님
박평숙 님
김점희 님

추봉도

강금석 님
강길봉 님
강길영 님
정현권·진찬연 님
정영미 님
정창남 님
김광일·박미연 님
김정호 님
손귀진 님
양성무 님
강기재 님
김종부 님
최재형 님
전순자 님
전갑생 님
강성현 님
안후경 님
박준미 님
박계수 님
이승희 님

종이섬

김성찬 님

지양규 님

나옥주·유정옥 님

김둘개 님

김형련 님

김영이 님

지순덕 님

김숙선 님

황영숙 님

오창현 님

유용문 님

곤리도

김광곤 님

김경조 님

한무관 님

김갑이 님

황정영 님

강동훈 님

김정수 님

김창우 님

이지미 님

최영애 님

정영만 님

김세윤 님

김상환 님

양재관 님

연대도

염상근 님

이상동 님

최두기 님

서태욱 님

이정연 님

손선희 님

박성자 님

손재희 님

김혜원 님

하향섭 님

이중이 님

천명주 님

임학종 님

윤미숙 님

김정아 님

초도

김흥국 님

오상절 님

김대규·조종임 님

노대도

최삼열 님

조용규 님

정상군·조덕남 님

정봉성 님

강효원 님

강호래·최계희 님

조종태 님

김근용 님

김용재 님

이금렬 님

국도

재단법인 청우일신회

이강우 님

조진규 님

조혜원 님

정상기 님

김익진 님

참고문헌

한산도

이순신, 노승석 교감완역, 『난중일기』, 2013.

이순신, 노승석 증보교감완역, 『난중일기』, 2014.

『한국수산지(韓國水產誌)』, 농상공부 수산국, 1908.

山本精一, 『경남 통영군 안내』, 남선일보 통영지국, 1915.

『한산면 내지인 토지명기장(閑山面 內地人 土地名寄帳)』, 한산면, 1916~1949.

『각도고적보존시설(各道古蹟保存施設)』, 조선총독부, 1931~1935.

吉田敬市, 『조선수산개발사(韓國水產開發史)』, 朝水會, 1954.

통영군사편찬위원회, 『통영군사』, 1986.

한산면지편찬위원회, 『한산면지』, 1992.

한산면지편찬위원회, 『한산면지』, 2012.

멸치권현망수협, 『멸치권현망수협발전사』, 1990.

멸치권현망수협, 『멸치권현망수협 90년사』, 2010.

장수호, 『조선시대 말 일본의 어업 침탈사』, 수산경제연구원BOOKS·블루앤노트, 2011.

요시다 케이이치 지음, 박호원·김수희 옮김, 『조선수산개발사』, 민속원, 2019.

이근우·신명호·심민정 옮김, 『한국수산지: 100년 전 일본인이 본 우리의 바다』, 새미, 2010.

박형균 옮김, 『1915년 경남 통영군 안내』, 사단법인 통영사연구회, 2005.

이근우·신보배·전지혜 옮김, 『100년 전 일본인이 본 우리의 바다 한국수산지 1-2권』, 새미, 2010.

최헌섭·박태성, 『신우해이어보- 최초의 물고기 이야기』, 지앤유, 2017.

동아일보, '이천원 빚에 경매당하는 리충무공의 묘소 위토' 1931. 5. 13.

동아일보, '한산도제승당 중건기성회 창립', 1932. 3. 20.

동아일보, '한산도제승당 중건공사 기공', 1932. 3. 22.

동아일보, '제승당 중건 공사비 부족 대책을 강구중', 1932. 6. 3.
동아일보, '제승당 영정각(制勝堂 影幀閣)', 1932. 6. 17.
동아일보, '이충무공 영정각 신축', 1932. 11. 11.
동아일보, '제승당 중건 낙성기념식', 1933. 6. 4.
동아일보, '한산도상의 일대성의 참배군중 수만명', 1933. 6. 4.
김일룡, 제58회 통영한산대첩축제 학술발표회 〈임진왜란 한산진 공해와 유적 고찰〉, (재)한산대첩기념사업회, 2019.

비진도

山口精, 『통영안내』, 통영읍, 1932.
『통영군지』, 통영군지간행소, 1934.
『조선도읍대관』, 민중시론사, 1945.
〈비진도 사진〉, 통영시기록관, 1972.
〈거리지신 사진〉, 내항마을회관.

박형균 옮김, 『1932년 통영안내』, 사단법인 통영사연구회, 2007.
정헌주, 『날으는 엔젤호』, 가방, 2007.

동아일보, '第一號 태풍 警報 17日은 개이고 달도 볼 수 있다', 1959. 9. 16.
동아일보, '停電된 釜山에 水災民四千六百〉', 1959. 9. 17.
동아일보, '颱風으로 空前의 大慘禍, 앗아간 人命만…', 1559. 9. 18.
중도일보, '비개인 18일 省墓하는 市民', 1959. 9. 19.
동아일보, 旅客과 貨物取扱을 中斷, 1959. 9. 19.
동아일보, '風水禍 휩쓸기 前後의 江口港', 1959. 9. 22.
제주신보, '상상을 넘긴 큰 상처', 1959. 9. 22.
동아일보, '列車運行에 赤信號', 1959. 9. 25.
동아일보, 盛漁期 맞아 큰 打擊 漁船被害 1959. 9. 27.
동아일보, '멍들은 濟州島 颱風被害', 1959. 10. 3.
마산일보, '比珍島 內項촌 防波堤補修時急', 1966. 11. 6.
한산신문, '경남1호 충무관광호텔 철거한다', 2009. 12. 12.

추봉도

강금석, 『내가 걸어온 길 家族』, 도서출판 동천, 2000.

조선일보, '봉암도(蜂岩島)의 포로(捕虜) 폭동(暴動)으로 23명 부상(負傷)', 1952. 9. 22.

조선일보, '부상자중 삼명 사망(負傷者中 三名 死亡) 봉암도포로사건(蜂岩島捕虜事件)', 1952. 12. 19.

동아일보, '82명 피살(82名 被殺) 120명 부상(120名 負傷)', 1952. 12. 17.

동아일보, '위기일발(危機一髮)에 진압(鎭壓) 수용소사령관담(收容所司令官談)', 1952. 12. 17.

연출 정수은, PD 김지혜, 〈용초도 추봉도 다큐멘터리 기억의 터〉, 통영시, 2015.

전갑생, 〈한산도(추봉, 용초) 포로수용소 기록화사업 용역 최종보고서〉, 서울대학교 아시아연구소, 2015.

지도종이섬

『통영지(統營志)』, 통제영 필사본, 서울대학교 규장각 한국학연구원, 1894.

『통영지(統營誌)』, 의정부 필사본, 서울대학교 규장각 한국학연구원, 1895.

『경상도내 연강해읍 정축 조어장립선 성책(慶尙道內 沿江海邑 丁丑 條漁場立船 成册)』, 서울대학교 규장각 한국학연구원.

『일성록(日省錄)』, 서울대학교 규장각 한국학연구원.

『비변사등록(備邊司謄錄)』, 서울대학교 규장각 한국학연구원.

『대동여지도』, 서울대학교 규장각 한국학연구원·국토지리정보원 국토정보플랫폼.

『조선총독부 관보』, 〈진해만정치어업수산조합 설립 허가〉, 1932. 11. 7.

박경리, 『김약국의 딸들』, 나남출판, 2006.

『통영수협 100년사』, 통영수산업협동조합, 2014.

『거제수협 105년사』, 거제수산업협동조합, 2013.

『광도면지』, 광도면지편찬위원회, 2018.

핫토리 마사타카 편저, 차철욱 해설, 『식민지 조선의 이주일본인과 통영-핫토리 겐지로』, 국학자료원, 2017.

정갑섭 국역, 『국역 통영향토지집성』, 통영문화원, 2009.

부산일보, '진해의 대구어업: 해마다 융성, 어장의 분쟁', 1914. 12. 20.

부산일보, '통영의 통할자(統轄者)이자 조선해산물주식회사 사장인 복부원차랑(服部源次郎)씨, 1918. 12. 3.

부산일보, '경남의 대구어업 20년만의 불어(不漁)', 1932. 2. 5.

부산일보, '정식으로 창립(創立)을 본 진해만대구어업조합 40여 명이 통영에 회합', 1932. 3. 5.

부산일보, '진해만정치망어업조합 창립총회', 1932. 11. 18.

부산일보, '진해만정치망어업조합 소요', 1934. 2. 7.

부산일보, '25개소 대구어장 입찰', 1934. 9. 21.

부산일보, '신년도 대부어장 진해만정치수산조합이 24일 통영에서 입찰', 1939. 3. 18.

동아일보, '대구어업 부진으로 통영 주민 곤경, 각 어장은 파산 상황', 1927. 1. 11.

동아일보, '이강공 어장문제 모리배 암중비약', 1930. 4. 1.

동아일보, '문제 많든 통영어장 三稜에서 이관결정?', 1933. 4. 6.

동아일보, '이강공가 어장 대금 상환연기 요구', 1933. 5. 17.

동아일보, '鱈漁漁業의 競爭入札日所', 1939. 9. 19.

동아일보, '설어어업권 대부경쟁입찰' 1933. 10. 10.

동아일보, '어업자들의 실정들어 요로당국에 진정', 1934. 2. 25.

매일신보, '진해만근해 대구어장 대부료 인하요구 거절', 1933. 2. 9.

통영인뉴스, '〈사라져 가는 것들1〉 항남동 일제시대 가옥들 철거...역사 속으로', 2013. 8. 28.

영화 〈김약국의 딸들〉, 1963, 한국영상자료원.

김동철, 〈부산의 유력자본가 香椎源太郎의 자본축적과정과 사회활동〉, 역사학보, vol., no.186, pp. 59-86, 2005.

오창현, 〈19~20세기 통영·거제 지방의 중소형 어선 어업과 그 특징〉, 도서문화, vol.,no.46, pp. 147-180, 2015.

곤리도

『통영지(統營志)』, 통제영 필사본, 서울대학교 규장각 한국학연구원, 1894.

『산양면지』, 산양면, 1948.

『산양읍지』, 산양읍지편찬위원회, 2013.

〈남해안별신굿 종합조사보고서〉, 문화재청, 1996.

연대도

山本精一, 『경남 통영군 안내』, 남선일보 통영지국, 1915.

『조선잠수기 어업연혁사(朝鮮潛水器漁業沿革史)』, 조선잠수기어업수산조합, 1937.

윤미숙, 『춤추는 마을 만들기』, 남해의 봄날, 2015.

부산일보, '남선 제일의 잠수어업가 신야감오랑', 1918. 12. 3.

부산일보, '신야일남(神野一男)씨의 초연(결혼 연회)', 1933. 2. 19.

부산일보, '신야일남(神野一男)씨 여행에 앞서 서거', 1936. 3. 26.

부산일보, '환신(丸信)철공소 개점 피로연(통영)', 1941. 5. 22.

부산일보, '환통(丸統) 철공소: 신야(神野)씨 출자', 1941. 9. 1.

부산일보, '단연 리드, 제2구 잠수기어업조합', 1940. 2. 23.

경남매일신문, '水中 寶物 滅種 危機', 1965. 6. 23.

민경택, 〈한국 잠수기 어업의 발달과정과 작업방식: 거제도 장목지역 사례를 중심으로〉, 목포대학교 석사학위 논문, 2015.

한영희·임학종, 〈연대도 조개더미 단애부Ⅱ〉, 한국고고학보 vol.26. 1991.

국립진주박물관, 〈연대도Ⅰ〉, 국립진주박물관·통영군, 1993.

성공회대학교 동아시아연구소, 〈통영시 근대건조물 기본계획 수립 용역 보고서〉, 통영시, 2019.

노대도

『통영군사』, 통영군사편찬위원회, 1986.

『욕지면지』, 욕지면지편찬위원회, 2008.

정약전 지음, 정문기 옮김, 『자산어보: 흑산도의 물고기들』, 지식산업사, 2012.

손보기, 『상노대도의 선사시대 살림』, 수서원, 1982.

부산일보, '봉도 대 동항리 해조 채취 분규 문제', 1931. 9. 10.

부산일보, '가왕도 외 6도의 해초 채취의 싸움', 1931. 4. 21.

동아일보, '섬사람끼리 삼일간 해상육탄전 해초채취권 쟁탈 무장경관 출동발포로 겨우 진정(목포), 1959. 10. 14.

국립해양문화재연구소, 〈(상·하) 노대도, 두미도 〉, 국립해양문화재연구소·우리문화재연구원, 2014.

초도

한산신문, '외딴섬 노부부, 낙원이 어디냐고요, 바로 여기요', 2009. 2. 14.

국도

『도서지(島嶼誌)』, 내무부, 1985.

『통영군사』, 통영군사편찬위원회, 1986.

『욕지면지』, 욕지면지편찬위원회, 2008.

통영인뉴스, '신비의 섬 국도를 가다!', 2013. 3. 19.

통영 섬 어무이들의 밥벌이 채록기

2021년 11월 30일 초판 1쇄 발행

지은이 김상현
펴낸이 권순기
부장 박현곤
행정팀장 김성균
편집 이가람
디자인 이희은

펴낸곳 경상국립대학교출판부 | 출판등록 1989년 1월 7일 제16호
주소 경남 진주시 진주대로 501
전화번호 055) 772-0801(편집), 0802(디자인), 0803(도서 주문)
팩스 055) 772-0809
전자우편 gspress@gnu.ac.kr
홈페이지 http://gspress.gnu.ac.kr
페이스북 https://www.facebook.com/gnupub
블로그 https://blog.naver.com/gnupress12
인스타그램 https://www.instagram.com/gnupress

책값은 뒤표지에 있습니다.